アジア映画とは何か

四方田犬彦

みすず書房

清水展（一九五一—二〇二五）の思い出に

目次

アジア映画とわたし　1

方法論的文章

アジア映画論序説　27
「アジア映画」の「アジア」とは何か　72
アジア映画を観るということ　82
アジア映画に接近する、いろいろな方法　89

二〇一〇年以降の映画評

リティー・パン『飼育』　109
婁燁『二重生活』　117
ハニ・アブ・アサド『オマールの壁』　121
タルザン&アラブ・ナサール『ガザの美容室』　124

モーリー・スリヤ『マルリナの明日』 128
キム・ギドクを追悼する 129
チャン・タン・フイ『走れロム』 135
リム・カーワイ『COME & GO カム・アンド・ゴー』 141
インドネシアに怪奇映画の花が咲き誇る 142
『怪奇映画天国アジア』から一〇年 152
台湾映画と言語のヘゲモニー 155
『記憶の戦争』の余白に 170
金大偉『大地よ』 178
李長鎬『馬鹿宣言』 182
ファム・ティエン・アン『黄色い繭の殻の中』 185

アジア映画をめぐる書物

韓燕麗『ナショナル・シネマの彼方にて』 193
三澤真美恵編『植民地期台湾の映画』 196

笹川慶子『近代アジアの映画産業』 200
晏妮『戦時日中映画交渉史』 203
李瑛恩『朝鮮国民女優・文藝峰の誕生』 214

映画日誌

ソウル **1979** 221
ピョンヤン **1992** 239
テルアヴィヴ／パレスチナ西岸 **2004** 253
ハバナ **2014** 271
アンタナナリヴォ **2015** 287
ワガドゥグー **2017** 295
山形 **1989–2023** 306

アジア映画馬鹿一代——石坂健治との対話 357

後記　385
初出一覧　i

アジア映画とわたし

1

最初に観たアジア映画のことは、はっきりと憶えている。『不屈の人々』（一九六五）という中国映画で、一九六六年一月のことである。わたしは一二歳だった。中学の美術教師が一学年の生徒全員を映画館へと引率していったのだった。

おぼろげながら、いくつかの映像が蘇ってくる。

深夜の人気のない街角、重大事件が起きたと叫びながら号外を配っていく少年がいる。国民党によって共産党の指導者たちが次々と連行され、拷問を受ける。必死になって獄舎の壁を掘り崩そうとする主人公。やがて中華人民共和国が成立したという報せがこっそりと伝えられる。解放の砲声が聞こえてくる。

わたしたちの学年はたちまちこのフィルムに夢中になった。中国で国民党がいかに残虐なテロを行ない、共産党がそれに抗ったのか。わたしたちは『紅岩』という題名で原作の翻訳本（羅広斌・楊益言著、三好一訳、新日本出版社、一九六三）が刊行されているのを知って、争って廻し読みをした。文化大革命が勃発する直前のことである。のちにわたしは獄中の主人公を演じていたのが趙丹（チャオタン）だと知った。

わたしたちを引率した美術教師は、左翼に強い共感を寄せていた。二等兵として中国戦線に従軍したことへの悔いが、おそらく彼に集団鑑賞を思いつかせたのだろう。日中の国交回復がなされるはるかに以前のことで、今調べてみると、労働組合が基盤となった共同映画の配給であったと判明した。

とはいえ、ここでわたしのアジア映画体験は途切れてしまう。ATG新宿文化の最年少会員になったわたしは、『不屈の人々』のしばらく後にショトジット・ライ（サタジット・レイ）の『大地のうた』（一九五五）を観ている。それは生と死が隣り合うインドの田園で演じられた少年物語で、わたしは抒情的な美しさに感動した。だが、映画を通してアジアという観念に到達することはなかった。今になって考えると、感受性においてライはトリュフォーの隣人だった。『大地のうた』の記憶は、ヌーヴェルヴァーグやジョセフ・ロージーといった「作家」の映画を観た記憶に重なり合っている。中学生のわたしはなるほどベンガルの田舎に生きる家族の物語を観ていた。しかしそれをアジアや第三世界といった枠組みでは捉えていなかった。

一九六〇年代はこうして過ぎた。中国、韓国はもとより、アジアの映画が日本で一般公開されることはまずなく、わたしはもっぱら日活アクションとヨーロッパのフィルムに親しみながら過ごした。

ここでひとっ飛びに一九七三年暮れになる。『燃えよドラゴン』である。

ドラゴンには狂った。わたしは大学生になっていたが、何回も劇場に通って、熱心にスクリーンに見入ったばかりではない。家庭教師先の中学生と、数学の宿題は後回しに、李小龍（ブルース・リー）の話に夢中になり、あげくの果てにはその子の玩具のヌンチャクで家の花瓶を割ってしまって、大目玉を喰らうというおまけまでついた。

香港はすごい。途轍もないことが起きているとわたしは直感した。美と残酷さ、キッチュと崇高さが重なり合っていて、何もかもが混沌としている。わたしは屈辱のうちに自裁した妹の仇を討とうとする李小龍の心意気に感動し、とうてい人間技とは思えないそのアクションに驚き、舞台となった邸宅の鏡の迷路に魅せられた。

とはいうものの、わたしは『不屈の人々』と『燃えよドラゴン』を統合的に理解することができなかった。前者は中国共産党が歴史的に果たした役割を真面目に伝える歴史映画である。それに対し後者は、荒唐無稽なアクション娯楽映画である。前者は歴史と政治闘争を表象し、後者は歴史とも政治闘争とも無関係な武道家たちのスペクタクルである。二本のフィルムに描かれている中国はあまりにかけ離れていて、それを観ているわたしは分裂したままであった。国民党の弾圧に怒りを感じ、人民中国の成立に歓声を送ろうとするわたしと、上半身裸になって不気味な悪漢の鉄の爪を掻い潜り、最後に彼を打ち倒す李小龍に快哉を叫ぶわたしは、はたして同じ人物だったのだろうか。

おそらく日本では、一般の評論家も映画観客も、程度の差こそあれ、わたしと同じ分裂を生きていたはずである。中国映画は歴史を描いた真面目な映画であるが、香港映画は商業主義に毒された、ゲテモノの娯楽作品にすぎない。当時の映画評論家は李小龍を回避するため、そのような論理を思いついた。それに対し功夫（クンフー）マニアの年少者たちは、『燃えよドラゴン』のあらゆる細部について情報を蒐集することに夢中で、映画における近代中国史の表象といった問題に関心を払うことがなかった。

二通りの映像の対立は、映画ファンとしてのわたしのなかで長く続いた。それがようやく解決したのは、最初のドラゴン・ショックからほぼ三〇年後、『ブルース・リー――李小龍の栄光と孤独』（晶文社、二〇〇五／ちくま文庫、二〇一九）という書物を書き上げたときである。このことは本稿の後のほうで書くことにしよう。

現在のわたしはアジア映画に関して、もはや芸術映画と娯楽映画といった素朴な二分法を採らない。歴史を描いた真面目な映画と、ありそうもない設定や物語に基づいた不真面目な映画という分け方にも、ステレオタイプ以外の何物をも感じない。グローバル化した大衆消費社会にあっては、いかなるフィルムも消費されるべき商品でしかない。わたしはこうした残酷な事実を離れて、どのような映画研究もありえないと考えている。ほとんど無限に存在するかのような印象を与えるアジア映画を前にして、こうした二分法を廃棄したとき、新しい二分法が前景化してくる。グローバルな配給と受容の秩序に属しているフィルムと、どこまでもローカリティの内側に留まり、外部からはなかなか覗き込むことの困難なフィルムという二分法である。次節では、わたしがどのようにしてこうした考え方に到達するにいたったかを簡単に記しておきたい。

2

アジアには確固として映画が存在する。この圧倒的な事実を突きつけられたのは、一九七〇年代の終わり、一年間滞在したソウルにおいてだった。いたるところに映画館があった。外国人教師としてそれなりに多忙な日々を過ごしながら、わたしは街角に貼られたポスターを頼りに二番館、三番館に通い、韓国のアクション映画やメロドラマ、さらに青春ドタバタ喜劇にいたるまでを、片っ端から観ていった。映画界に人脈を見つけると、スター俳優の日本語の家庭教師をしたり試写会に出入りしたりするようになり、韓国映画なるものの輪郭を自分なりに作り上げていった。夭折した監督、河吉鍾（ハギルジョン）の遺稿集のため、解説文を執筆したのもこのときである。

韓国映画は不思議な世界だった。悪役はきまって日本人であり、残虐なのは北朝鮮の軍人である。韓国人はつねに強靭な民族精神をもった英雄である。地方出身の純朴な美少女はソウルで誘惑され身を持ち崩すと、父親の墓の前で自害する。日本映画のヒット作の設定だけを韓国に変え、堂々と制作されているフィルムがあるかと思えば、戦前の上海を舞台に日本人と派手な立ち廻りをする朝鮮人ヤクザのフィルムもある。もっともその一本として、日本で公開されたものはなかった。韓国では日本映画の上映が禁止されていた。日本では誰も、韓国で制作されている映画に関心などもっていなかった。

一九八〇年に帰国したわたしは、韓国文化院の協力を得て、池袋西武の小ホール・スタジオ２００で「韓国映画連続上映」を何年かにわたって続けた。韓国の監督たちを招聘し、シンポジウムを開催した。日本の隣にかくも興味深い映画大国が存在していることを、日本の映画ファンに知ってもらいたい。その気持ちがわたしを突き動かしていた。この企画上映がきっかけとなって、わたしは林権澤（イムグォンテク）や李斗鏞（イドゥヨン）、李長鎬（イチャンホ）といった監督たちと知り合うことになった。林権澤はわたしの苗字を面白いと思ったのだろう、のちに『将軍の息子』（一九九〇）で日本人ヤクザにヨモタという名前を付けた。

一九八二年には重大な催事があった。国際交流基金が創立一〇周年を記念して行なった映画祭「南アジアの名作をもとめて」（通称「南アジア映画祭」）である。これがいかに画期的な事件であったかは、わたしと同世代の映画関係者や文化人類学者、地域社会研究家が何人か集まると、いつとはなく誰かがその衝撃を懐かしそうに語ることからも明らかである。

インド、スリランカからインドネシア、タイ、フィリピンまで、一二本のフィルムが新橋のヤクルトホールで上映され、アラビンダン、クリスティン・ハキム、レスター・ピーリスといった映画界の巨匠監督と国民俳優たちが来日した。

なかでも異色だったのはフィリピンのバギオから来た個人映画作家、キドラット・タヒミックだった。各国の映画界を代表する映画人たちのなかにあって、彼一人だけがラフな服装をし、飄々とした雰囲気で誰とも親しげに話していた。わたしは彼の『悪夢の香り』（一九七七）を観て、アジアにもゴダールが出現したと新聞に書いた。キドラットとはずっと後に山形国際ドキュメンタリー映画祭で再会した。きみがああ書いたおかげで、僕は世界中のゴダール・シンポジウムに呼ばれることになったんだよと、キドラットは笑いながら話してくれた。

「南アジア映画祭」はこれまで日本で観る機会のなかった南アジアのフィルムを上映しただけではない。映画がいまだに威光を放ち、人々の日常の生活の中心にあるという世界が、まだまだアジアには果てしなく拡がっていること、アジアという地域を抜きにして世界の映画研究は成立しえないことを日本人に認識させた点で、決定的な意味をもっていた。大映画祭は連日超満員のうちに終わった。それが引き金となって八〇年代にはインド映画をはじめとする各種の上映サークルが生じ、一般の映画配給会社が韓国映画を配給し始めるようになるのである。

ここでわたしの個人的な体験に戻ると、一九八〇年代の後半をニューヨークで過ごしたことが、その後のアジア映画研究に大きな意味を与えている。マンハッタンのチャイナタウンには、日本では考えられないほどに豊かな映画環境があった。香港と台湾の最新作のフィルムをいくらでも観ることができた。あるとき、まさにそのチャイナタウンを舞台にした『秋天的童話』（『誰かがあなたを愛してる』、一九八七）というコメディ・メロドラマが上映された。張婉婷（メイベル・チャン）という未知の新人監督の手になるものだった。翌年、わたしは彼女に香港で会った。ニューヨーク大学で映画の勉強をするため、ずっとチャイナタウンのレンタルビデオショップで働いていたから、あのあたりのことは手に取るようにわかるので映画にしたんですと、彼女はいった。のちに張婉婷は『宋家の三姉妹』（一九九七）を監督した。

わたしはこのとき、世界中のチャイナタウンの間で情報が恐るべき速さで伝わることを実感した。エイジャン・ソサエティで香港の許鞍華（アン・ホイ）の連続上映があった。といっても彼女はまだその時点で五本しか作品を発表しない新人で、日本では『投奔怒海』（『望郷／ボートピープル』、一九八二）が公開されただけであり、それもさほど評判にはならなかった。そこで小川徹の編集していた『映画芸術』に彼女の作品を論じた原稿を書き送った。二か月後、わたしはチャイナタウンの雑誌スタンドで求めた香港の映画雑誌に、自分の書いた許鞍華論が中国語に翻訳され掲載されていることを発見した。たまたま東京を訪れた許監督が雑誌を発見し、香港に帰ると、それを映画雑誌に持ち込んだのだった。わたしの文章が中国語になったのはそれが初めてである。

一九八〇年代は東アジアの映画界でいっせいに「新浪潮」（ニューウェイヴ）が台頭した時代だった。台湾の批評家小野（シャオイエ）に『一個運動的開始（ひとつの運動の始まり）』という著作があるが、まさにこの題にふさわしい事態が起きていた。

中国では文化大革命の後に北京電影学院に入学した秀才たち、陳凱歌や張芸謀、田壮壮らが、「第五世代」の名のもとに監督デビューを始めていた。香港では七〇年代に英米に留学した後、TVドキュメンタリーで活躍していた譚家明（パトリック・タム）、徐克（ツイ・ハーク）、許鞍華、方育平（アレン・フォン）らがいっせいに映画界に進出した。台湾では二本のオムニバス映画が契機となって、侯孝賢、楊徳昌（エドワード・ヤン）、柯一正、張毅といった新人監督が輩出した。韓国は七〇年代の低迷を破るかのように李長鎬、裴昶浩が活躍していた。

幸運なことに、わたしはチャイナタウンの映画館にほとんど日参していて、こうした監督の最新フィルムをわずかの時差のもとに観ることができた。わたしのいたアパートには『古井戸』（一九八七）の監督、呉天明がいた。呉がいなくなると、代わりに陳凱歌が入居してきて、中国の映画状況についてさまざまなことを教えてくれた。彼は抑圧的な北京の映画制作体制に文字通り心身を消耗させていて、ニューヨークで解放感を満喫していた。

『ラストエンペラー』に出演していた陳はベルトルッチのパーティにわたしを連れて行き、わたしはジム・ジャームッシュを陳に紹介した。シネフィルのジャームッシュはその時期、すでに中国映画に注目していて、陳のフィルムを観ていた。もっとも陳は、ジャームッシュをはじめとするNYインディーズにも、8ミリ映画にも関心がなく、心はハリウッドに囚われていた。

一九八〇年代が終わるころ帰国したわたしは、多くのアメリカ留学組のようにアメリカの現代文化の紹介には向かわず、逆に東アジアへ探究の方向を変えた。中国の「第五世代」はもとより、台湾や香港で今まさに台頭し、開花しようとしている「新浪潮」（ニューウェイヴ）について、本格的な書物を書こうと決意したのである。そのためには少なくとも一千本のフィルムを観ておかなければならない。記録帖を調べてみると、自分はまだ二〇〇本しか観ていないことが判明した。そこで毎年復活祭の時期に開催される香港電影節（映画祭）に通うことにした。香港通いは一五年ほどにわたって続き、少なからぬ監督と知り合いになれたばかりか、一九四〇年代後半から現在にいたるまでの香港映画を、年代と主題に沿って体系的に観ることができた。だがそれでもまだ足りない。韓国映画は、解放直後から現在までのものをひとわたり観ることができたが、北朝鮮の映画については知識が空白のままだ。そこで決意して一九九二年にピョンヤンに渡り、現地で資料蒐集を行なった。これはのちに、韓国の国民映画ともいうべき『春香伝』について、アジアセンター（国際交流基金）が韓国から研究家を招いてシンポジウムを開催したときに大いに役立った。

3

わたしが積極的にアジア映画について批評と研究論文を執筆しだしたのは、一九九〇年代に入ってからである。以下に何冊かの書物の基本的立場を簡潔に記し、自分の探究の軌跡を振り返っておきたい。

『電影風雲』（白水社、一九九三）は、わたしが最初に世に問うたアジア映画論集である。先に述べた東アジアのニューウェイヴ監督たち二八人について、それぞれ全作品を論じるという途方もない目標を立て、曲がりなりにもそれを実行した。取り上げた監督は韓国四名、台湾五名、香港一一名、中国四名、それに北朝鮮、沖縄、フィリピン、アメリカからそれぞれ一名ずつ取り上げた。

最初は三〇〇頁くらいの本に纏めるつもりであったが、なにしろ現在進行形の監督たちである。次々と新作を発表し、しかもその規模と構想がどんどん大きくなっていく。情報がひっきりなしに入ってくる。本の終止符を打つのは胡金銓（キン・フー）の新作を観てからにしようとか、楊徳昌がなんだかとんでもない大作を撮っているらしいから、まず台北で観てからにしようとか、そんなことを考えているうちに、書物は予定の倍の分量になった。それでも終わらない。結局五年がかりで八〇〇頁の大冊となった。言及したフィルムはおよそ二〇〇本。四分の三は日本では未公開である。これを観るために香港、台湾、ソウルの映画館と映像史料館、茶芸館、レンタルビデオショップに足繁く通い、ついにピョンヤンにまで足を延ばした。

この原稿を書くにあたって久しぶりに書庫から『電影風雲』を取り出してみた。初めて両親に連れられ、ホテルの食堂でヴァイキング料理を前にした子供のような書物という感じがした。どんなものも好きなだけお皿に取って、テーブルに持ち帰って食べていいんだよ。そういわれて嬉々としている子供の顔が浮かんでくる。わたしもまた無限に近い食欲に導かれながら、東アジアという映画の大海に飛び込むと、一本一本のフィルムをつかみ取りするような感じで論じていたのだ。

『電影風雲』はフランスの批評家たちが提唱した〈作家主義〉の、模範的な試みである。徐克の作品にはいかなる手法の一貫性があり、それが彼を譚家明のゴダール志向から隔てているか。唐書璇（セシール・タン）がいかに先駆的存在であり、方育平がいかにブレッソン的な禁欲的編集の文体をもっているか。『Mr.BOO!』の許冠文（マイケル・ホイ）を別にすれば、ここで論じられている者たちの多くはA

級のアート映画の監督たちであった。そしてわたしの著述と並行して、精力的な活躍を続けていた。

この書物の冒頭に、わたしは「アジア映画論序説」という比較的長い論文を掲げた。アジア映画を論じるための方法叙説として執筆した文章であった。しかし、書いているうちにそれは書物の基本的姿勢である作家主義に対し批判的な立場をとるようになり、結果的には大方の監督論と真正面から対立こそしないまでも、斜めの角度で切り結ぶ文章となった。

「序説」の冒頭でわたしは、日本人にありがちな、アジア映画をめぐる三つのステレオタイプを指摘している。異国情緒に足を掬(すく)われた観光主義。失われた日本のノスタルジアの投影。映画を通して歴史を学習しようという、勉強型啓蒙主義。一九八〇年代の日本においてアジア映画を語るさいに支配的であったこの三者の言説を批判することから、「序説」は始まる。

二つの立場が紹介される。ひとつは、映画は世界の普遍的言語であり、それを理解するためにはただ映画という言語を知っているだけで充分であるという立場（「カイエ・デュ・シネマ」のジャック・リヴェット）である。もうひとつは、人は映画を通して異文化と出会うのであり、映画はその国なり民族に固有の歴史と意識の産物であるとする立場（佐藤忠男）である。とはいうものの現実にアジアで生起している映画という現象はきわめて多様であり、とうていこうした二通りの立場だけで包括できるものではない。いずれの立場もが遠目から眺めた観念的な過(あやま)ちである。

アジアは近代化において西洋から大きく遅れていたのだから、アジア映画も欧米に比べ遅れて発達したのではないか。こうした思い込みが、多くの人によって共有されている。歴史的にいって、それは根拠のない間違いである。インドでも日本でもエジプトでも、リュミエールのシネマトグラフは考案されるやただちに大人気を博したし、映画産業は欧米のそれとほとんど同時期に成立している。また、アジアの少なからぬ国がいくたびも映画の黄金時代を体験している。加えて、年間制作本数において世界でもっとも突出しているのがインドであること（二〇二〇年代ではナイジェリア）からもわかるように、アジア映画は量的な規模においても西洋を凌駕している。またそれはハリウッドに似て、世界的な配給と受容のネットワークをもっている。

ここで「序説」は本題に入る。ローカル映画論である。

世界には三通りのフィルムが存在している。世界中に配給され、普遍的な観客を前提として制作されているハリウッド映画と、それに対抗して芸術性を主張するアートフィルム。だがアジア映画を考えた場合、第三の映画、すなわちローカル映画に目を向けることが重要となってくる。ローカル映画は本来的に、その場所の住民だけを観客として想定して制作されるフィルムである。ほとんどのアジア映画は何らかの意味でローカル映画であり、その国なり民族の言語で撮られ、土地の文化と信仰、歴史と神話に根差したものである。

この第三の映画はこれまで正統的に論じられることがなかった。普遍的な芸術的価値がないもの、外国人にはとうてい理解できないものであると貶められ、真面目な研究には値しないものだと見なされてきた。また、研究するにも現地の言語のみならず、さまざまな生活体験の知識が必要とされるため、映画表象の専門的な読み取りを習得する機会のない地域研究者からは、二の足を踏まれてきた。彼らは時に自分の論じる主題にかなったフィルムを取り上げることはあったが、それは適当な参照項目という扱いを越えることができなかった。

とはいうものの、本書で論じているアジアの「作家」映画は、映画産業の存在しない地域からは出現しない。ローカル映画という巨大なマトリックスを母体としていないかぎり、それは不可能である。「作家」は名もなきB級映画から訣別する形で出現する。というより、国際映画祭での受賞を通して、初めて「作家」として認知される。だがローカル映画は外部にはほとんど知られることがない。その結果、西洋社会では、国際映画祭の受賞作を基準としてアジアの国々が表象されることになる。アジアの映画をめぐっては、ローカル映画の観客と西洋諸国の受容者の間に、こうして大きな差異が横たわっている。これが「序説」の大意である。

『電影風雲』は論じられた監督たちのほとんどに歓迎された。

香港に住む胡金銓に贈ったところ、さっそく書物への賛を一幅の書に認め、落款まで添えて贈ってくれた。老舎の研究家でもあるこの監督には来日時に一度インタヴューをしたことがあり、面識があった。まだ中国の文人には宋代の士大夫の美徳が残っているのだなあと、わたしは深く感じ入った。楊徳昌はこの書物の並んでいる本棚を自作のなかに登場させた。北朝鮮に拉致され必死の思いで亡命した申相玉（シンサンオク）は、ソウルのホテルにわたしを呼び出すと、彼が北の地で制作監督したフィルムでわたしがどうしても言及できなかったもののヴィデオをごっそりと手渡し、どうかこれにもコメントを添えてほしいと個人的な依頼を口にした。もちろんわたしは悦んで承諾した。沖縄語で劇映画を撮った高嶺剛は、自分が日本映画ではなくアジア映画の範疇のなかで論じられていることを気に入っていた。それはのちに出版されるわたしの共編著『沖縄映画論』（作品社、二〇〇八）への大きな布石となった。

香港や台湾の監督たちのなかにはいささか不満げな顔をした者もいた。自分たちが論じられているのはうれしいが、自分たちが本当に知りたいのは同世代の日本のフィルムのことなのだ。東アジアの一帯でニューウェイヴが同時多発的に起きているというなら、いったい日本はどうなっているのか。日本にもそれ相応の動きがあるはずで、それこそ知りたいことなのだと、彼らはいった。

そこでわたしは『電影風雲』の日本版として、『日本映画のラディカルな意志』（岩波書店、一九九九）を執筆した。すでに国際的な知名度をもった北野武、黒沢清から、アニメ作家の押井守、ドキュメンタリーの原一男ら一七人を論じ、最後を河瀬直美で締めくくった。この論集は幸運なことに、後になって北京とソウルで翻訳が刊行された。わたしは『電影風雲』で論じた監督たちの期待になんとか沿うことができた。

次にわたしは中国の映画批評家と真剣な対話をしたいと思った。そこで北京電影学院の教授で、「第五世代」の育ての親ともいえる倪震（ニイチェン）に連絡を取り、二人の往復書簡と対談という形で、日中両国で同時に書物を刊行しようという話になった。日本側と中国側がそれぞれ三人ずつ自国の監督を選び、相手側に作家論を書いてもらうと、それに対し別の論をもって返礼するという構成である。選ばれた監督は日本側が大島渚、北野武、塚本晋也、中国側が謝飛（シエフェイ）、張芸謀、賈樟柯（ジャジャンクー）であった。

これは興味深い試みになる予定だった。怪奇映画がジャンルとして存在していない中国に生きる倪震は、ホラームーヴィーというものをまったく理解できず、Jホラーに生理的嫌悪感を覚えると書いてきた。わたしは、謝飛のようにニューウェイヴではない中国人監督について、纏めてその作品を観、腰を据えて論じることができたことをうれしく思った。もっとも、書物を纏める最後の段階にトラブルが起きた。

謝飛の『チベットの女／イシの生涯』（二〇〇〇）というフィルムを論じるさいに、わたしは中国映画におけるチベット表象の変化について言及した。わたしの文章を読んだ倪震は、途端にこれまでの親密な態度を変えた。彼は今回の共同執筆の企画から降りたいという意志を示した。わたしたちは映画批評はどうあるべきかという主題をめぐり北京で対話を重ねたが、あがってきたゲラを見た彼は、多くの部分を削除してしまった。中国知識人の保身術の徹底ぶりにわたしは驚いた。一〇年にわたって文化大革命を生き延びてきた者たちは、いつ何時、自分の発言が槍玉にあげられ迫害の原因となっても不思議ではないことを、とことん知っている。政治的禁忌に接近した発言をするといつ揚げ足を取られ迫害されるかわからないと、つねに警戒しているのだ。倪震は文革時代、毛沢東の切手のデザインを担当したおかげで紅衛兵の迫害から逃れることができたと、一度わたしに向かって語ったことがあったが、あの時代の恐怖の記憶から逃れられないのだろう。わたしは残念に思ったが、彼の怯懦を責める気にはなれなかった。

結果的に書物の中国語版は企画打ち切りとなり、日本語版『日中映画論』（作品社、二〇〇八）だけが刊行された。この体験はわたしに抑圧国家としての中国共産党政権のあり方を、改めて認識させた。チベットについて批判的に言及することは禁忌中の禁忌なのだった。

4

二〇〇〇年代の一〇年間はわたしの研究範囲が一気に拡大された時期である。これまで韓国、台湾、香港、中国を基軸としてアジア映画論を構築してきたわたしは、一気にバンコクとジャカルタに飛び、現地に数か月ずつ滞在しながらローカル映画の本格的探究を開始した。これは日本財団のAPIフェローとしてチュラーロンコーン大学とシネマテック・インドネシアの特別研究員の資格を得たので可能となった研究であった。また、文化庁の文化交流使としてイスラエルと旧ユーゴスラビアのセルビアに向かい、パレスチナとコソヴォにも足を延ばして現地の映画事情を調査した。

こうしたフィールドワークは『アジア映画の大衆的想像力』（青土社、二〇〇三）、『パレスチナ・ナウ——戦争・映画・人間』（作品社、二〇〇六）、『怪奇映画天国アジア』（白水社、二〇〇九）といった著作にその成果が纏められている。とりわけ『アジア映画の大衆的想像力』では、『電影風雲』の時点でその存在を指摘するに留まっていたローカル映画について、具体的な例を掲げて分析し、この領域への今後の研究の方向付けを行なった。

アジアのローカル映画において、大衆的想像力はどのような形態を見せてきたか。この問いに答えるため、わたしは上海／香港における『梁山泊と祝英台』、韓国／北朝鮮の『春香伝』、タイの『メー・ナーク・プラカノン』といったアジア各国の「国民映画」の系譜をそれぞれに辿り、それを日本の『忠臣蔵』／『四谷怪談』に対応させる形で論じてみた。またタイ、カンボジアの怪奇映画、怪獣映画に言及し、韓国と台湾が日本で活躍する同胞のプロ野球選手（張本勲と王貞治）の物語を描くときに見せる違いについて論じた。『電影風雲』では監督の名のもとに個々のフィルムを論じたが、この書物のなかでは作家名よりも映画ジャンルのほうが重要であるという立場をとった。

アジアのローカル映画はおおまかにいって四つの要素から構成されている。アクション、ホラー、メロドラマ、コメディである（五番目に史劇を加えることもある）。もっともハリウッドとは違い、この四つは判然と区別されているわけではない。一本のフィルムがメロドラマを基調にしつつもアクションの見せ場に事欠かず、ときおり道化が登場してお笑いとなるという場合がいくらでもあるし、ホラーには喜劇俳優の登場による気分転換が欠かせない。映画史を通して繰り返し制作されてきたため、今では国民的に親しまれているローカル映画の大ジャンルを渉猟してきたわたしは、次の課題として、ローカル映画の四要素の一つひとつについてケーススタディをしておきたいと考えるにいたった。その結果、生まれたのが『ブルース・リー』と、『怪奇映画天国アジア』である。

また、二〇〇〇年に入って韓国で『ＪＳＡ』（パク・チャヌク、二〇〇〇）をはじめとするニューウェイヴが華々しく登場し、日本でも多くの韓国映画が公開されるようになったとき、わたしは韓国映画の紹介者としての自分の役割がすでに終わったことを知った。もはや一般の評論家が試写で観た後でコラム記事を書けるようになったとき、批評家としてのわたしがブームに追随する必要はないと知った。そこで、そのフィールドをまだ誰も論じたことのない、いやそれどころかその存在を認識したこともないような領域の映画に向かおうと考えた。具体的にいうと、それはタイやインドネシアといった東南アジアであり、イスラエル、パレスチナといった中東である。『パレスチナ・ナウ』と『怪奇映画天国アジア』がこうした転戦から生まれた。

前者はイスラエル国内の居住者を含むパレスチナ人がいかに映画で自己表象を果たしてきたかを追ったフィールドワークであり、後者はタイ、インドネシア、マレーシア、カンボジア、シンガポールにおけるホラー映画を分析したものである。ハリウッドでは怪物はつねにアメリカの外部から到来する男性系の侵略者である。しかし、日本を含めアジアでは、もっぱら女性が異形の存在に変身して、男性社会に対する復讐としてホラー映画の主人公となる。東南アジア諸国の具体的なフィルムを通してこの事実を具体的に分析することが、この書物の狙いであった。

『ブルース・リー』を書くことによって、わたしは積年の分裂した自分を克服することができた。二〇〇三年のことであったが、わたしは香港西湾河（サイワンホー）の映像史料館に日参し、李小龍が幼少時に子役として出演したメロドラマから遺作の功夫片（クンフー映画）までをすべて観ると、収蔵されている夥（おびただ）しい資料に目を通した。書物を書き上げるにはさらに二年の時間がかかったが、この地道な作業を通して、わたしは李小龍という人物の存在が中国移民史の結節点にあるきわめて歴史的な存在であり、その出演作の裏側には映画の政治、さらに植民地香港に特有の政治が横たわっているという事実を知った。中国共産党の勝利を讃美する『不屈の人々』が、ある政治的規範のもとに歴史を描いたフィルムだとすれば、『燃えよドラゴン』が告げているのは映像における政治であって、フィルム自体が歴史を体現していた。約（つづ）めていうならば、わたしが李小龍を通して学んだのは、娯楽映画を作り上げている政治であった。

わたしの研究対象の拡大は空間的なものに留まらず、時間軸においてもなされた。「比較文学」とは違い、「比較映画史」という言葉はまだ人口に膾炙しているとはいえないが、映画の発展を最初から統合的原理の実現の過程と見るのではなく、複数のローカル映画が互いに影響し、模倣と改作を契機として発展していくという立場を、仮にそう名付けておきたいだけの話である。

ローカル映画は何もないところからは生まれない。かならず先行する巨大映画産業（たとえばハリウッド、ボンベイのボリウッド、ラゴスのナリウッド）か、隣接するローカル映画に示唆され、その模倣から出発し、やがて独自の世界を築き上げてゆく。わたしはそのケーススタディとして、一九六〇年代の日活無国籍アクションと日活純情路線というジャンルが、韓国、台湾、香港にいかに影響を与えたかという問題を取り上げ、『アジアのなかの日本映画』（岩波書店、二〇〇一）に纏めた。だがそれは日活アクションというローカル映画が、ハリウッドのフィルムノワールやイタリアのネオレアリズモの作品をいかに換骨奪胎してみずからの富としてきたか、その過程を着実に辿ることでもあった。また東アジアのメロドラマ映画の背後に、日本の新派劇が深く影を落としていることに気付く過程でもあった。ちなみにわたしは新派と歌舞伎が日本映画の常数であるという事実について、まだ纏まった論文を執筆していない。これからの宿題である。

5

さて、ここまでが「前回までのあらすじ」である。読者には、わたしがどのようにしてアジア映画の世界に魅惑され、自分のアジア映画観を構築していったかを理解していただけたと思う。最後にこの「アジア映画とわたし」というエッセイを閉じるにあたって、以下に続く四篇の方法論的文章について簡単に説明をしておきたいと思う。

「アジア映画論序説」は一九九三年に刊行した『電影風雲』の序文に相当するものである。内容は本稿の前のほうで触れておいたので繰り返さないが、わたしにとって戦闘開始を宣告するような文章であり、大げさな表現になるかもしれないが、記念碑的な意味をもっている。原著が刊行されてから三〇年ほどの歳月が経過しているため、ここに再録することにした。

「「アジア映画」の「アジア」とは何か」は二〇〇三年に、四方田犬彦編『アジア映画』（作品社）の序文として執筆された。初出時の題名は「アジア映画とは何か」である。バンコクのフィルム・アーカイヴに二週間ほど滞在し、ノンスィーやウィシットといったニューウェイヴの監督たちの新作を観たり、彼らと話をしたりして帰国した直後、興奮冷めやらぬままに書かれた文章である。ここではアジア映画は「知識人と民族的規範の表象に関わるナショナリズムの映画」「欧米の近代とローカルな前近代の結合に由来する大衆娯楽映画」「ニューウェイヴ」の三種類に分類されている。

「アジア映画を観るということ」はジャカルタ、バンコク、クワラルンプルでのリサーチを終え、『怪奇映画天国アジア』を刊行した後、二〇一二年に出版された石坂健治ほか監修『アジア映画の森——新世紀の映画地図』（作品社）に掲載された。ここではアジア映画にはA級映画とB級映画の二種類があるという分類がなされている。前者は国際映画祭を通し、欧米（そして日本）の高学歴の観客によって受容される映画である。後者はこれまで述べてきたローカル映画である。A級映画の華々しい活躍の背後に夥しい数のB級映画が横たわっていることを忘れてはならない。B級が一国の映画産業の根底を支えていてこそ、そこからA級が出現しうるのである。では日本人にとってアジア映画を観るとはどのような行為なのか。実は重要なのは、日本映画もまたアジアのなかのローカル映画にすぎないという事実である。今からするといささか挑発的な口調が目につくが、自分の立ち位置を認識することのないままに「アジア映画おたく」が蔓延してきた状況に対し、入門書の冒頭で警告を発しておきたかったのだと理解していただきたい。

「アジア映画に接近する、いろいろな方法」は夏目深雪・石坂・野崎歓編による『アジア映画で〈世界〉を見る――越境する映画、グローバルな文化』（作品社、二〇一三）のために寄稿した文章である。ここで論じられているのは、ローカル映画をより深く理解するためにはその場所の映画史的文脈のみならず、社会的、言語的、人類学的知識が必要であるという提言である。イスラエルのブレカス映画（B級メロドラマ）とカンヌ国際映画祭グランプリ受賞者アピチャッポンの『メコンホテル』という対照的な位置にあるフィルムを論じながら、ローカル映画の読解にはその土地の歴史的記憶をめぐるコードが必要であるというのが、この時点でのわたしの認識であった。文脈的理解のないままに一本のフィルムを賞讃するならば、人はしばしばレイ・チョウのような不毛な演技者に転落することであろう。アジア映画を論じるのにもっとも望ましい形とは、映画分析と地域研究の専門家とが共同討議を通して論文を執筆することである。

だが、ここまで書いてきたわたしは、残されている課題、手つかずでそのままにされたきりの課題があまりに多いことに茫然とした気持ちを抱いている。

しばらく足を向けていないと、バンコクからも、ジャカルタからも、マニラからも、次々と新作の発表と新監督のデビューを告げるメイルが入ってくる。かつて現地での探究に協力してくれた知人友人から、「おい、何をしてるんだ。こっちにはいっぱい新作が溜まってるぞ」と連絡が入る。台湾、中国、韓国、イランが傑出したフィルムを産出していることは、もちろん情報として入ってくる。ヴェトナムやカンボジアといった、かつてわたしが個別に特化した研究を行なわなかった地域でも注目すべきフィルムが出現し、わたしに映画地政学の描き替えを求めてきている。

個人的な感慨に耽ることを許していただければ、わたしはローカル映画四要素のうち、アクションとホラーについてはなんとか研究成果を纏めることができた。だがコメディとメロドラマに関しては途中で放り出したままである。日本の喜劇については、エノケンにも渥美清にもそれなりのモノグラフが書かれているから、屋上屋を架すこともないだろう。では他のアジアの喜劇はといえば、これはホラーやアクションと違って、完璧な語学力と長期の生活体験がないと研究不可能な分野である。地域研究の専門家でないわたしにはできそうにない。

メロドラマはつとに心惹かれるジャンルであり、日本を起源として東アジア全域に波及した新派的想像力の軌跡を辿ることは、きわめて興味深い作業になるに違いないという確信がある。だがこれは日本の一研究者のよくするところではない。韓国語、台湾語、北京官話、広東語といったさまざまな言語で制作されたフィルムをその土地の伝統演劇との関連において分析し、新派がそこで果たしてきた役割を確認する。この比較研究が成立するためには国際的な共同作業が必要であり、またそれに連動して大規模な回顧上映が企画されなければならないだろう。もしその場でわたしに寄与が求められたとすれば、歌舞伎が日本映画に与えてきたものの歴史的確認を行なってみたいものだと思う。

探究を続ければ続けるほどに未知の領域は拡大していく。風船を膨らませればそれに応じて表面積が増えていくようなものである。アジア映画研究の場においてわたしがなされるべきだと考えるものは、もはやとうにわたし個人の能力の限界を超えている。今こそ地域研究者との学際的共同作業が必要なのだが、その徴候はまだいっこうに見えてこないのが残念といえば残念である。だがそれを嘆いても仕方がない。『カンディード』のヴォルテールに倣って、人は自分の庭を耕すことだけを心の戒めとすべきなのである。わたしは自分の後の世代のなかから、アジアの監督についてモノグラフを執筆する人、日本映画をアジア映画という大きな文脈のなかに置いて論じてくださる人が輩出してほしいと思う。

（二〇二四）

方法論的文章

アジア映画論序説

1

アジア映画とは何か。それを論じるためには、まず何をしなければならないのか。わたしは今「アジア映画」と記した。しかし、こうした範疇化が何の前提もなしに可能なのだろうか。それはアジア人が撮ったフィルムを意味しているのか。アジアにおいて制作されたフィルムなのか。それとも、アジアを描いたフィルムのことなのか。一九二六年に日本統治下の朝鮮で羅雲奎（ナウンギュ）が撮った『アリラン』と、李小龍（ブルース・リー）の『唐山大兄』（『ドラゴン危機一髪』、一九七一）と、インドネシアのエロス・ジャロットの『チュッ・ニャ・ディン』（一九八八）とを同時に論じることのできる地平というものは、はたして存在しているのか。そもそも映画史において、アジアをどう定義付ければよいのか。日本映画はアジア映画なのか。われわれはのっけから多くの疑問に遭遇することになる。

われわれの周囲を飛び交い、知らずのうちにその思考に浸透している「アジア映画」の紋切型（ステレオタイプ）とは、次のようなものである。

一方に異国情緒の圧倒的な洪水がある。ショトジット・ライの『パサー・パンチャリ』(『大地のうた』、一九五五)はインドの一村落の日常生活を抒情的に歌い上げた、「アジアを代表する名作」として論じられてきた。中国映画の第五世代にあたる陳凱歌(チェンカイコー)の『黄土地』(一九八四)がわが国で公開されたとき、NHKのTVでも見られない辺境の、興味深い祭事が見られるという紹介のされ方がなされたことは記憶に新しい。迷路のような路地。民族衣裳を着た美男美女と神秘の慧智を湛えた老人。咲き誇る花々。王宮の内側に隠された悲恋物語。そこにはわれわれがツーリズムのパンフレットを手に心を衝跳(ときめ)かせる未知の光景が、きわめて大規模な形で実現されているといった印象がある。事情は日本映画においても同様だ。李小龍が東洋武術の英雄として世界中に名を轟かせるはるか以前に、すでにミフネはサムライとして、西欧の映画ファンの賞讃の対象であった。

異国情緒が空間軸における魅惑の志向性であるとすれば、それを時間軸へと転換したとき、ノスタルジアが生じる。日本では侯孝賢(ホウシャオシエン)のフィルムはしばしばそこに描かれている台湾の生活の「なつかしさ」ゆえに称揚され、小津安二郎との類似のもとに評価されてきた。現代の韓国映画を観て、一昔前の日本映画を髣髴させるといった評言が、いったい幾度口にされてきたことか。なるほど、異国情緒とノスタルジアは実に甘やかな魅惑に満ちていて、観客を逃避主義的な快楽原則の世界へと導いてゆく。とはいうもののこうした感想は、いかに無邪気さを装ったものであっても、旧植民地をめぐる無意識のノスタルジアとけっして無関係ではない。異国情緒が目に見えぬ形で、それを語る者の文化的中心意識をしばしば物語ってしまうことを考えあわせてみよう。だが、こうした感情が、実のところ歴史的にイデオロギーによって形成されてきたものであることは、疑いを容れない。

アジア映画をめぐる今ひとつの紋切型の思考とは、学習主義的な性格のものである。その内容は端的にいって、「第三世界の映画を通して歴史を学ぼう」という標語に要約されている。ハリウッド映画は安易な商業主義による娯楽であり、ヨーロッパ映画は芸術である。しかし、アジアやアフリカ、ラテンアメリカの映画は、そうした側面を論じる前に、なによりもまず学習の教材でなければならない。それはわれわれに知られざる歴史、強国に侵略され受難を耐え忍んできた弱小国の歴史の真実を告知してくれる、という信念である。こうした思考に導かれて、さまざまな上映が組織されてきた。あるときそれは予想外の（あるいは期待される）歴史上の知を観客に与える。リノ・ブロッカの『マニラ・光る爪』（一九七五）はフィリピンの恐るべき貧困を教えてくれるし、葉金勝（イエチンション）の『莎喲娜啦再見』（『さよなら・再見』、一九八六）は台湾における皇民化政策と文化的植民地化について、何事かを語ってくれる。だが、もっとも最悪の場合、それは政治的な宣伝工作に堕してしまい、新たなる紋切型を作り上げてしまう。

こうした学習主義の根底に横たわっているのは、映画こそは世界を透明に、あるがままに表象してきたし、今後も表象してくれるはずだという、一見素朴に見える思考である。もっともこの確信は、けっして先験的な性格のものではない。啓蒙主義信仰と一九世紀ヨーロッパに生じたリアリズムの信仰に起因したものであって、モダニズムという巨大なイデオロギー的事件の一挿話であり、つまるところは歴史的な形成物に他ならない。それは、現実に制作されている個々のフィルムが、それぞれに独自の（したがってけっして客観的ではありえない）視座をもち、特定のイデオロギーに帰属しながら成立しているという事実を、きわめて杜撰な形で隠蔽してしまうことになる。

のちに詳述することになるが、この四〇年間にわたって、アジアは映画の最大の生産地域であり続けてきた。制作本数世界一の座を誇るインドを筆頭に、インドネシアから韓国・朝鮮まで、社会体制も歴史も違うさまざまな国や都市が、毎年夥しい本数のフィルムを生産している。映画都市を自称する香港のような特殊な場合を除けば、その多くは自国内で配給され消費される、いわゆるローカル映画である。ごく一部の作品が例外的に国際映画祭に出品されたり、国外の配給輸入業者の目にとまって買い上げられたりして、外国人であるわれわれの前に供される。もちろんここに、政府による国策的な上映を考慮に入れてもいい。二つの典型的な紋切型、すなわち異国情緒（およびその変形としてのノスタルジア）と歴史学習が関わってくるのは、この点においてである。しばしば個々のフィルムはこの二本の座標軸に応じて評価され、選択と排除の篩にかけられる。いささかも民族色を感じさせない都市のモダンライフを描いた作品は敬遠され、いかにも民族の伝統色を、知的興味をもつ外国人にも理解されるような形で備えた作品に大きな照明が投じられる。映画は観客にもっとも安易にツーリスティックな興奮を与えると同時に、一方で厳粛な教材として機能するのだ。

　歴史の学習を説く者たちは長い間、映画のもつ娯楽的な側面を無視し、それを一段劣ったものと見なしてきた。とはいうものの、今日両者はけっして厳密に対立項を構成しているわけではない。香港の梁普智（レオン・ポーチ）の『等待黎明』（『風の輝く朝に』、一九八四）は、日本軍の香港侵略という歴史的事件をヴィヴィッドに描きながら、みごとにアクション映画の成熟を示している。それはとりたてて歴史意識をもたない日本の若い観客層に大きな熱狂を与えた。われわれを包み込むポストモダン的環境は、かつては厳粛であるべきと信じられた歴史の真実すらをも、エンターテインメントの物語に仕立て上げてしまうほどの包括力をもっているのだ。

2

だが、ひとたびこうした紋切型を離れた地点で、現実にアジアで撮影され、制作されている夥しい数のフィルムを心に思い浮かべるとき、われわれはそれを語ることの方法論的困難に突き当たることになる。ここで、前節の延長線上に立って、アジア映画を語るさいに評論家が援用することになる二通りの基本的姿勢を示しておくのも、あながち意味のないことではあるまい。自分の属する文化や言語、習慣とはまったく異質の世界において制作されたフィルムを前に、それをいかなる立場から受容するかという問題をめぐって、以下に引用する二つの言説は、それぞれに興味深い典型を示しているように思われる。

こうしたフィルムはわれわれに外国語で語りかけ、物語もわれわれの慣習や生活様式とは完璧にかけ離れたものであるが、にもかかわらずわれわれに親しげな言語で語りかける。どのような言語で？　それはすべてが語られ、なされたときにシネアストがその権利を要求すべき唯一の言語、すなわち演出の言語である。現代の芸術家がアフリカの呪物を発見したのは、偶像崇拝に帰依してではなく、もっぱらその常ならぬオブジェに彫刻として感動を受けたからである。音楽が普遍的な言語であるならば、演出もまた同様である。「溝口」を理解するにあたって学ぶべきなのはまさにこの言語であって、日本語ではない。それは誰もが分かち合ってはいるものの、われわれ西洋の映画がごく稀にしか知ることのなかった純粋度において、ここにもたらされた言語である。(1)

いま第三世界の映画を見ることは、異文化の出会いの際に生ずるいくつかの基本的な問題点がはっきり摑めるという意味で、私にとっては非常に興味ぶかいことなのである。もちろんそれに、これからわれわれがどんなふうに第三世界を理解するかということについても多くを学べるであろうことはいうまでもない。いうなれば自分本位の見方を脱却するということである。人や物を外側から客観的に撮ることを基本とする映画という表現手段にとっては、これは本質的な機能なのである。(2)

最初のものは溝口健二が逝去してから二年後の一九五八年に、フランスの映画雑誌『カイエ・デュ・シネマ』に掲載されたものであり、若者はのちにヌーヴェルヴァーグの異端児として盛名を馳せることになるジャック・リヴェットである。ちなみに溝口はその数年前に、ヴェネツィア映画祭において三年連続して受賞するという壮挙を果たしていた。

リヴェットの論旨は明快である。それがいかなる国籍に属していようとも、またいかなる言語や文化状況のもとで撮られたものであろうとも、優れたフィルムは例外なくある普遍性を体現しているはずだ。その判断の基準となるのは演出という「言語」であって、この点を確実に把握しているかぎり、人はそこに描かれている風俗や物語の特殊性に無知であったとしても、そうした限界を越えて、見知らぬ国の一本のフィルムから映画と呼ばれるイデアに到達することが可能である。日本語や日本文化についての知識は、こうした映画にのみ固有の共通語という問題を前にしては、とるに足らぬことである。要約してみると、リヴェットの主張はこのようになるだろう。

『カイエ・デュ・シネマ』に代表されるこうした姿勢は、五〇年代以降盛んになった国際映画祭のイデオロギーとまさに軌を一にしたものである。それは現在世界中いたるところで非西欧国のフィルムが紹介されるときに批評家が採るイデオロギー的態度として一般化されている。あるとき一人の批評家が一本のフィルムを何の予備知識もなく観る。そしてその大胆にして繊細な演出と、演出をみごとに支えている優雅なカメラワーク、照明、フォトジェニーなどに感動する。それはロッセリーニのように躍動的であり、ヒッチコックのようにスリリングだ。そしてホークスのように幸福感に満ちている。こうして一人の「作家」が発見される。監督はもはや国籍や出自を問われることなく、単身で不滅の殿堂に入場することを許されたのだ。

溝口健二の脚色者であった依田義賢が科白の一言一言にどのように微妙な陰翳を与えたか。溝口がそれをいかなるシステムのもとに、俳優たちに喋らせたか。日本語に精通していないかぎり、とうてい溝口の演出の細部の冴えについて緻密な議論は成立しない。だが、こうした次元において、リヴェットの言説を批判することはひとまず措くことにしよう。そして彼が主張する映画の普遍性という観念について検討してみることにしよう。ここで語られているのは二点あって、ひとつはすべてのフィルムが普遍性を体現しているのではなく、きわめて優秀なものだけが稀有な形でそれを具現化しているという指摘である。もうひとつは、したがってひとたび普遍性が体現されたのちには、フィルムを具体的に形造っているあらゆる特殊性は二義的なものとして捨象されることになるという指摘だ。だが、こうしたリヴエットの主張を前にしたとき、ただちに疑問点が生じる。一本の作品を、それがよって立つ制作システムやジャンルの文法といった映画史的文脈から離れて、あたかも鰹の一本釣りのように釣り上げることが、その作品の全体性を理解したことにただちに繋がるのだろうか。

リヴェットに代表される言説が巧妙に覆い隠してしまうのは、世界中で撮られている数多くのフィルムがつねに特定の観客を対象に、まさに特定の場所において制作され配給されているという局所的な事実である。演出の普遍性という観念はひょっとすればヨーロッパ映画にこそ基盤をもつものであって、先に引いた文章はそうした西欧文明の根底にある普遍志向の延長線上に位置しているのではないか。そのような疑問が当然のごとく生じる。しかもこうして選択されたフィルムの背後には「普遍性」と縁も所縁（ゆかり）もない、夥しい数のローカル映画が控えている。リヴェットの眼にたまたま触れたフィルムがローカル映画の集蔵体を前提として出現したことは、否定できない事実である。

一本のフィルムを映画のイデアのもとに高く祭り上げ、未知の監督をフランスやハリウッドの巨匠の隣に置いて列聖視することは、時に作品とその作者をそもそもの映画史的文脈から孤立させてしまう結果になる。たとえば溝口健二の国際的な知名度に比較して、競争者であったマキノ正博の存在は今日にいたるまでヨーロッパではほとんどまったく知られていない。多くの欧米の評論家たちは、一年間に平均三〇本は制作されるスリランカのシンハラ語映画が、レスター・ジェームス・ピーリス一人によって代表されうると無邪気に信じているし、ブニュエル一人をもって五〇年代のメキシコ映画を語りえたと考えている。

こうした選別の傾向がさらに進展したとき、映画を語る言説のなかから、一切の映画外の状況をめぐる分析が排除されることになる。批判はトートロジカルな自己讃美に終始し、一本のフィルムが完成するまでに体験することになった少なからぬ政治的、社会的困難を等閑視するにいたる。「映画の共和国」という表現はヨーロッパの国際映画祭がオリンピック同様に作りあげた、きわめてイデオロギー的虚構に満ちた観念に他ならない。にもかかわらず、いい映画ならどこの国で撮られたっていいじゃないか、という多幸症の言辞が自堕落にも口にされることになる。かくして批評は外界との緊張関係を喪失した、おたくの虚言に身を貶めることになる。その退屈な例を、すでにわれわれはさんざんに見せられてきた。

だが、まさにここで捨象された要素にこそ作品の本質が宿るといった場合が、アジアやアフリカの映画制作においてはとりわけ頻繁に生じうるという重大な事実を忘れてはならない。映画の制作そのものが強い政治性を帯びてしまうという状況が、世界のいたるところに横たわっているのだ。センベーヌ・ウスマンの『チェド』（一九七六）という作品を論じるためには、それが『スター・ウォーズ』と同様の武勲劇に、ブレヒト的な異化効果を重ね合わせたものであると怜悧に分析するだけでは不充分である。そこで語られている物語が、セネガルにおける新興勢力であったイスラム教と従来の部族宗教との歴史的対立を背景にしていること。また、作品の表記法をめぐって政府による上映禁止処分がなされたことについても一定の知識をもっていなければならない。また、楊徳昌（エドワード・ヤン）の台湾映画『牯嶺街少年殺人事件』について仮にも情熱的な讃辞を連ねるためには、この「優れた作家」のフィルムが「エドワード・ヤンによる日米合作映画」として一九九一年の第四回東京国際映画祭に出品されたという屈辱的な事実を抜きにしては、その全体を語ったことにはならないだろう。こうした作品がわれわれに告げ知らせてくれるのは、ゴダールがかつて看破したように、あらゆる映画的テクストとその制作が政治的な作業であるという真理に他ならない。このことを無視して、完成されたフィルムを「発見」し、美食家のように舌鼓を打つ振りをしてみせるだけであれば、それは普遍性という美名の観念のもとに、ヨーロッパの自文化中心主義を無批判的に受け入れてしまうこととほとんど差異がない。

二番目に引用したのは、リヴェットの溝口讃歌から二六年後の一九八四年に、日本の佐藤忠男によって執筆されたもので、「再び、なぜ第三世界の映画か」と題された文章の結論部より採った。「第三世界の映画」に関する彼の言及は、この他にも彼の莫大な著作のいたるところに散見しており、かならずしもすべての趣旨が一貫しているわけではないが、ここでは先に引用した箇所に限って、ささやかな註釈を試みることにしたい。

ここではリヴェットとは正反対に、「第三世界の映画を見ることとは、異文化の出会いの際に生ずるいくつかの基本的な問題点がはっきり摑める」ためにこそ有意義であり興味深い、という主張がなされている。加えて、「われわれがどんなふうに第三世界を理解するかということについても多くを学べる」という指摘がなされている。

一九五〇年代から六〇年代にかけてそれなりに政治的意味をもった「第三世界」という言葉は、今日の世界状況にあっては地政学的にすっかり意味と根拠を喪失した、死語同然のものになってしまった。この問題に関しては本節の後で言及することにする。佐藤の用語法の曖昧さについてはここではあえて不問にすることにして、先に進もう。佐藤がここで説いているのは、アジアやアフリカの映画との接触は、異文化と出会い、自分の矮小な視座を相対化するさいに大いに効果がある、ということである。リヴェットが演出をもって映画の普遍性を誇示するのと対照的に、佐藤は映画が「人や物を外側から客観的に撮ることを基本とする」と語り、それゆえに人間の主観的な認識から生じる誤謬を正す機能を備えているのだとして、先の主張の根拠付けを行なっている。

佐藤の論は、先に述べた紋切型の第二の類型、すなわち映画を学習の教材と見なすといった態度の延長線上にあり、こうした紋切型の猖獗に一定の理論的背景を与えるものである。この文脈のなかでは歴史と民族意識に基づいた一定のフィルムは特権的に取り上げられ、そこに表象されている物語内容や背後の状況が分析されることになる。というよりも、より正確にいえば、映画とは別個に存在している歴史と、フィルムの内容との照合関係とが、どこまでも記述される。もっとも彼の説く歴史とは映画的テクストの外側に確固として存在しているものではあっても、一本のフィルムを成立させている、内在的なテクストの政治ではない。そのため佐藤が「第三世界の映画」として例に出すのはきまって、あらかじめ選択されたA級の「まじめな」フィルムであり、一国の映画産業の母胎にあるローカル映画の存在は軽々と茶毘に付されることになる。その例として、佐藤の香港映画観を示す次の引用を挙げることにしよう。

われわれはこれまで、東南アジアの映画といえば香港の映画しか知らず、それがみんな荒唐無稽な空手映画かドタバタ喜劇でしかないため、それらを見ても東南アジアの現実を理解し、彼らの苦悩をともに苦悩することにはならないだろうと思っていた。しかし、タイやフィリピンやインドネシアには、民族の苦悩に発したまじめな主題を持った映画がちゃんとあるのである。考えてみると香港はコスモポリタンな特別な性格を持ったところで、そこの映画界が商業主義に徹しているからといって、東南アジアの映画界はどこでもそうだということはないのである。もちろん、荒唐無稽な空手映画だって、少なくとも、これまで無関心だった地域の人々に親しみを感じさせるという効用はあるから決して軽視することはできないが、東南アジアの国々の人たちにとって、なにがいま、苦悩の内容をなしているかを映画をつうじて知ることができればもっと良い。(3)

思わず、本気かね?と半畳を入れたくなるが、こんなことで驚いていては佐藤の本を読み通すことはできない。彼がはたして国際映画祭や特別の試写会場ではない、現地の一般の劇場に足を向けて、何本の「空手映画」を観たかといった、意地の悪い質問は控えることにしよう。彼の言によれば「荒唐無稽な空手映画」にすぎない李小龍のフィルムには、ハリウッドと香港映画における中国人の紋切型をめぐるきわめて緊張した関係（お望みならば「苦悩に満ちた」という表現を用いてもよい）が横たわっているとか、胡金銓（キン・フー）の『龍門客桟』（『残酷ドラゴン 血斗竜門の宿』、一九六七）には、共産党政権下の中国から香港へ亡命した一老舎研究家の、明王朝に寄せるノスタルジアが体現されているといった反証も、ここではあえて口にしないことにしよう。だが、ここに語られているのは、コスモポリタンな商業地域に生まれた荒唐無稽な香港映画は、民族の苦悩を忘れているために悪であり、それに比べて「発展途上国」であるタイやフィリピン、インドネシアにあって「民族の苦悩に発したまじめな主題を持った映画」は、それだけで善であるという、恐るべく硬直化した官僚主義的思考に他ならない。興味深いのは、こうして第二の紋切型を極限にまで押し進める著者の態度が、ふと距離を置いて眺めたとき、第一の紋切型、すなわち異国情緒のそれを愛でる者に似てきてしまうという事実である。韓国映画を観て日本帝国主義の受難を経験した韓国人に共感し、セネガル映画を観て黒人差別に怒りを覚える佐藤は、いうなれば未知なる異国の花々や風景に魅惑されるようにして「彼らの苦悩をともに苦悩」しうる自分を無邪気に信じている。このときあらゆるイデオロギー的問題は宙吊りにされ、素朴な感情移入だけが批評の前面に押し出されることになる。スクリーンに表象された「民族の苦悩」だけが論議の対象となり、その背後に隠れている映画的テクストの生成の困難は救い上げられずに終わる。この方法を究極的に押し進めるならば、巧妙に作り上げられた民族主義的プロパガンダ映画こそが模範的なフィルムとして顕彰され、ローカル映画の大多数は、荒唐無稽で「まじめ」さを欠落しているという理由から、排除される。こうして作り上げられた一国映画観がいかに全体性を欠き、歪曲したものとなるかは、明らかである。

アジア映画をめぐって二種類の紋切型が盛行しているように、それを論じる批評の姿勢にも二通りの典型が存在している。今日、日本語で書いている評論家のほとんどすべては、程度の差こそあれ、どちらかの典型に帰属し、どちらかの紋切型に加担する形で論を進めている。そのいずれもが限界をもったものであることを、ここでは論じてみた。こうした硬直化した姿勢では把握できないほどに現実のアジア映画は多様であり、不断に変化を重ねているのだ。それではその全体像を見通すには、どのような方法論が必要なのだろうか。

われわれはまず、アジアにおいて映画がいかに制作されてきたかを、簡単に復習してみなければならない。

アジアの諸地域では、欧米からいささかも遅れることのない、きわめて早い時期から映画が制作され、大衆娯楽として確固たる地位を築いてきた。のちに詳しく論じることにするが、「第三世界の映画」という範疇付けが誤っている理由のひとつは、それらの国々が「第三世界」というフランス風の隠喩で一括されるよりもはるかに以前から、旺盛に映画産業を発達させてきたことにある。

3

映画はその原理からして、徹頭徹尾一九世紀モダニズムの光学的情熱と、スペクタクル的欲望の結合の産物である。その構造の背後にイデアと表象をもってよしとする西洋の形而上学が横たわっていることは、疑いを容れない。一八九一年、アメリカのエジソンがキネトスコープを発明。九五年にフランスのリュミエール兄弟がシネマトグラフを発明して、一二月二八日にパリで一般に公開する。ちなみにそれは奇しくも日本が台湾を領有した年である。その前年に孫文は興中会を結成、朝鮮では東学農民軍が日本軍と激しい戦闘を重ねていた。シネマトグラフが公開されたのが、オペラ座に近い、グラン・キャフェの地下で、「サロン・アンディアン」（インドの間）と呼ばれた場所であったことは、映画と異国情緒の本質的近親関係を暗示していて、興味深い。奇術師であったメリエスがシネマトグラフの興行を思い立ったのが九六年。かくして映画の商業的な制作が開始されたわけだが、同時期にリュミエール兄弟ははやくも世界中にカメラマンを派遣し、異国の光景を映像に収録しておきたいという欲望を実現させている。

この過程で映画装置はアジア、アフリカ、ラテンアメリカの主だった都市に、ほとんどその発明から数年の間に到着した。たとえば一八九六年七月には、インドのボンベイですでにシネマトグラフの定期上映が開始されている。[4]その一か月後、八月にも上海でフランス渡来の「西洋影戯」が上映された。日本では一一月に神戸にキネトスコープが輸入され、小松宮殿下の臨席のもとに上映されたのち、一般に公開されている。ついでシネマトグラフは九七年二月に大阪の南地演舞場で初公開されていて、このときにはリュミエール社のカメラマンが京都で歌舞伎を撮影したことが記録に残っている。

一八九七年にはマニラとバンコクで、いずれもリュミエール社、ゴーモン社の短編が上映された。驚くべきことに最初マニラのサロン・デ・ペルティエラで掛けられたフィルムのうち一本は、『日本舞踊』という題名であったという。李氏朝鮮の漢城（現在のソウル）では、九八年にアメリカ人が南大門に場所を設けパテ社の短編を公開し、その後一九〇〇年に日本人による興行が開始された。日本統治下の台湾では、一九〇一年に台北西門町で日本人による上映が行なわれたのが最初だと伝えられている。アジア以外で例を挙げると、ラテンアメリカの諸都市では一八九六年に初上映がなされ、キューバでは九八年に最初の短編が撮影されている。またフランス植民地下のダカールでも一九〇〇年には上映が存在したと記録されている。

もちろんこうした初期の上映が、かならずしも一般民衆の娯楽としての映画鑑賞と重なり合うものとはかぎらなかったことは、指摘しておかなければならない。王族や特権階級、植民地における統治者側の人間が最初の観客であった。だが映画はたちまちのうちに大衆的な人気を博し、どの都市でも「西洋渡来」の見世物として評判を呼ぶにいたる。自国人の手になる映画制作が開始されるのには、間がなかった。たとえば日本では一八九九年に、三越写真部の柴田常吉が九代目団十郎と五代目菊五郎の舞台『紅葉狩』をはやくも撮影している。ボンベイでは一九〇二年にセン兄弟のロイヤル映画会社がベンガルの大衆劇を、北京では一九〇五年に日本で写真技術を学んだ任景豊の豊泰照相館が、京劇『定軍山』の名場面を撮っている。のちにアジア映画の中心となった三つの国が、メリエスによるスターフィルム社成立後数年のうちに、競って映画制作に乗り出したことは注目に足ることといえる。地理的に遠く離れた異国の映像をいち早く目の当たりにしたいというリュミエール的欲望は、当時のヨーロッパ社会にとって周縁と考えられていたいたるところに撮影者を派遣した。そしてそれに呼応するかのように、「周縁」の諸都市は西洋の最新の光学装置を受容し、それが送り届ける未知の西洋風物の映像に魅惑された。ボンベイで、北京で、東京で、この新奇なる見世物こそは、「西洋近代」の換喩的記号となりおおせた感がある。民衆は映画によって知らされる情報を通して、内なる西洋への憧憬を膨らませ、映画を媒介とすることで、目下育みつつあるみずからの近代性を確認していったのだった。

ハリウッドが確立した一九一〇年代に、ここに名を挙げた少なからぬ都市は時をほぼ同じくして本格的な映画制作に乗り出している。東京で吉沢商店がガラス張りのスタジオを開設したのが一九〇八年。明治が大正と改元する一二年には映画会社のトラストが行なわれ、大日本活動写真、略して日活が設立され、新派映画の量産を開始する。日活の誕生はフォックスのそれより三年早い。この時期の近さにまず注目しなければならない。

一九〇九年には清国に亜細亜影戯公司が設立され、張石川と鄭正秋の手で、『難夫難妻』(一九一三)が撮られている。この作品は上海で撮影され、まず上海で公開された。同じ年にボンベイでは奇術師出身のダダサヘブ・ファルケーが古代叙事詩『マハーバーラタ』に材を得たフィルム『ハリシュチャンドラ王』を撮って大ヒットさせた。マニラでホセ・ネポムセノが『田舎の乙女』を、ソウルで金陶山が『義理的仇闘』を撮ったのは、それぞれ一九一九年であった。

こうして出発を果たした各国の映画産業は、二〇年代、三〇年代を通して大きな発展を遂げた。東京と京都という日本の二大都市に映画会社が乱立し、現代劇と時代劇とに分かれてフィルムの量産が行なわれたことは、いうまでもない。上海では三〇年代に映画は神話的な興隆に達し、ハリウッドの影響の強いモダン趣味の作品から、左翼映画人による抗日映画まで、実に多彩なフィルムが制作された。その数は一九三〇―三七年の間に五六五本を数える。ハリウッドの影響は、アメリカの直接の植民地であるマニラではいっそう強く、この都市をアジアのハリウッドたらしめようとする動きが存在していた。一方、インドではトーキーの導入により、映画はハリウッドとはまったく異なった、きわめて独自の動きを見せることになった。歌と舞踊を中心とするミュージカル作品が主流となり、神話や聖人伝説が積極的に題材として採用された。

第二次世界大戦による一時的な停滞を別とすれば、アジアでの映画制作はその後も順調に発展を重ね、五〇年代から六〇年代の前半にかけて世界的に絶頂に到達した感がある。溝口健二や黒澤明が国際的な盛名に輝いた日本は別にしても、隣の韓国でも映画産業は大きな発展を見せ、六〇年には年間三〇〇本のフィルムが制作された。香港は共産党政権を嫌った上海の映画人を抱えることで、「東アジアのハリウッド」と異名をもつまでになった。五〇年に二〇〇本に達していた制作本数は、その後も一〇年間にわたって毎年三〇〇本を下らず、コスモポリタニズムと商業主義をみごとに結合させた映画造りが行なわれた。台湾映画は香港の商業主義と中国の政治主義に圧迫されながら、緩やかではあるが中国の伝統的な価値観をもっとも受け継いだ形で発展した。

一方、香港の二大映画会社の社主を輩出したにもかかわらず、シンガポールでは映画産業は発展しなかった。五〇年代にはマレーシアと合作してマレー語、中国語のフィルムを年間二〇本ほど制作していたのだが、今日では跡形もない。逆にヴェトナムはフランス、中国、ハリウッドの間隙にあって長らく自国の映画産業を確立させることがかなわずにいたが、近年になってようやく本格的な制作に乗り出している。

三〇年代にすでに年間五、六〇本の本数を誇っていたフィリピンの映画産業は、日本軍占領下で一時低迷したが、五〇年代には年に一〇〇本、七一年に二五〇本を制作して絶頂に達した。フィリピン映画において興味深いのは、海外への輸出を前提とした香港映画とは対照的に、ほとんどの作品が国内での需要に応じて制作されていることである。

だがなんといってもアジア最大の映画産業国としては、インドの名を挙げなければいけない。インド映画はヒンドゥー語、ベンガル語をはじめ一三の言語によって撮られ、現在にいたるまで年間制作本数において世界一の地位を守り続けている。六五年には三二五本、七九年において七一四本という驚異的な数字をここでは示しておこう。一般的に一本の上映時間は三時間から四時間と長く、神話からハリウッド風のメロドラマまで、ありとあらゆる主題を盛り込んだミュージカル映画が長い間支配的地位を占めてきた。香港映画同様にその支配圏は広く、インド洋の全域とアフリカに及んでいる。

五〇年代に生じたTVの台頭は、先進資本主義国の映画産業に大きな打撃を与えた。ハリウッドはここで最初の没落を体験した。ハリウッドの対岸にある日本と韓国では、この衝撃は少し遅れて六〇年代に生じた。だが他の多くのアジア諸国では、映画は大衆娯楽として相変わらず発展の一途を辿り続けてきた。とりわけ七〇年以降にインド、フィリピン、香港において映画産業のさらなる興隆が見られることになったのは、ハリウッドや日本の制作本数の低下と時を同じくしていて興味深い。八〇年代に香港、台湾、韓国、中国でほぼ同時に生じた個々のニューウェイヴについてはここでは触れないでおくが、ともあれ一九九〇年代において、全世界のフィルムの半数以上がアジアで制作されていることは、否定できない事実である。フランス世紀末に出自をもつこの光学装置は、さまざまな変転の末に、いつしかかつて信じえた世界の周縁に重心を移動してしまい、今ではアジアというその莫大な地域の拡がりを否定できない中心として、殷賑を極めているのである。

4

アジアが世界の映画産業にあって、制作本数において軽く西欧諸国を凌駕し、市場においても比較にならぬほどの巨大な拡がりをもっていることについては、これ以上言を重ねる必要もあるまい。では、そうしたアジアの映画はいかにしてアジア以外の諸国、とりわけ西欧諸国に観られてきたのだろうか。映画の普遍性を代表する観客や批評家によって、いかにして発見され、価値付けられてきたのだろうか。

日本の映画史研究家としてこの問いに答えることは、正直にいって難しい。なぜなら日本の映画配給業者と批評家の世界は、二枚板の構造を呈していたからである。すなわち、一方でアジア映画の一環として溝口健二や黒澤明が「発見」されることにナショナリスティックな悦びを感じていても、またもう一方ではハリウッドやヨーロッパの「芸術」映画を積極的に配給公開していても、ことアジア映画に関するかぎり、長い間沈黙と無関心とを守り続けてきたからである。そのことを充分に考慮に入れながら、論を進めていくことにしよう。

アジアのいたるところにある劇場にまで『スター・ウォーズ』が進入し、ハリウッド映画が進出していることを、まず思い起こしてみよう。アジアは完全に映画輸入超過の地域であり、ここから西欧社会に向かって差し出されるフィルムは比較にならないほどに数が少ない。すでに国際的な名声を確立した何人かの「作家」の連続上映と国際映画祭を別にすれば、一般的な非西欧圏のフィルムが西欧圏に紹介されることは、今日においてもきわめて稀なことである。

ハリウッドと、非ハリウッドの「芸術」映画に共通しているのは、あらゆるフィルムは世界中の観客を対象として制作されなければいけない、というイデオロギーである。一方、こうしたイデオロギーの領域の外側にあり、国家なり民族なりといった、限定された観客を前提として制作されるフィルムを、ここでひとまずローカル映画と呼ぶことにしよう。今日において大量生産されているアジア映画の大部分はこうしたローカル映画に他ならない。

ローカル映画の一般的特徴をここで概説することはできない。それらは一九一〇年代から現在にいたるまで天文学的な本数が制作されているにもかかわらず、実のところ映画史家によって研究が着手されたばかりであるためである。残念なことに大部分は、制作当時から使い捨ての意図で上映され、充分に保存が考慮されていなかったり、相継ぐ戦災や政変によって激しい損傷を受けたため消失している。たとえば韓国には、日本統治下において一〇〇本近く撮られたはずの朝鮮映画は、公式的には一本も現存していないとされてきた。また中国でも、日本でも、一九一〇年代の黎明期のフィルムはほとんど完全に失われている。研究家はわずかに遺された脚本や同時代の資料を手掛かりとして、化石の骨から恐竜を再現するような作業を地道に続けることを強いられる。だがたとえ各国の初期フィルムについてアカデミックな論文が執筆されたとしても、現在夥しい量で制作されているポルノ映画やアクション映画について、誰が同じ作業を行ないうるだろうか。

ローカル映画について、西洋の批評家はそれを黙殺し、西洋的な教育を受けた地元の批評家は次のような批判を投げかけるのが一般的な態度である。すなわち、それは大衆の低劣にして安易な逃避主義を当てこんで撮られた商業主義的フィルムであって、なんらの芸術的価値が認められない。描かれているのは荒唐無稽なまでに理想化され、夢見られた環境であり、登場人物はなべて西洋風な美男美女であるか、西洋的な価値観を踏襲している。土着のものは遅れた、グロテスクな存在として努めて価値が貶しめられている。というわけで、端的にいえば、現実を直視しようとするリアリズム的視点を完全に欠落させている。それぞれの映画会社はハリウッドが巨額の利潤を吸い上げているのを羨望するあまりに、みずからも小ハリウッドたらんとして、商業主義的な制作システムを真似ようとする。結果として生じるのはアメリカ映画のお粗末な贋物であって、民族のもつ固有の伝統や精神といったものは霧消してしまっている。勧善懲悪と身分違いの恋のメロドラマ。反抗は調停され、家族は最終的に従来の秩序に帰着する。こうしたコスモポリタン的個人主義に、大衆演劇に由来する紋切型が重なり合う。そのどこにも普遍的に人間の裸の真実を問う姿勢が感じられない。したがってこうした娯楽映画は、「作家の映画」

でないばかりか、リアリズム以前の幼稚な障害物であり、一国の映画産業の後進性を示している……。こうした認識が重なり合ったとき、たとえば、インド映画はショトジット・ライ以外には観るべきものがないとか、侯孝賢は現在の台湾映画の水準を一手で支えている、といった発言が口にされることになる。

いささか単純化して述べたきらいはあるが、こうした批判の一つひとつは検討に価する。

まずローカルの商業主義映画に逃避主義的な傾向が強く、リアリズムが欠落しているという意見であるが、この考えの根底にはリアリズムこそが真の映画の姿であるというイデオロギーが横たわっている。とはいうものの、リアリズムもまた一九世紀にヨーロッパが構築した観念であって、美術においても、文学においても長らく局所的な現象であり続けた歴史をもっている。ローカル映画がリアリズムを欠き、現実には存在しそうにない、西洋化された、プチブル的な状況を描いているという非難は、実のところその非難の根拠となるリアリズム信仰こそが西洋の認識論的視座に由来するものであると判明したときに、一挙に相対化されなければならない。

次に、ローカル映画がハリウッドの制作システムを小規模ながらに踏襲し、アメリカ映画の卑小な模倣の域を出ないという批判に対しては、いくつかの具体的な例をもって反証に代えたい。一九二〇年代の京都は歌舞伎をはじめとする大衆演劇を素材として、独自の衣裳活劇、すなわちチャンバラを発展させた。やがてチャンバラはさまざまな要素を摂取し、ジャンルとして大きく発展し、第二次大戦後に黒澤明をはじめとする「作家」を輩出するとともに、香港から朝鮮に及ぶ近隣諸国の武俠映画の規範となり、身体の運動をめぐる映像言語を深く発展させた。またインドでは、前にも触れたように、トーキーの到来はすなわち歌と舞踊を満載したミュージカル映画の幕開けを意味していた。一本の作品の上映時間はどんどん長くなり、ハリウッド的な物語の首尾よい完結性とはおよそ無縁な地点で、登場人物が延々と逸脱的な冒険に耽るというのが常態となった。ここに、アジア映画ではないが、ブラジルにおける映画の独自の発展のあり方などを思い起こすならば、ローカル映画がたとえ当初はハリウッドに範を仰いで商業主義の道を歩もうとも、それだけで制作されたフィルムがハリウッドのチープ・イミテーションにすぎないとする考えが誤りに他ならないと判明する。蒔かれた種子はその土地土地の風土や気候によってそれぞれに異なった花を咲かせるものであって、現実にローカル映画に存在している歴史的多様性の研究が必要なのはこのためである。

この論理に関係して第三の反論を試みよう。先に挙げた批判は、ローカル映画の伝統が背後にある民族的な大衆芸能に深く根差したものであり、それもあずかっていささかも西洋的な、近代的な教育を受けていない民衆に強烈に支持されてきたという、重大な事実を見落としている。なるほど勧善懲悪の物語を前近代の紋切型として排除することは易しいが、そのとき同時に払い落とされてしまうのが、そうした紋切型を通じて表出されてきた大衆の心性の歴史性であることは必定である。西洋的教養を受けた映画史家はこうしてともすれば自国の大衆から知らずのうちに遊離してしまい、彼らがスクリーンに託した深い感動を再現できないままに苛立たしくそれを隠蔽してしまいがちとなる。こうしたフィルムをめぐるイデオロギー的分析こそが、その国なり民族が無意識的に抱いている思考様式を知るためにもっとも有力な手段であることに、映画史家は気付こうとしない。

最後に、映画史的な視点からの反批判をひとつ。ローカル映画を一顧だにしようとしない映画研究家は、逆にそののちに出現する「作家」の映画を賞讃する。しかしこうした「作家」の出現を可能にしたのがその背後に横たわっている気が遠くなるほどに莫大な無名のフィルムであり、恒常的なフィルム制作を可能としてきた制作会社と職人たちのシステムに他ならないという事実は、等閑視されたままである。人口零地帯にけっして子供が生まれないように、一人の天才的映画作家が誕生するためには、それ以前に豊沃な映画的土壌が存在していなければいけない。何がロッセリーニの、かの美しき『無防備都市』を可能にしたのか。あるいはまた、侯孝賢をして『童年往事』を撮らしめたのか。鈴木清順を生んだ日活アクションや、李長鎬（イチャンホ）における韓国の女子転落メロドラマ（ヨジャ・イヤギ）、侯孝賢が出発点において帰属していた台湾の歌謡映画といった例を想起するならば、この間の事情は容易に了解できる。低予算で短期間の撮影という劣悪な商業映画の制作の現場から、あるとき突然変異のように独自の文体と個性をもった作家が出現するという事件は、なにもアジアのローカル映画に限定されたことではない。一九四〇年代のＲＫＯと『市民ケーン』のオーソン・ウェルズとの関係がその今ひとつの証左であったはずだ。

　みずからは決して選ばれた「作家」になろうとは思わず、つねに商業資本に限定された条件のなかで妥協を重ねつつ撮り続けながら、ふと回顧してみるとそのローカル映画人としての生涯の全体が非順応主義的な魅力に包まれ、その数多くのフィルムに文体的な統一性を発見することができる、といった一連の監督たちが存在している。メキシコ時代のブニュエル、日本のマキノ正博、フィリピンのリノ・ブロッカ、それに台湾の王童（ワントン）といった作家である。彼らの多くは早撮りに長け、制作者の注文を器用に捌いてみせる職人芸に恵まれてはいるが、それが災いしてか、しばしば国際的には思想性を欠いた二流の作家という扱いに甘んじてきた。ブニュエルはシュルレアリスム時代には「前衛作家」であったが、メキシコに亡命して商業主義に堕落したと長い間評価されてきたし、マキノ正博は現在にいたるまで、同時代の黒澤明や溝口健二と比べて国際的に無名であり、一度も海外で本格的な回顧上映が試みられたことがない。とはいうものの、こうした作家を無視して一国の映画史を書くことは不可能、というより瀆神的な行為であり、彼らの独自性の大きさを理解するためにはローカル映画の無名の拡がりにまず立ち向かわなければならない。

一九八〇年代の中頃であったが、たまたま、美術史家の若桑みどりとスリランカに、短くはあったが滞在したことがあった。そのとき少し時間があって、コロンボに近い海岸の町の映画館で一本のローカル映画を観ることができた。その館では他に成龍（ジャッキー・チェン）の『A計画』（『プロジェクトA』、一九八三）が同時にかかっていた。わたしの観たのは『オホモア・ホンダ』というシンハラ語題名のフィルムで、強いて訳せば「とってもありがとう」くらいの意味か。入場料は六ルピー半（六五円）。貼られてある、派手な男女の俳優の姿を遇（あしら）ったポスターのどこを見回しても、監督の名前は記されていなかった。切符の捥（もぎ）りの青年にも尋ねたのだが、彼は答えることができなかった。いや、正確には監督の存在になど無関心のようすで、たった一言、「シンハラの一番新しく、一番いい映画」とだけ、英語でいった。

それは長い、長いフィルムだった。田舎に生まれ、民族音楽の優れた弾き手を父親にもった青年が、親に反発してコロンボへ向かう。魅惑の首都で彼はまずナイトクラブに勤め、次に父の親友のお転婆娘と恋に陥る。二人をなんとか結婚させようと田舎から父親が上京、旧友と組んで自殺未遂の狂言芝居を打つ。ここにギャング事件、自動車事故、娘の兄の映画俳優のトラブルが重なり、最後にお転婆娘とめでたく結婚した主人公は故郷の村に戻って、楽師たる父親の跡を継ぐ。

途中の休憩を含めて、三時間以上にわたるモノクロフィルムに付き合わされたわたしは、最初はひどく当惑したが、いつしか爽快な疲労感を覚えていた。客席はほぼ満員で、笑い声や掛け声がときおり聞こえた。わたしはそれまでに映画祭を通して何本かの、きわめて洗練されたスリランカ映画を観てはいたが、自分が現在目の当たりにしているのはそれのどれともまったく異なったフィルム、まったく別の観客のために、まったく別のシステムのもとに制作されたフィルムであるとわかった。伝統的民族音楽と、都会の西洋音楽の対立。モダニズムをめぐる父子の葛藤。原型を留めぬまでに融かしこまれた、ハリウッドのギャング映画。延々と続くミュージカルの幻想場面。荒唐無稽な筋立ての転換に加えて、シヨット繋ぎに素朴な手つきが窺える作品だったが、わたしはひとつの体験をしたように思った。この赤道に近い小さな国は、リュミエール兄弟がシネマトグラフを発明して八十数年後に、かくも西洋とは似て非なる映画を造り上げるにいたったのだ。そしてその予想もつかぬ拡がりの一端に、わたしは偶然のことながら触れる機会を得たのだった。

5

ローカルな商業映画は、夥しい分量と多様性にもかかわらず、外部の視線から「発見」されもせず、つねにその存在を無視され続けてきた。西洋の批評家や映画人が、アジア映画に、あるいは「第三世界」の映画の存在に初めて目醒めることになったのは、一九五〇年代の中頃からである。そこには複数の要因が働いていた。

第二次大戦後、旧植民地国が次々と独立し、五〇年代に入るとアジア、アフリカの諸国で民族主義の台頭が声高く叫ばれた。ナセルのスエズ封鎖から、ヴェトナムにおけるフランスの敗退、キューバ革命の勝利までの一〇年の推移は、西洋の知識人に「第三世界」の確固たる存在を強く印象付けた。その中心にあったのは、一九五五年にバンドゥンで二九か国のアジア、アフリカ諸国が集まって憲章を採択した会議である。

奇しくも「第三世界」の昂揚と時を同じくするかのように、戦後のヨーロッパでは国際映画祭が次々と開催されることになり、知名度のない国のフィルムが一般観客の前で公開される機会が増えた。ひとたびカンヌかヴェネツィアで受賞の栄光に輝いたとき、つい今しがたまで無名の異邦人であった監督は一挙に「作家」として、つまり巨匠として迎え入れられることになった。フランスでは『カイエ・デュ・シネマ』を中心として、若い批評家が作家主義の論陣を張って待機していた。彼らは発見に飢えていたのである。

一九五〇年代に次々と西洋の注目を浴び、国際的な栄光に輝いた「作家」たちは、インドやメキシコ、日本のように、いずれもローカルな映画産業が強い力を誇っている国々の出身であった。とはいうものの、それはかならずしも彼らがローカル映画を母胎として映画人として成長してきたことを意味しているわけではない。なるほど日本の溝口健二には無声時代の日活新派以来の強い伝統が流れていたが、彼を稀有の例外として、アジアの「作家」たちはローカル映画の伝統とは多かれ少なかれ断絶していたり、時にはそれに激しい忌避を示すことで自分の作風を育ててきたシネアストが少なくなかった。黒澤明はジョン・フォードに深い共感と敬意を示しながらも、過去の京都のチャンバラとは別のものを目指したいという自覚をもっていたし、ローカル映画を観た体験をほとんどもたぬインドのショトジット・ライが初めてロンドンに到着したその晩にデ・シーカの『自転車泥棒』を観てひどく感激したという逸話は、よく知られている。

カルカッタの中産階級に生を享け、幼少時からイギリス風のモダニズム文化の洗礼を受けて育ったライの言葉を、「作家」たちの典型として引くことにしよう。

「時間を基調とする芸術形式の概念というのは西洋的な概念であって、インドのものではありません。したがって、映画をメディアとして理解するためには、西洋とその芸術形式に通じていたほうがいい。ベンガルの民衆芸術家や素朴な芸術家は、映画を芸術の形式だとは理解できないでしょう[5]」。

こうした発言から窺えるのは、土着の民族文化からひとたび隔絶した地点で映画を芸術作品として構築してみせようというライの強い姿勢である。事実、彼は地元ベンガルの映画界とはまったく接触のないままに青年時代をカルカッタで過ごし、『河』の取材に来たジャン・ルノワールの薫陶を受けることで映画への道を目指した人物であった。

ライに代表されるように、「作家」のほとんどは出身国で高い階級にあり、コスモポリタン的な環境のなかで西洋風の教育を受けた。旧宗主国に留学した経験をもつ者も少なくなかった。思いつくままに名を挙げれば、ライの他に、セイロン（現在はスリランカ）のレスター・ジェームス・ピーリスがもう一人の典型であり、ラテンアメリカに眼を移せば、アルゼンチンのレオポルド・トーレ・ニルソンなどが存在している。彼らはまず独力で制作資金を調達し、苦労の末にフィルムを完成させたが、当初より母国で芳しい評判を獲得したわけではなかった。ヨーロッパの国際映画祭が彼らを世に出すために果たした功績は大きい。一九五七年、カンヌ映画祭でピーリスの『運命線』が上映されると、のちに『世界映画史』を書くことになるジョルジュ・サドゥールはそれを「詩情と誠実のモデル」と呼んで誉め讃えた。(6) 同じ年にライの『アパラジト』(『大河のうた』)がヴェネツィア映画祭でグランプリを受賞すると、同じくサドゥールは「非常に偉大な映画作家」が「インド映画をトップ・クラスに引き上げることに成功した」と書いた。(7) またニルソンは、六一年に『罠のなかの手』がカンヌで国際映画批評家連盟賞を受けた。ライ、ピーリス、ニルソン、それにいささか出自は違うが溝口といった監督たちは、それぞれに異なった文体をもっていたが、当時はひとしく「リアリズム」という名辞のもとに評価が下された。従来の映画が紋切型の不毛な反復に終始していたのに対し、彼らは果敢にも社会の現実を正面から見つめ、普遍的なヒューマニズムに到達している、という論法である。その端的な例として、ドナルド・リチーのピーリス論から、『運命線』をめぐる一節を引用してみよう。

「人々の生活があるがままに描かれ、しかも意味付けされたのは、シンハラ映画では初めてのことであり、アジアの映画としても数少ないものの一つにあげられる。撮影はすべて野外で行なわれ、大勢の子供達を含め素人の俳優が起用されている。こうしてピーリスは、シンハラ生活をありのまま描く一連の作品の第一歩を踏みだしたのである。(……)ピーリスは、この映画とその後の作品を通じてセイロンの文化全体をあるがままに描き出そうとした。それと同時に、その異常なまでの現実描写により、普通のシンハラの生活が世界の他所の生活と何ら変わりないことも示してみせた。忠実に、注意深く表現すれば、特殊なものも普遍的なものとなるのである[8]」。

リチーがピーリスを「発見」する以前にどれほどのシンハラ映画に親しんでいたかは不詳であるが、この言説には西洋人が「第三世界」の作家を語るときに見せる、ある種の典型が表れている。まずここには、映画がシンハラの「人々の生活をあるがままに」描くことが可能であるという前提がなされている。いかなる表象作用も透明で中立的なものではありえず、つねにイデオロギー的な偏差をともなったものでしかないという立場からすれば、こうした無邪気な発言はピーリスのよって立つイデオロギー的な場所を曖昧にするのに加担しこそすれ、対象となったシンハラの現実を（先のサドゥールの言葉を用いるならば）「詩情」によって隠蔽してしまう結果となる。「セイロンの文化**全体**をあるがままに」（傍点は引用者）描くことなど、ローカル映画の作家にはとうていできない相談である。それが可能であると信じることができるのは、現実の民衆文化から乖離したところにあって、別の価値体系のもとに文化を観察することのできる特権階級に限られている。

次にリチーは、ピーリスの「異常なまでの現実描写」によって、シンハラの生活が特殊なものではなく、「世界の他所の生活と何ら変わりない」「普遍的なもの」となったと指摘している。この弁証法は、西洋の批評家が自分とはまったく異質の文明に遭遇したとき、その他者性をなんとか懐柔して、無害で了解可能（インテリジブル）な存在に仕立て上げるときにきまって採用する修辞である。ここでいう普遍的なものとは単純に、西洋近代のブルジョワ的な世界観を体現しているにすぎず、残余は美字麗句である。こうした批評は、それがフィルムを肯定的に捉えているがゆえに、いっそう支配的な意味をもつことになる。付言すれば、これは一九五〇年代の「発見」の時代に固有のものではなく、現在においてもいたるところで反復されている。たとえば侯孝賢に「真の台湾」のみならず「本当の人間らしさ」を発見して感動する、日本の映画コラムニストの饒舌ぶりを思い出すだけで、それは容易に理解できる。

五〇年代の「作家」たちがリアリズムの名のもとに顕彰された背景には、当然のことながら当時一世を風靡していたイタリアのネオレアリズモの存在が横たわっていた。事実、ライはデ・シーカをつねに讃美していたし、気質的にもヴィスコンティに深く共感するところをもっていた。だが、ライの名が彼らの横に並べられるためには、単なる影響関係を超えて、ネオレアリズモと「第三世界」の作家たちとの間に、映画制作をめぐる本質的な共通点が存在していたことを指摘しておかなければならない。

ネオレアリズモは、第二次大戦中のファシズム政権下で、逃避主義的な娯楽映画に飽き足りなかったイタリアの若い監督たちが、戦後になって劣悪な撮影・制作状況のなかで開始した運動である。彼らは戦時中より職業監督であり、なかにはロッセリーニのようにムッソリーニの息子による映画制作に深く加担していた人物もいたが、ともあれ技術的には、のちに登場したヌーヴェルヴァーグとは対照的に、確実な技術をすでに習得していた。生フィルムの不足からラッシュを確認することはできず、同時録音の装置がないためナレーションを多用せざるをえなかったし、セット予算の不足から野外ロケが頻繁に行なわれた。だが、こうした物質的、経済的制約がロッセリーニやデ・シーカに従来にない新鮮な演出と編集とを許す結果になったことも事実である。ネオレアリズモの作家たちは社会変革を声高に訴えるのではなく、これまで隠されていた社会の現実を、クリシェを排して描写することに命運を賭けた。現実を知るために発見の旅が企てられる。貴族に出自をもつヴィスコンティは、『揺れる大地』を撮影するため、初めてシチリアの漁師町を訪れたのだった。

ネオレアリズモを産み出したこうした条件は、「第三世界」の作家たちに少なからぬ勇気を与えた。ファシズムから解放されたイタリアにかわって、彼らの眼前にあるのは、独立を実現したばかりで、「第三世界」の連帯に昂揚している母国であった。イギリス人ドキュメンタリー監督の助手を長く務めたピーリスを見ても明らかなように、彼らは職業的な技術こそ習得はしていたが、それを活かすにはあまりにも自国のローカル映画とその観客に対して隔たりを感じていた。ハリウッド方式の映画制作に頼らず、低予算で非商業主義的なフィルムを撮り上げたいと願う作家たちにとって、イタリアの先行者の存在は、単なる文体的影響を超えた意味をもっていた。地元のスター俳優が敬遠され、素人が起用される。ありふれた街頭や自然の風光のなかにカメラが据えられ、定型を旨とする役柄を超えた登場人物の、ヴィヴィッドな表情や仕種に焦点が当てられる。都会の育ちのよい階級に生を享けた作家たちにとって、被写体としての自国の現実と向き合うことは、やはり発見の旅以外の何物でもなかった。有名な逸話であるが、『パサー・パンチャリ』の原作を読んで深く感動したライは、ロケ地を探す作業を通して、初めてベンガルの村に足を踏み入れ、その実態を知ったのである。

ライやピーリスといった作家たちはこうして紋切型の娯楽商業映画を離れて、社会の現実を描こうと企てたが、五〇年代の時点では直接的な政治的メッセージをフィルムに導入したり、作品を政治的目的に奉仕させることには積極的な関心を抱いていなかった。彼らの多くは現実の悲惨に対して達観した姿勢をとり、個人主義的な態度を崩さなかった。作品の質はヨーロッパ的な意味でたしかに洗練されたものであったが、ハリウッドが長年にわたって築き上げてきた商業主義的な映画観を破壊転覆させ、映画に新しい規範を示すという側面は皆無であった。

事物の真理は透明な形で表象することができるというリアリズムの法則は、本来的に一九世紀ヨーロッパの考案によるところであり、アジアやアフリカの芸術認識とはまったく縁のない、モダニズムの一様態にすぎない。しかし西欧の観客と批評家にとって、こうした作家たちのフィルムは、ヨーロッパ的な原理によって秩序付けられている上に異国情緒を満足させ、しかも高い質を備えていることから、西欧の眼のもとに評価のしやすいものであった。先ほどのリチーのピーリス論に登場する「普遍的なもの」とは、こうした事情のもとに了解しなければならない。

とはいうものの、ライやピーリス、溝口といった監督たちのフィルムが、微力ではあったが映画界における南北問題に礫(つぶて)を投じたことの意義は否定できない。西欧社会は彼らを通して初めて「第三世界」にも映画が確固として存在し、しかもそれがきわめて高度な洗練を湛えていることに驚嘆したのである。

ネオレアリズモはその後もしばしば、アジアやアフリカにあって新しく勃興しようとする映画世代に範を示し続け、日本の増村保造からブラジルのルイ・ゲーラまでに決定的な影響を与えた。フェルナンド・ビリからマヌエル・プイグにいたるまで、ラテンアメリカの青年にとって、パリが文学を学ぶ都であるとすれば、ローマは映画修業の都であった。ネオレアリズモの優れた脚本家であり理論的中心者でもあったチェーザレ・ザヴァッティーニは、彼らがとりわけ深く信奉する人物であった。その波紋は、ライのデビューから三〇年を経ても、依然として消えようとしない。八〇年代の台湾で侯孝賢は『風櫃来的人』（『風櫃(フンクイ)の少年』）のなかに、さりげなくヴィスコンティの『若者のすべて』の数ショットを引用している。『悲情城市』において登場人物どうしの言語の混淆が精密に描写されるとき、彼は『揺れる大地』でシチリアの漁師に、イタリアの標準語から大きくかけ離れた言語を語らせたヴィスコンティの顰(ひそみ)に倣っているのである。

6

一九五〇年代にリアリズムの文脈のもとに「発見」された作家たちは、概ね都会で西欧的な高い教育を受けたシネアストであった。彼らと一般民衆の間には階層的な隔たりがあったが、時代の民族主義的昂揚が彼らをして社会下層の、あるいは地方の「隠された真実」をめぐる発見の旅へと向かわせたといえる。もっとも完成したフィルムが、その国の主流を占める商業主義的なローカル映画を見慣れた観客や批評家を大いに当惑させ、不興を買ったことも事実である。こうして西洋では高く評価されるが、現地では理解されない監督なる存在が生じることになった。

ちなみにライやピーリスにおいて顕著であったこの現象は、現在でもしばしば、「ニューウェイヴ」と称される運動において反復されることがある。田壮壮(ティエンチュアンチュアン)の『猟場札撤』(『狩り場の掟』、一九八五)や『盗馬賊』(一九八五)は中国国内ではほとんど満足な上映がなされていなかったにもかかわらず、国外で高い評価を受けた。裵鏞均(ペヨンギュン)の『達磨はなぜ東へ行ったのか』(一九八九)もまたロカルノや東京で賞讃を浴びたが、従来の韓国映画とあまりに隔絶していたため、国内の批評家や映画人の冷たい視線にしばしば耐えなければならなかった。

とはいうものの、こうした作家たちがローカル映画に少なからぬ衝撃をもたらしたことは、否めない事実である。ほどなくして、商業映画の内側に身を置き、手慣れた職人芸を見せていた監督たちが、ネオレアリズモの影響を受けてフィルムを発表する時期が到来する。インドのムリナル・セン、エジプトのユーセフ・シャヒーン、トルコのユルマズ・ギュネイ、またラテンアメリカまで視野を拡げればブラジルのネルソン・ペレイラ・ドス・サントスといったシネアストである。彼らのフィルムは一概にいって、先行するライやピーリスよりも鋭い社会意識をもち、政治的にも現実に批判的な立場を示している。民衆の真実を抒情的に叙述するのではなく、彼らを蝕む貧困と社会的な陋習を指摘し、分析し、告発することに力点が置かれるようになる。こうした監督たちにとって、民衆とはもとよりわざわざ探訪すべき対象ではなく、ともに問題を分かち合うべき隣人といった側面が強い。ローカル映画対「作家」の映画という二項対立は、ローカル映画畑より彼らが輩出し、社会意識に裏打ちされた作品を世に問うようになった段階で、新しい展開を迎えることになった。

一九六〇年代に入ってアルジェリアがフランスから独立を勝ちとり、五九年に革命・独立に成功したキューバ、ヴェトナムとがアメリカ帝国主義を相手に一歩も退かぬ闘争を続けだしたころ、アジア、アフリカ、ラテンアメリカの国々に革命の多幸症ともいうべき気運が到来した。「第一世界」の内側では学生運動の嵐が巻き起こり、人種暴動が続いた。中国では文化大革命が勃発し、チェ・ゲバラと毛沢東はたちまち世界中の反抗する若者の守護神と化した。解放闘争の神話が世界中を席捲し、「第三世界」という言葉がつねに栄光のもとに語られたのがこの時期である。

ここで「第三世界」という、本章の冒頭から留保付きで用いてきた言葉について、若干の解説を施しておくべきかもしれない。

この言葉の初出は一九五二年のフランスのジャーナリズムである。(9)「第三」Tiersという形容がフランス革命時の「第三市民」に由来していることは、ただちに推測がつく。資本主義陣営を第一世界と呼ぶとき、第一世界の手で植民地化され、経済的に深く依存している残余の地域を第三世界と命名する、というのが五〇年代に広く信じられた定義であった。具体的にはアメリカと西欧が第一世界、ソ連、中国と東欧が第二世界、アジア、アフリカ、ラテンアメリカの国々や植民地が第三世界と一般的に見なされていた。こうした発想の根底には、冷戦による東西陣営の対立が大きく影を落としている。ちなみにアジアに位置しながらすでに高度な資本主義経済を確立させていた日本なる国家は、どこまでも分類不可能な、躓きの石に似た存在であった。

「第三世界」は互いに連帯して「第一世界」の支配に抵抗し、そこから脱却しなければならない。こうした信念は、単に政治と経済の次元においてのみならず、文化の次元においても強く主張されることになった。その理論的支柱とされたのは、たとえばフランツ・ファノンの著作である。

マルチニックに生まれたこのアルジェリアの精神科医は『地に呪われたる者』のなかで、民族文化の発展形態を三段階に分けている。それによると、第三世界の原住民である知識人は最初、植民者の文化に「完全な同化」を行なう。次に彼(女)は自分が民衆から遊離していることに覚醒し、記憶の底に宿るものを発掘したり、古来からの伝承に関心を寄せる。もっともこの「再沈潜」の段階では、それはどこまでも他者から借用してきた美学のもとに再解釈されたものでしかない。最後に第三段階で、彼(女)は民衆に覚醒を訴え、彼らを鼓舞して革命的かつ民族的な文化の創設に、戦闘的に参与することになる。(10)

ファノンの提示した文化理論のもとに、六〇年代から七〇年代にかけてラテンアメリカでは「第三世界」の映画制作をめぐる理論構築が行なわれた。たとえばキューバのフリオ・ガルシア・エスピノサは一九六九年に「不完全映画のために」のなかで、真の革命的芸術文化としての映画は、西洋の「完全な」映画とは別の道を歩まねばならないと説いた。少数の者が映画を制作し、大多数の民衆は単に映画の観客なり消費者に留まっているという状況を打破し、映画は民衆から教訓を引き出し、文化のもっとも高次な表現である革命闘争のさなかにある観客を発見しなければならない。「不完全」な映画にとって、技術と質とは二義的なものである。それは「ミッチェルや8ミリを用いて、スタジオでも、密林のなかのゲリラ・キャンプでも等しく造りだすことができる」[11]。

また同じ六九年にアルゼンチンのフェルナンド・ソラナスとオクタビオ・ヘティノは、その名も「第三映画に向けて」という論文のなかで、映画は文化の非植民地化のために奉仕すべきであると説き、その制作をゲリラ戦に喩えた。すなわち一本のフィルムは雷管であり、カメラはライフルである。そして映写装置は「一秒間に二四コマを射ち出す銃」である。ソラナスとヘティノによれば、「第一映画」であるハリウッドは、単にアメリカのみならず社会主義世界にもモデルを提供し、世界中に権勢を振るっている。フランスのヌーヴェルヴァーグに代表される「作家の映画」は、これに対して唯一別の方法を提示してみせた「第二映画」である。だが「第二映画」は残念なことに、いまだに支配体制の内側に留まっているという限界をもっている。「第三映画」こそが植民地主義と新植民地主義の映像様式を破壊するための真の方法であって、その中心をなすのはドキュメンタリーでなければならない。革命的映画は「状況提示や報告、受動的な確証ではない。それは状況を推進し、矯正する要素として、状況への介在を試みるものである」[12]。

こうした言説は、非西欧圏において展開された最初の映画理論としてきわめて興味深いものであり、同時代の、主にラテンアメリカで撮られていた映画とつねに歩みをともにしていた。ブラジルのシネマノーヴォやアルゼンチンのヌエバオーラといった、新世代の映画運動のことである。フェルナンド・ビリ、グラウベル・ローシャ、ホルヘ・サンヒネス、ミゲル・リティン、それに前述のソラナスやヘティノといった監督たちは、映画のもつ政治的役割に敏感であり、動揺する政治情勢と強化される検閲のなかで、試行を続けた。シネマノーヴォの主唱者の一人、ローシャは「手にはカメラを、頭には観念を」というスローガンを唱えた。彼は『アントニオ・ダス・モルテス』（一九六九）においてブラジル奥地の民衆文化に溶融した聖人伝説を強い祝祭感覚のもとに撮り上げ、文化的混淆のうちに宿る神話的思考を描いた。それに対してより若いモザンビーク生まれのルイ・ゲーハは、祝祭に昂揚する民衆の映像よりも階級的無意識のさなかにある労働者の生活を活写しなければいけないと主張した。ジャン＝リュック・ゴダールのように、「第二映画」の立場に身を置きながらも、パリの五月革命ののちにラディカルな自己変革を遂げようとしたシネアストに、こうした一連の運動が影響を与えたことも否定できない。「ハリウッドの、チネチッタの、モスフィルムの、パインウッドの大帝国の中心に第二、第三のヴェトナムを！」という彼の言葉[13]はあまりにも有名である。ゴダールの『東風』にはローシャが出演し、真の「第三世界の映像」を撮るための道を左手で指し示すというシーンが存在している。

ラテンアメリカの動向と時を同じくするように、セネガルのセンベーヌ、トルコのギュネイ、アルジェリアのモハメッド・ラクダル＝ハミーナといったシネアストが、反体制的な映画制作を積極的に開始したのも、この六〇年代である。彼らは民族差別からマイナー言語にいたる数多くの社会的、文化的矛盾をフィルムの内側に導入し、国家の内側にある官僚主義と新植民地主義の傾向をさまざまな角度から批判した。脚本は政府筋からしばしば厳しい検閲を受け、フィルムが完成したものの上映禁止処分に付されることも珍しくなかった。弾圧から関係者を守るためにドキュメンタリーの一部にやむをえず虚構の衣裳を被せることは、当然のことと見なされた。ともあれ五〇年代の「発見」の作家が予想をしなかった政治的障害と困難のなかで、彼らは作業を続けなければならなかったのである。

いたるところでシネアストたちは受難に見舞われた。センベーヌとギュネイは投獄され、ソラナスやサンヒネス、リティン、またラウール・ルイスといった監督たちは亡命を強いられた。韓国の河吉鍾（ハギルジョン）は、検閲に怒りながら憤死を遂げた。八〇年代に入って故国に帰還したソラナスは、パリに住まうアルゼンチン人たちのどこまでも未決定な生活と思考を通し、亡命をめぐる普遍的な原理を提唱するフィルムを発表した。『タンゴ　ガルデルの亡命』（一九八五）と題されたこの作品は、獄中にあっても映画を撮り続けたギュネイの死に献げられている。それは第三世界の映画人の連帯を示す、美しい墓碑であった。

7

それでは一九九〇年代の現在、われわれの前に立ち現れる非西欧国の映画的状況とはどのようなものだろうか。

たとえば東京では香港映画が次々と公開され、日港合作のフィルムが続出している。レンタルヴィデオ店に足を向けると、「花開くコリアン・エロスの世界」というキャッチフレーズのもとに、韓国のピンク映画のヴィデオをたやすく手に取ることができる。中国映画祭からアフリカ映画祭まで、ほとんどひっきりなしにどこかで連続上映が行なわれている。アジア映画をめぐる情報は、ハリウッドのそれと比較するならば圧倒的に少ないが、それでも相当量のものが流れ、本章の冒頭に記したようないくつかの紋切型の表現が猖獗を極めている。そしてさらに東京を例にとれば、アジア系エスニック集団の居住地付近には、彼らのためのヴィデオ専門店が次々と出現し、無字幕のことさえ気にしなければ、韓国や香港の最新作品をたやすくヴィデオで観ることができる。

「第三世界」という言葉はほとんど効力を喪い、死語も同然のものとなった。「第三世界映画」という表現も同様であって、こうした表現によって映画に一定の範疇を与え、その内側に一貫して均質な特徴を発見するには、現在世界のいたるところで制作されているフィルムはあまりに過剰であり、多様性の極に達している。

ここで、今日の観点に立って、「第三世界」という言葉から検討してみることにしたい。

東西陣営の対立に基づいて一九五〇年代に作られた世界の三分割は、現在ではまったく無意味なものに転じてしまった。第二世界は六〇年代にはやくも中ソ対立によって一枚岩構造ではなくなっていたが、八〇年代末の東欧とソ連の脱社会主義化によって、事実上消滅した感がある。一方、五〇年代初頭にはアメリカの占領下にあった日本は、世界に冠たる経済大国となったが、この国を受け入れる範疇は存在していない。いや、日本ばかりか、韓国、台湾、香港、シンガポールといったＮＩＥＳ諸国は、従来は第三世界に組み込まれてきたにもかかわらず、今日の世界でもっとも活発に資本主義を実践している地域であるし、インドの国民総生産はもうとうの昔に旧宗主国であるイギリスの倍以上に達している。

こうした経済的な変化に加えて、「第三世界」そもそもの定義であった、植民地主義と帝国主義に苦しむ諸国家という観念そのものに批判が寄せられることになった。民族が外部から受けた受難だけが「第三世界」の諸国のアイデンティティを決定する唯一の体験であるという考えは、所詮は、「第一世界」に起因している。こうした発想は、定義付けられる国々に内在する要素から生じたものではない。もし文化的‐政治的植民地状況での受難を「第三世界」の特徴とするなら、「第三世界」の典型は「第一世界」のまさに中心にあたるニューヨークやパリのエスニック・コロニーにこそ存在しているはずである。いわゆる「第三世界」の国々の間には、長い歴史から来る莫大な文化的異質性が横たわっているのであって、それをこの一世紀ほどの植民地化の歴史だけをもって共通項に括り上げることは、命名者である「第一世界」の側の傲慢以外の何物でもない。かつては輝かしい栄光の記録であった植民地解放闘争が軍事独裁とボートピープルを産み、イスラム諸国に原理主義の嵐が吹き荒れ、東京に歴史上なかったほどのアジア人の流入が進みつつある現在、われわれが必要としなければならないのは、進歩と解放に価値を置く発展論的な歴史哲学ではなく、世界の多様なあり方を地政学的に読み解いてゆく柔軟な想像力であるはずだ。

次に、仮に百歩譲って「第三世界」という枠組みを認めたとしても、そこで制作されている夥しいフィルムに一貫した特徴を見出すことができるか、という問題が残されている。

たとえばエジプトとマリは、ともに二〇世紀の中頃まで欧米の植民地統治下に置かれていた国家であり、その意味でみごとに規範的な「第三世界」であったが、両国の映画を同じ範疇に収めようとすると、大きな障害に遭遇してしまう。一九二〇年代より本格的な映画制作が開始され、ローカル映画の豊かな地層をもつエジプトと、ヨーロッパ諸国の技術的援助のもとに年間に数えるほどの「作家」のフィルムしか撮られていないマリとでは、映画産業のシステムがまったくかけ離れているためである。

それでは、恐ろしく強力な他国の映画の侵略によって自国の映画産業が圧迫を受けていたり、映画観において強者に追随を余儀なくされている場合、そこに「第三世界」の映画状況が実現されているということは、妥当なことだろうか。

なるほど韓国でも、フィリピンでも、メキシコでも、圧倒的に強力なのがハリウッド、いうなればアメリカの文化帝国主義の映像であることは明らかである。映画産業が発展したのは、つねにハリウッドに代表される外国映画が支配的な国からであった。だが、事態はイギリス、カナダ、オーストラリアといった国家においても同様であって、こうした先に述べた国々では健全に存在していなければならないはずのローカル映画の地層がつねに危機に晒されている。それに対して、英領植民地にすぎない香港の映画は東アジア中の都市はおろか、世界中のチャイナタウンを席捲しているし、ムンバイ（ボンベイ）映画産業は「インド洋のハリウッド」なる異名をとるほどの強さをもっている。なるほどハリウッドは世界中の映画産業にモデルを提供してきた。しかしその反映を媒体として「第三世界の映画」を定義付けることは、現実にアジア、アフリカの国々で制作されてきた非ハリウッド的なスタイルの作品の悉くを無視することになるだろう。

こうして映画史において「第三世界」という観念がほとんど無効とされたとき、その廃墟から立ち上ってくるのは、恐ろしいまでの多様性である。一方に低予算早撮りで制作される、無数ともいえるローカル映画が横たわっている。そしてもう一方には、フィリピンのキドラット・タヒミックのように日常生活のオブジェのブリコラージュを通して、「第三世界」の観念の再生を願う個人映画作家が存在している。北朝鮮では十年一日のごとくに素朴な社会主義リアリズム映画が撮られているが、隣の中国ではすでにいかなる教条主義をも排した、叙事詩的風格をもったフィルムが話題を呼んでいる。一方で国際映画祭を目指して、異国趣味的魅惑を当て込んだフィルムが制作されたかと思えば、もう一方では楊徳昌の『恐怖份子』（一九八六）のように、もはや台北でもどこでもない、ほとんど脱国籍的なポストモダン都市を素材としたフィルムが造られたりもする。

映画人の亡命。制作システムの多国籍化。国内の少数民族の言語使用。さまざまな原因から、一本のフィルムが帰属すべき国籍は、しだいに曖昧なものになろうとしている。映画は段階を踏んで進歩発展するといった信念は、「第三世界」の解体とともにほとんど意味を喪ってしまった。今日では世界の諸地域は、時を同じくして一つの状況、いうなればポストモダン状況を生きているのであって、こと映画に関してもそれはけっして例外ではない。ニューヨークに根拠地を置く陳凱歌が西ドイツと日本の資金のもとに中国雲南省の辺境で『孩子王』（『子供たちの王様』、一九八七）を撮り上げ、チャイニーズ・アメリカの王穎（ウェイン・ワン）がハリウッドで、中国人の登場しない『迷情扣』（『スラムダンス』、一九八七）を気軽に完成させてしまうといった現在において必要なのは、世界を分類し、内部の均一性と歴史的発展を信じる思考ではなく、境界も歴史もないままに世界のいたるところが不断に交信し、映画をめぐる一切の出来事が休みなく移動し合っているという事実にヴィヴィッドに対応する地政学的思考である。八〇年代に東アジアの諸国で、互いにほとんど知ることなしにほぼ同時に発生したニューウェイヴ現象は、その後社会体制の違いを軽々と越えて互いに増幅し合い、制作と配給の両面において混然とした状態を呈するようになった。こうした現象を理解するために必要なのは、事態を時間軸に沿ってではなく、空間軸において把握する柔軟な想像力である。

本論文では、アジア映画をめぐるいくつかの紋切型の批評言語を批判し、非西欧圏における映画制作と、西欧側の反応の歴史をめぐって簡単な要約を示したのち、「第三世界」なる観念が今日遭遇してしまった困難をめぐって言及してみた。これはもとより概説的な性格の文章であって、かならずしも状況の全体を網羅したものではない。しかし個々の作家を論じるためにどうしてもそれ以前に検討しておかねばならぬ問題であるため、ここに記してみた。われわれは「第三世界」の映画をめぐる不毛な紋切型から遠い地点で、直接に現下に撮られつつあるフィルムに眼差しを向けなければならない。

（一九九三）

註

（1）Rivette, Jacques, "Mizoguchi vu d'ici", *Cahiers du Cinéma* 81, Mars 1958.
（2）佐藤忠男『ストレンジャーズ・ミート――第三世界の映画』（現代書館、一九八四年）三三一頁。
（3）前掲書、九一―九二頁。
（4）本章以下における歴史的資料は次の書物によるものである。
程季華編著『中国電影発展史』（第一巻、北京：中国電影出版社、一九八〇年）。

李英一『韓国映画主潮史』（ソウル：映画振興公社、一九八八）。

呂訴上『台湾電影戯劇史』（台北：台湾東方文化書局、一九八二年）。

陳飛宝編著『台湾電影史話』（北京：中国電影出版社、一九八八年）。

田中純一郎『日本映画発展史』（第一巻、中央公論社、一九七五年）。

ウマー・ダ・クーニャ「ヒンディ映画小史」（佐藤忠男ほか『映画が王様の国』話の特集、一九八二年所収）。

ヴァージニア・R・モレノ「フィリピン映画小史」（同上書）。
ソムサック・ウォンラートパンヤー「タイ映画小史」（同上書）。
Armes, Roy, *Third World Film Making and the West*, University of California Press, 1987.
Barnouw, Erik and Krishnaswamy, S, *Indian Film*, Oxford University Press, 1980.
Ed. by Downing, John D. H., *Film and Politics in the Third World*, Autonomedia, New York, 1987.
CinémAction: Le Tiers Monde en Films, numéro spécial, François Maspere, Paris, 1981.

（5）Gupta, Udayan and Ray, Satyajit, "The Politics of Humanism: an interview with Satyajit Ray, *Cinéaste* 12, 1982.

（6）ドナルド・リチー「レスター・J・ピーリス論」『映画が王様の国』、一〇三頁。

（7）ジョルジュ・サドゥール『世界映画史』（丸尾定訳、みすず書房、一九六四年）四三七頁。

（8）リチー、前掲論文、一〇二―〇三頁。

（9）*L'Observateur*, le 14 août 1952, Yues Lacoste の *CinémAction*（前掲書）p. 8 の指摘による。

（10）フランツ・ファノン『フランツ・ファノン著作集3　地に呪われたる者』（鈴木道彦・浦野衣子訳、みすず書房、一九六九年）一二六頁。

（11）Espinosa, Julio Garcia, "For an Imperfect Cinema", Solanas, Fernando and Getino, Octavio, "Toward a Third Cinema," in Chanan, Michael, ed. *Twenty-five Years of the New Latin American Cinema*. London: British Film Institute, Channel Four Television, 1983.

（12）Solanas and Getino, "Toward a Third Cinema", Chanan ed. 前掲書に収録。

（13）Godard, Jean-Luc, "Manifeste: Pressbook de *La Chinoise*, août 1967", *Jean-Luc Godard par Jean-Luc Godard*, Cahiers du Cinéma, 1985, p. 303.

「アジア映画」の「アジア」とは何か

タイでの二週間のリサーチから帰ってきて、ひと眠りした後でこれを書いている。今回はものすごく収穫があった。フィルムアーカイヴで一九二〇年代の歴史的作品から現在のヒット作まで含めて三〇本、それも大方は怪奇とアクション映画を観ることができた。タイの怪獣特撮映画の巨匠ソムポート監督からは、アユタヤーに建設中のウルトラマン博物館の計画を聞かされたし、新しい世代の監督たちの何人かとも会ってその抱負を聞くことができた。鞄のなかは買ってきたVCDでいっぱいだ。さらなる収穫は、カンボジアで二十数年ぶりに制作された一般劇映画を観られたことだった。驚くべきや、それは親の因果が子に報いといった調子の、蛇娘の物語だった。

バンコクでは目下、ニューウェイヴの嵐が吹きまくっている。一九六〇年のパリや東京、一九九〇年の台北に似て、映画をめぐるある種の昂揚した気分が首都の大気のなかをめぐっていて、これまで低迷していた映画界に次々と記録破りのヒット作をもたらしている。いや、バンコクばかりではない。すでに九〇年代の終わりのソウルでは、『シュリ』や『JSA』にはじまって、これまでにない制作費のもとに超大作が次々と撮られ、未曾有のヒットを飛ばしてきたし、規模こそ違えダマスクスやアンカラでも、新しい嵐が巻き起こりつつある。インドとテヘランは相変わらず健在だ。機材の不足から政治的、宗教的検閲まで、多くの困難が横たわっているなかで、彼らはいつでもスタンバイしている。さあ、これからはわれわれの出番だと。

一昔前だが、『映画はいかにして死ぬか』というふざけた題名の本を書いた権威ある評論家がいた。往年のハリウッドに郷愁を感じ、フランス名画とその追随者だけを追いかけている者ならば、無理もない感想だろう。だが今や、世界映画の情勢はフランス文学とは何の関係もなく、どんどん変化しつつある。「東風が西風を制覇する」とは、もう半世紀前から唱えられてきた言葉だった。世紀の変わり目が過ぎるころ、この言葉は単に政治スローガンの域を超えて、ますます底光りを見せつつある。しだいに判明してきたのは、アジア映画がヨーロッパ映画やハリウッド映画ほどに単純に把握可能なものではなく、いたるところで多様性に満ち、これからも予測不可能な動きを見せてゆくだろうということだったのである。

ところで、今「アジア映画」という言葉を思わず口にしてしまったのだが、実はそんなものが手頃に転がっているわけではない。「エスニック料理」とか「ワールドミュージック」といった言葉が、どこまでも欧米文明を基準にして、その他大勢を小器用に纏め上げるために考案された言葉であるように、実際のところ、現実に制作されている一本のフィルムに対して、世界でもっとも巨大な面積をもつアジアという地域の名を形容詞として与えたところで、その本質はいささかも開示されない。

考えてもみよう。現在、世界中では一年間におよそ四〇〇〇本ほどの一般劇映画が制作されているが、その四分の一はインド映画であり、それはインド洋沿岸の全領域から東アフリカまでのほぼ全域、そして欧米の大都市にかならずあるインド人街で繰り返し上映されている。いわば第二のハリウッドである。もっともその内訳は単純ではない。そこでは一七種類の言語が用いられている。「インド映画」とは一七か国の映画の集合名詞だと考えたほうがいいかもしれない。また香港映画は、一九九七年の中国返還のはるか以前から、本土と台湾との緊密な連絡のもとに「大中華映画圏」ともいうべきものを形成していて、マレーシアやシンガポールから日本まで、また全世界のチャイナタウンを標的として映画制作を行なっている。呉宇森（ジョン・ウー）や周潤發（チョウ・ユンファ）といった香港の秀鋭な映画人が返還以後にアメリカに渡り、ハリウッドのアクション映画を活性化させていることはよく知られているが、その背後には京劇や粤劇といった大衆演劇、また中国武術といった文化の拡がりが横たわっているのである。

こうした大映画地域と、欧米の国際映画祭目当てに年に数本の芸術的なフィルムしか制作しない国々、またカンボジアやアフガニスタンのように、打ち続く政治的動乱から長期間にわたって映画制作が一時的に中絶を強いられてきた国々をすべて同列において論じることは、もとよりできない相談である。日本やタイのように、一度も欧米の列強による植民地支配を受けなかった国と、台湾や韓国のように日本の植民地支配のもとに近代化をはじめた国とでも、映画の発展のあり方や今日の映画環境は、おそらく異なっている。というわけで、一言で「アジア映画」といったところで、それが何物も意味しないことは理解していただけたと思う。存在するのは「アジア映画」一般などではなく、どこまでも香港のキャセイ・オーガニゼーションであり、南インドはケララ州のアドゥール・ゴーパーラクリシュナン監督のフィルムであり、韓国の人気男優ハン・ソッキュのフィルムにすぎないのである。

とはいうものの、アジアで制作されている映画には大きくいって三つの類型が見出され、それらに対応するフィルムが存在している。簡単にいうならば、知識人と民族的規範の表象に関わるナショナリズムの映画であり、欧米の近代とローカルな前近代の結合に由来する大衆娯楽映画であり、ごく近年において生じてきたニューウェイヴである。以下に簡単に述べておくことにしよう。

第一のものを根拠付けているのは、映画がアジアの国々において長い間、欧米の植民地主義と足並みを揃えてきたという事実である。シネマトグラフは近代化の象徴ともいうべき存在であった。東京でも、ハノイでも、テヘランでも、最初に映画を撮影したのはリュミエール社が派遣した撮影者であって、彼らは程度の差こそあれ巧みに宮廷に取り入って、東洋趣味たっぷりの映像を欧米に持ち帰ると、植民地への情熱に掻き立てられた観客たちのスペクタクルへの情熱を満足させた。アジアにとって映画史は、まずみずからが西洋の光学装置の被写体となるところから開始された。インドで、日本で、そして植民地下の朝鮮で、民間資本による映画制作が近代的なナショナリズムの台頭と軌を一にしていることは不思議ではない。欧米列強という他者が形成するステレオタイプの自己像に対し、正統にして真正な自己の表象を提示し、あわせて国民国家の統合に寄与しようという強烈な意志が、それぞれの国の首都にあって知識人たちを映画へと向かわせた、強烈な要因のひとつであった。

徐克（ツイ・ハーク）の『ワンス・アポン・ア・タイム・イン・チャイナ』の連作を観た人ならば、まさに中華ナショナリズムの成立の原初の光景が、そこに映画装置の導入とともに再現されていることを理解するだろうし、インドネシアの国民歌謡である「ブンガワンソロ」や中華人民共和国国歌がもともと映画音楽であったことも、それに深く関連している。今日、アジアのいたるところで国家を挙げて制作される超大作の史劇映画と、反体制的な芸術家が迫りくる検閲と戦いながら監督する社会派映画とは、一見対立しているように見えながら、実のところこうしたナショナリズムと民族の表象の正当性という問題の領域圏内にあるという点で、きわめて相補的な関係にある。

二番目の類型を理解するためにまず指摘しておくべきことは、この近代の先兵たるシネマトグラフが、アジアの行く先々で、前近代の権化ともいうべき大衆演劇や民間伝承、あるいは口承芸や大衆文学、漫画といったサブカルチャーと自在に結合しながら、きわめて興味深い表象的アマルガムを作り出してきたという事実である。ハリウッドが全世界に波及させたヨーロッパ型のメロドラマは、日本と韓国では新派と、中国ではさまざまなタイプの京劇や粤劇と、タイではリケイと、そしてインドではラジャスタンの演劇と結びつき、それらから物語と俳優、そしてもっとも大事なことであるが観客と劇場を借り受けることによって、欧米人が予想もしなかった規模にまで発展し、国によって若干の時間のズレこそあれ、一九五〇年代から七〇年代にかけて産業としての映画の黄金時代を築き上げてきた。そこでは映画は大衆娯楽の中心であり、巨大な撮影所を背景に次々とスターを輩出しては、大衆の紅涙を絞ってきたのだった。

アジアにおける映画の発展は、アジアにおける近代性の独自の発展を理解する基準となりうる。とはいうものの、これまで自国の近代的知識人や欧米の評論家たちは、こうした映画的現象がいかに大衆的な人気を呼んでいたとしても、それらにほとんど関心を示さず、たとえそれに言及するにしても、欧米の近代性の安直にして歪められた模倣であって、真に民族的世界観を体現しているものではないという立場を固持してきた。先に述べた第一のタイプに属する「真面目」なフィルムが国際的に喧伝され、各国の知識人たちからアジアを代表する映画であると賞讃を受けてきたにもかかわらず、この第二の範疇のフィルムは、現在にいたるまでほとんど国外で上映されることがなく、ローカル映画の段階に留まっている。こうした謬見の背後には、近代性の出現とはもっぱら欧米での歴史的事件であり、アジア諸国が体験したそれはどこまでも独創性を欠いた欧米の模倣にすぎないという偏見的認識が横たわっている。それはアジア映画のみならず、アジアの現代美術や現代音楽を論じるさいに、暗黙のうちに共有されてきた認識であり、そのため圧倒的な才能をもちながらもあまりにローカルな文脈に帰属している。そのために国際的な照明が投じられることの遅れた巨匠を、アジア映画は少なからずもつこととなった。インドのラージ・カプールや日本のマキノ正博は、ショトジット・ライや小津安二郎よりもはるかに広範囲の大衆的支持を享受していたが、彼らが国境と言語を越えてしかるべき栄光に到達するには、恐ろしい歳月が必要とされたのである。

第三のものはもっとも新しく、アジアのそれぞれの地域で撮影所体制が破綻し、ひとたび大衆娯楽としての映画産業が危機を迎えたのちに、その反作用として、きわめて映画史的な自覚的意識のもとに発生したものであって、具体的にはニューウェイヴの制作者と監督、俳優の出現という形をとっている。国際映画祭の旗揚げや公的なフィルムアーカイヴの設置、国境を越えての合作といった出来事がそれに付属している。今日もっともジャーナリスティックな意味で「アジア映画の時代」が語られるとすれば、それはもっぱら第一や第二の類型ではなく、この第三の類型を示していると見て、間違いはない。

今日われわれが知っているアジアのニューウェイヴは、一九七〇年代の後半に香港で、これまでTV

ドキュメンタリーやCFを演出してきた若手の元留学組監督たちが、従来の香港映画の停滞を破っていっせいに出現したときに開始された。香港の波はただちに台湾に伝わり、一九八二年、八三年には国家的な支援のもとに新人監督のオムニバス映画が制作され、従来の映画的文体とは異なったフィルムが、台湾の多言語状況を反映するかのように出現するようになった。共産党政権下の中国でも例外ではなく、同じ時期に文革下放世代のなかから次々と斬新な文体をもった新人監督が現れ、国際的な注目を浴びることとなった。韓国は当初、こうした中国文化圏の動向と無関係に、一九八〇年代初頭に一定のニューウェイヴを体験したが、それが大衆に爆発的な支持を受け、ブロックバスター映画を次々と制作するようになったのは二〇〇〇年代からのことであった。ムンバイに世界最大の映画撮影所をもち、つねに圧倒的な制作本数を誇るインドは別格としても、一九八〇年代のテヘランでもキアロスタミに代表される新しい波が訪れ、現在も周辺のアラブ圏やウズベキスタン、キルギスタンといった旧ソ連のイスラム国家の映画制作に刺激を与えていると聞いた。ちなみに日本はといえば、最後のプログラムピクチャーであった角川映画が失速し、北野武や塚本晋也が監督デビューを飾った一九八九年あたりに分岐点があったと、わたしは睨んでいる。

中国や北朝鮮のような「社会主義的体制」を別とすれば、こうしたニューウェイヴ監督は従来のスタジオ体制からいささかも恩恵を受けておらず、TVのCFや低予算のピンク映画、ミュージックヴィデオといったさまざまな分野から到来し、最初は保守的な評論家からそれを揶揄されていた。だが彼らのフィルムが次々と国際映画祭で受賞したり、社会的に大きな話題を呼んでゆくうちに、それを揶揄することは誰にもできなくなった。われわれが今日「アジア映画」という括り（くく）のもとに言及することになる監督たちの半分以上が、なんらかの意味でこの範疇に属していることを、ご理解いただきたい。

さてここで、日本人がこれまでいかにしてアジア映画を観てきたかを振り返ってみよう。

一九八〇年代の中頃までは、それは現在からは想像もつかないほどに貧しく、また偏見に満ちたものであった。「ヨーロッパ映画は芸術、アメリカ映画は娯楽、でもアジア映画は歴史の勉強」といったステレオタイプの認識だけが横行し、ごく一部の知識層だけがアジアの悲惨な現実を認識するためだとか、日本の戦争犯罪の痕跡をスクリーンに反省してやましい良心の保養に努めるといった目的のもとに、特定の劇場に通い、神妙な顔をしてそこを後にするというのが、申し合わせたような決まりであった。いうまでもなく、それは先に挙げた第一の類型のフィルムであった。評論家のなかには、インドネシアやフィリピンには歴史を描いた真面目な映画があるが、香港には空手のような低級な娯楽映画しかないと、権威をもって公言する手合いまで存在していた。ひとたびこうした人物が映画祭の作品審査を担当した場合、「でも、この映画はポルノでしょ」と断言すると、もうそれだけでそのフィルムは日本人観客の目に触れる機会を奪われてしまうのだった。ヨーロッパの監督がエロティシズムに耽ることは芸術の名のもとに許されたが、アジアの映画人にはそれは許されなかった。どこまでも優等生的な歴史意識を抱き、社会の矛盾を鋭く見つめ描くことだけが、日本の知識人観客の期待の地平であった。その結果、インド映画のなかでもきわめて例外的存在であるショトジット・ライ以外のインド映画がまったく商業公開されないといういきわめて偏頗な状況が、なぜか日本では何十年にもわたって続いてきた。

こうした状況に変化の徴候が見えだしたのは、八〇年代中頃に入ってアジアの諸地域でニューウェイヴが台頭し、彼らの作品をエンターテインメントの範疇のもとに買い付けて日本のミニシアターで公開する映画会社と、それに対応する批評家たちが登場するようになってからである。台湾、本土、そして香港といった中国語圏の映画から始まったこうした動きは、やがてイラン、インド、そしてタイへと及び、国際交流基金アジアセンターが企画開催するアジア映画上映とともに、われわれのアジア映画体験を飛躍的なまでに豊かなものに変えようとしている。二〇〇〇年代に入って、これまで東アジア中心であったアジア映画の輸入と配給の動きにしだいにイラン、トルコやパレスチナ、イスラエルといった西アジアの作品が現れるようになったことは、アジア映画の多様性を知る上できわめて悦ばしいことである。もはや今日では、アジア映画を厳粛な歴史の勉強のために居住まいを正して観るという姿勢は、ごく一部の場所を除けば存在しないだろう。タイのオカマ・バレーボールチームの喜劇映画に大笑いしたり、少林寺拳法を用いてサッカーの大会で優勝するという香港のアクション映画に快哉を叫ぶ観客は、より身近でリラックスしたところで映画を享受しているのであって、そこでは先にわたしが論じた第二と第三の類型がなかよく共存して、映画体験の全体性を築き上げているのだ。

われわれの前に現前しているのはアジア映画である。この現前は圧倒的なものだ。だが、それはアジア映画である前に、まず映画なのであって、映画には面白いものとつまらないものの二つしかない。アジア映画という名称はどこまでも過渡的で便宜的なものにすぎないことを、ここで心に留めておこうではないか。われわれがヨーロッパ映画という以前に、アントニオーニのフィルムとかゴダールの作品と呼び習わしていることを思い出してみようではないか。であるならば、どうしてマフマルバフのフィルムだとか、陳凱歌（チェンカイコー）の作品だと口にしていけない理由があるだろう。

（二〇〇三）

アジア映画を観るということ

二〇〇四年、パレスチナのヨルダン河西岸にあるラマッラーを訪れたときのことである。イスラエル空軍の相次ぐ爆撃による破壊のため、もはやパレスチナ全体にはわずか一館、アル・カサバ劇場しか「小屋」は残っていなかった。演劇も、詩の朗読も、そして映画も、あらゆる文化活動はそこでかろうじて行なわれていた。ちょうどハリウッドの『ラスト・サムライ』(二〇〇三)が上映されていたときで、劇場から出てきた観客の何人かが、たぶん興奮していたのだろう、わたしに向かって「サムライ!」と声をかけた。劇場の支配人ジョージ・イブラヒムは演出家でもあったが、苦労して欧米のフィルムを手に入れては上映を続けていた。

わたしはパレスチナ出身のエリア・スレイマンやミシェル・クレイフィについて論文を書くために、この町を訪れたのだった。だがこの劇場ではそれは観ることはできないと教えられた。彼らはいずれもパリに根拠地を置き、国際映画祭で上映するための作品を撮るときにだけパレスチナに戻ってくるのだという。ではパレスチナ人はどんな映画を観たいのかと、わたしは尋ねた。「みんなが本当に観たいのはエジプトの娯楽映画さ。でもそれが叶わないからハリウッドや香港映画を観ている」と、劇場主はいった。

わたしは街角に出た。路上では日焼けした青年がビニールを拡げてさまざまな品物を売っている。並べられていたのはDVDではなく、もっぱらVCDである。画質は落ちるがより安価だからだろう。李小龍（ブルース・リー）や成龍（ジャッキー・チェン）から最新のハリウッド映画まで何でもある。日本で公開中の、スピルバーグがイスラエル情報機関を描いた『ミュンヘン』（二〇〇四）もあった。もちろん海賊版だ。どこかヨーロッパの劇場で公開しているのをヴィデオで盗み撮りし、それに大急ぎでアラビア語の字幕を被せたのだろう。それが次々と売れていく。それが一般のパレスチナ人にとっての映画体験なのであった。

パレスチナに行けばパレスチナ映画についてわかると無邪気に考えていたわたしは、この圧倒的な現実を前に、もう一度すべてを考え直さなければならないことを思い知らされた。映画館を奪われてしまったこの人たちにとって、それでも映画を観るとはどのような体験なのか。それは日本にいて安全な暗闇に保護されながら、著名な監督の芸術映画を観ているわれわれの体験と、どのように異なっているのか。

パレスチナを離れて、より広くアジア映画一般について考えてみよう。

二通りのフィルムが存在している。国際映画祭を通して世界中に配給されてゆくA級映画と、けっして国内から出ることはなく、外国ではまったく知られる機会のないB級映画である。両者は制作や配給のシステムにおいて対照的であるばかりか、観客の社会的階層においても大きく異なっている。

国際映画祭に参加して受賞したり、話題を呼ぶことになるフィルムは、すべて監督という作家のもとに語られる。その国の言語や社会、歴史の細かな事情を知らない外国人にも理解できるように、普遍的なヒューマニズムを主題としたり、でなければ異国情緒を過度に強調したりするものも少なくない。制作費は高く、撮影日数も多い。いわば贅沢に制作されている。こうしたフィルムは、えてして国内で上映が禁止されたり、国と民族の恥部を描いたという理由から糾弾されることが少なくない。その代償に監督は国際的には英雄として賞讃され、表現の自由のない国家体制への非難が相次ぐことになる。観客はといえば、欧米（そして日本）の高学歴の観客であり、彼らは洗練された審美眼と社会的にリベラルな良識のもとに作家の主題と文体を賞味する。

もう一つの映画はきわめてローカルなものだ。典型的な例をいうと、まず低予算で慌ただしい撮影日数のもとに制作される。配給はもっぱら国内が中心であり、観客は一般庶民。誰もが作家の名前などには無頓着であり、ホラー、アクション、メロドラマ、歴史劇、コメディといったジャンルを頼りに地元の劇場に通う。もっとも欧米（そして日本）のように、作品がきれいに単一のジャンルに属する場合は稀で、コメディなのにホラーといった風に、複数のジャンルの複合体となっていることのほうが多い。外国映画のプロットを盗用して舞台だけを変え、大ヒットを飛ばすといった芸当は、ローカル映画の世界にとって常套である。したがって国際的な栄光には無縁だが、ある閉じられた社会のなかでは、自分たちの憧れや希望、羨望や絶望を代弁してくれる映画として、強く支持されることになる。

今、日本においてアジアの映画を観るというのは、どのようなことだろうか。

それは多くの場合に前者、つまり国際的な配給を前提として制作されたフィルムを、作家の名前のもとに観ることである。というのも後者、つまりローカルなフィルムに接するためにはまず一定期間をその国に滞在しなければならず、社会事情はもとよりその言語を基本的に習得しておく必要があるためである。つまりよほどの準備をしなければ、B級国産映画に接近することはできない。だがその国の普通の人々が疲れきった生活のなかで慰めと希望を見出し、それを観て泣いたり笑ったりすることで共同体への帰属意識を確認できるのは、まさにこの手のフィルムなのである。

誤解がないように付言しておくと、わたしはA級の国際的フィルムを観ることがいけないといっているわけではない。それどころか、二〇〇〇年代の世界の映画シーンを眺めてみると、アジアのA級映画が世界の映画祭のいたるところで次々と善戦し、批評家や観客から高い評価を受けていることを、痛快なことだと考えている。それはわたしが長い間、待ち望んできたことであった。韓国や中国はいうまでもない。厳しい検閲体制にもかかわらず、イランの映画界からは次々と新しい才能が輩出しているし、台湾はパリとのコネクションをより深くしてきている。タイのニューウェイヴが国際的に台頭してきたことは注目すべき事件であり、マレーシアとインドネシアがその余波を受けて動き出そうとしている。これは見方を変えていうならば、今の世界で一番アクチュアルで強いメッセージをもった映画を探したいと思えば、アジア映画の領域に赴くことだ、という意味である。

だがその一方で、華々しい芸術映画の背後に、けっしてこうした国際的眼差しに晒される機会をもたず、制作されては国内で消費されるだけの夥しいフィルムがあることも、われわれは忘れてはならない。映画史は、こうしたローカルな映画産業の存在が前提となってこそ、国際的に高い評価を受けるA級フィルムが突然に出現するという現象を繰り返し語ってきた。思い出してみようではないか。ブニュエルの『忘れられた人々』（一九五〇）の背後にはラテンアメリカ最大の映画大国メキシコの撮影所が控えていたし、世界中のシネフィルがカルト的情熱を注ぐセイジュン・スズキは、長い間、日活のプログラム・ピクチュアのなかで、きわめて周縁的な「左側」の位置に置かれていたのではなかったのか。シャヒーンは『アデュー・ボナパルト』（一九八五）のような高雅な歴史大作を撮るとともに、愚にもつかない勧善懲悪のアクション映画をも平然と撮っていた。多作をもってなすリノ・ブロッカにしてもそうである。

ある作家がきわめて洗練された文体とアクチュアルな主題を携えてフィルムでもって国際的な知名度を獲得するとき、それはけっして監督の独自の天才によってなされたものではない。背後に名も知れぬ数多くのローカルフィルムと、それを強固に支えてきた映画産業が横たわっているのだ。人口ゼロ地帯では新生児が生まれないように、映画もまた多くのフィルムを歴史的前提として生まれるのだ。われわれはキアロスタミの後ろに、シャヒーンの後ろに、ノンスィー・ニミブットの後ろに、実は多くの知られざる監督たちがいて、長きにわたってローカルな観客たちに喜怒哀楽の体験を与えてきたことを心がけていなければならない。日本で観ることのできるアジア映画とは、つねに氷山の一角なのだ。

人はなぜ自国の映画よりも外国映画を好んで観たがるのか。

そう尋ねられた大島渚は、端的に答えた。それは自分たちよりも自由な人間が生きている姿を観たいからだ、と。一九六〇年代の中頃のことである。大島が想定していたのは、当然のことであるがハリウッド映画のことだった。

わたしは今でもアメリカ映画に関するかぎり、この答えは基本的には正しいと思う。ハリウッドでは当初から、映画産業はありえぬ自由の幻想を世界中に撒き散らすものとして、これまで機能してきたからである。アメリカ人は世界で一番優れている。つねに世界の主役だ。幸福になるためには、アメリカ人になればよいのだ。これがこの百年間にわたり、ハリウッドが説いてきたイデオロギーである。

だが今日のアジア映画に関するかぎり、この大島の発言は少し改訂しておく必要がある。というのもアジアの少なからぬ地域では一党独裁や軍事政権、非寛容の政教一致が人々を不当な抑圧状態に置いているため、一見したところ何もかもが自由なように見える日本に比べ、はるかに困難な状況のなかで人間が生きることを強いられているからだ。ではわれわれはなぜ、そのようなより過酷な生活から生まれてきたアジア映画を観ようとするのか。

それは端的にいって、自分たちよりも強い人間を見たいからである。李小龍とソニー千葉のどちらが強いかという話ではない。生き方における強さ、つまりしなやかさとタフさのことである。アジア映画がわれわれに訴えかけてくるのは、それが娯楽アクションであれ、メロドラマであれ、近代史を批判する社会派作品であれ、そこには自分たちよりもはるかに強く忍耐と寛容に満ちた人間たちの生き方が描かれているからに他ならない。強い悲嘆を知る者は、同時に強い歓喜を体験できる者でもある。困難な社会のなかで自分たちとはいったい何者であるかという問いを問近に突きつけられ、それに真剣に答えようとする人間が描かれているとき、そのフィルムは思いがけない強度を獲得する。よく探求する者はより大きな自由に到達する。より深い心の慰めを体験する。われわれがアジア映画に圧倒されてきたことの理由とは、約めていうならばそのようなものではないだろうか。

ここで最後に残る疑問に、触れておかなければならない。

「アジア映画を観る」という。だが多くの日本人が「アジア映画」という言葉を口にするとき、そこでは自国のフィルムが最初から別であるという前提が自明とされている。これは実は奇妙なことではないだろうか。というのも日本は外から見ればまさにアジアに位置しているのであって、日本映画とはアジア映画の地域的なサブジャンルにすぎないからだ。

この疑問に向かいあったとき、新しい問題が生じることになる。それはアジア映画という枠の内側にあって、日本映画はどのくらい頑張っているかという問題だ。国際映画祭での受賞の数をいいたいのではない。日本は一年に八〇〇本あまりのフィルムを制作している。それでもナイジェリアの制作本数の半分に満たないが、名目上は映画大国である。だがその日本は、アジアの他の国々の普通の観客が観て納得のいく強さをもったフィルムを、はたしてどれほどまでに撮っているだろうか。日本映画はどれだけ人間が自由であり、自由に生きなければならないという主張を、イランや韓国やタイの映画のように、強く物語っているのだろうか。

（二〇一二）

アジア映画に接近する、いろいろな方法

1

誰もが心のなかでフランス料理を敬遠している。できることなら面倒は避けたいと思っている。ではヴェトナム料理はどうだろうか。タイ料理は、韓国の焼肉とチヂミはどうだろうか。これなら躊躇する人はいない。やっほー、いただきます。食べるのに順序もなければ、規則もいらない。食べたいものをメニューから選んで、勝手に注文すればいい。それに比べてフランス料理は、食べる順番やら、ワインの相性やら、聞いたこともない長々としたカタカナの料理名を読み上げなければならない。それから気取った横文字も。おお、嫌だ。失敗をすると笑われるし、うまく注文できても値段が気になって愉しめない。

本当は違う。ヴェトナムにも、タイにも、食事のさいに守らなければいけない規則があるし、守るべき順番もある。朝鮮文化に少しでも敬意と知識があれば、韓国でキチンと礼儀正しく食事をすることの、細かな配慮に気付くだろう。けれども幸いなことに、日本では誰もそんなことに気を遣う者はいない。

知識がないかぎり、守るべき秩序などないように思われる。だからアジア料理は気楽なのだ。現地の人間の顰蹙を買うような滅茶苦茶な注文の仕方をしても、お行儀の悪い食べ方をしても、心に疚しさを感じることはなく、しかも安上がりだ。どんな素人が作った料理を出されたとしても、もとからその国の料理について味の識域が低いものだから、簡単に満足できてしまう。アジア料理、だーいすき！

料理の話をしているのじゃない。これはマジメな映画のエッセイだ。わたしは昨今の日本における、アジア映画の受容のあり方について書いているのである。

2

もう一〇年ほど前のことであるが、なんとも腑に落ちない、苦い体験をしたことがあった。相手に失望すると同時に、ひょっとして自分もまた同じことをしてきたのではないかと、思わず反省してしまうような体験だ。アジア映画に関することなので、まずこの話をしておきたいと思う。

香港出身で、『紅いコーリャン』（張芸謀、一九八七）を論じてアメリカで有名になり、日本でも現代思想ファンの間で人気のある映画評論家が来日し、東京で講演をすることになった。ジェンダー論とポスト植民地主義の論客として有名な人である。アジア映画に関心をもつ人ばかりか、映画にはあまり興味がないが、アジア系の女性が説く最先端の理論には一応接してみたいという人まで、たくさんの聴衆が会場に詰めかけた。

彼女は自分の著書に書いてあるように、東アジアの文化的地政学をひと通り述べた後、今日のアジア映画がポスト植民地主義の観点からしていかに重要であるかという問題を雄弁に論じた。それから黒澤明が一九四六年に発表した『わが青春に悔なし』がいかに優れたフィルムであり、主演の原節子がいかに崇高で美しいかという話に移った。日本映画に言及したのには、思うに聴衆へのサーヴィス精神が働いていたのかもしれない。ともあれ彼女は熱弁を揮い、黒澤の民主主義的姿勢を賞讃しまくった。

わたしはというと、講演を聴いているうちにひどく居心地の悪い気持ちになってきた。『わが青春に悔なし』は黒澤明にとって大きな悔いの残った作品であったことを、その自伝やインタヴューを通して知っていたからである。戦時中に反戦運動に関わったかどで恋人を殺され、自身も農村で徹底的な差別を受けた原節子が、戦後の農地改革によって民主化された農村に留まる。彼女は文化運動に希望を託す。黒澤のことに少しでも首を突っ込んだ人ならば、このハッピーエンドが実は監督の意図ではなく、東宝の労働組合が「民主的に」彼に強要したものであることを知っている。連合軍総司令部の検閲担当者は、このエンディングを支持承認した。黒澤はこの作為的な結末をめぐる雪辱を、『七人の侍』(一九五四)のなかで批判した。平然と背信を行ない、冷酷非情な「百姓たち」を描くことで、無垢にして民主化を担う農民という戦後の神話の虚偽を暴こうとした。

もちろんアメリカから到来して、わたしの前で講演をしている中国人は、ジェンダー論とポスト植民地主義の最新思想家であったから、日本映画についても、日本近代史についても、おそらく何も知らない。彼女はフィルムが提出するメッセージを字義通りに受け取り、戦時下のファシズムが敗北を認めた直後にこのような道徳的な作品が、のちに巨匠と呼ばれるクロサワの手によって撮られたという事実に、純粋に感動していた。それは彼女の抽象的な理論を、みごとに例証してくれるものであった。もちろん彼女は、反戦活動に携わって警察に拘留されるヒロインを演じた女優が、戦前はナチス・ドイツの監督の手になる日本観光映画でサムライの娘を演じたことも、戦時中は軍国少年たちの女神としてスクリーンに君臨していたことも、何も知らなかったはずである。

講演が終わり質疑応答の時間になったとき、わたしは思い切って挙手をし、彼女に尋ねてみた。あなたは黒澤監督がいかにこの作品の結末を無理強いされたかという、屈辱的な経緯を御存知でしょうか。また主演女優が戦時下にあって国策映画にいかに協力し、敗戦の翌年にこのように戦後民主主義の女神に変身したか、その事情をお聞きになったことありますか。講演者はそれに対し、政治と芸術の間は複雑であり、一人ひとりの芸術家によって選ぶところが違うものだと一般論を語り、そのまま別の話に移ってしまった。逃げたなと、わたしは思った。

懇親パーティの時間となった。彼女は日本人を寄せ付けず、アメリカ人の取り巻きとだけ話し、わたしを避けているのが手に取るようにわかった。わたしは彼女に近づき、もし先ほどの女優に関心があるのなら、自分が書いた伝記があるから差し上げてもいいと話しかけた。彼女は、自分は日本語が読めないから、もらっても仕方がないと答えた。

話はこれで終わりである。読者におかれては、ゆめゆめ誤解がないようにしていただきたい。

わたしは幕末の尊王攘夷の侍のようなナショナリストでもなければ、「毛唐」や「チャンコロ」を論破して悦に入っている素朴な国粋主義者でもない。ただ彼女の講演内容に落胆し、その答弁の仕方に不誠実なものを感じ失望を味わったことを伝えておきたかったのである。それ以後も彼女の著作が引き続き日本語に翻訳されたのかを、わたしは知らない。香港出身であるにもかかわらず、それを公言せず、英語で大陸映画については饒舌に論じても、けっして香港映画には言及しないという彼女の屈折したスタンスが、ポスト植民地主義の文脈のなかでどう位置付けられるのか、非学にしてわたしは知らない。わたしは彼女に関心を失ってしまい、後には苦い記憶が残されただけである。

　わたしはこの体験から何を学んだのだろうか。それは一つある。わたしもまた彼女と同じように、ソウルで、北京で、ジャカルタとバンコクで、その土地の歴史や社会状況、映画史的文脈をロクに知らないままに、その土地で制作されたフィルムを過剰に賞讃したり、いかにも上から目線で patronizingly、それを得意げに評価してみせたことはなかっただろうか。

　ピーター・ブルックはインドの古代叙事詩『マハーバーラタ』を三日三晩の芝居に仕立て上げるのに、一〇年の準備を必要とした。彼は脚本の序文冒頭でいっている。「芸術作品を前に犯す最大の過ちとは、それを理解できないままに賞讃してしまうことである」。比較文学者で『オリエンタリズム』の著者エドワード・サイードならば、この発言に対応するかのようにいうことだろう。「あなたがたは自分の国の文化の素晴らしさを本当に知らない。外国人であるわたしが教えてあげましょう。こう発言したとき、その人物は悪質なオリエンタリストである」。

　わたしもまた先ほどの講演者のように、無知ゆえの傲慢をもって、映画研究家ノエル・バーチの語を借りるならば、「遠目にて」to the distant observer、アジア映画と呼ばれる領域でお気楽な言説を遊ばせていたことはなかっただろうか。『わが青春に悔なし』をめぐる傲慢な講演会ののち、わたしはこうした自戒の念を抱くようになった。

3

アジア映画に接近するさいにとりあえずわれわれが携えるべき基準というものを、ここで二〇一二年暮れに東京フィルメックスで観ることのできた二本のフィルムを素材として、簡単に論じておきたい。二本とは、イスラエルでメナヘム・ゴーランの『エルドラド』（一九六三）と、タイのアピチャッポン・ウィーラセタクンの『メコンホテル』（二〇一二）のことである。

ゴーランはイスラエルとハリウッドを股にかけた監督であり、制作者である。

一九六〇年代の初め、ロジャー・コーマンのもとで低予算娯楽映画の撮り方を学んだゴーランは、祖国イスラエルに戻るや、ギャング映画やミュージカル映画を矢継早に監督し、この人工社会にハリウッドを持ち込んだ。テルアヴィヴ版『アメリカン・グラフィティ』ともいうべき青春映画『グローイング・アップ』シリーズで国際的にも名を売ると、今度はハリウッドを逆襲し、『デスウィッシュ』や『デルタ・フォース』といったB級ものシリーズを次々と制作した。スタローンの主演作で大当たりを当てたかと思えば、ゴダールやカサヴェテスの「芸術作品」の制作に乗り出したり、文字通り映画界の端から端までを制覇する活躍をしている。『エルドラド』は、そのゴーランの監督デビュー作である。

物語はハイム・トポル演じるチンピラが刑務所を出て、更生の道を歩もうとするところから始まる。実は彼は無実なのだが、ある事情から罪を背負って服役したのである。彼は情婦のギラ・アルマゴール

(後に『ミュンヘン』で老母を演じた、イスラエルのド根性婆さん女優の若いころ)とよりを戻すが、警察はいつでも彼を前科者扱いし、素行を疑っている。さらに悪いことに、昔のヤクザ仲間が彼を、古巣のギャング社会へ引き戻そうとする。こうした苦境のなかでトポルは、自分を弁護してくれた弁護士の娘と相思相愛の間柄となる。トポルを気遣う刑事が彼に、どうして事の真相を明かさないのだと迫る。だが、彼はどこまでもそれを拒み、警察と対決する。最後に真の悪玉のギャングが追い詰められて破滅し、人々はトポルの潔白を信じるにいたる。

『エルドラド』の背景にあるのは、アシュケナージム(ドイツなど中欧系のユダヤ人で、イスラエルの支配層)が居住する人工都市テルアヴィヴと、ミズラヒーム(中近東出身のユダヤ人で低学歴貧困層)が吹き溜まるヤッファという下町の間での対立である。イスラエルはもとよりアシュケナージムによる植民地国家であるが、一九五〇年代終わりから急速にモロッコやイラクなどアラブ圏からのユダヤ人が大挙流入し、両者の間に明確な階層が生じるにいたった。一九五九年にはモロッコ系ユダヤ人の若者たちが反政府暴動を起こし、七〇年代初めには彼らによって「ブラック・パンサー」が組織されている。わたしは一度長期滞在したことがあるが、とにかく徹底してユダヤ人の間に階層区分のある社会なのである。ヤッファ出身のチンピラが、テルアヴィヴのお屋敷町の令嬢と絶望的な恋に陥る。彼は豪邸のパーティーに呼ばれても孤立し、陰口を叩かれる。娘の父親からは脅迫めいた言葉を投げつけられる。ギャング仲間からは身分違いだから諦めろと意見される。ギャングの悪玉もまた、ミズラヒームとしての屈辱のなかから身一つで成り上がってきた人物だからだ。

このアクション・メロドラマを観ているうちに、わたしはそれがイスラエル映画であることをほとんど忘れてしまっていた。なんだよ、これじゃあまるで梶原一騎の『愛と誠』（一九七〇年代には西城秀樹の映画デビュー作として実写化。二〇一二年に、三池崇史によってミュージカル映画のリメイクあり）ではないか。いやもとい、六〇年代の日活純情路線ではないか。しばらく自分の映画的記憶を手繰り寄せていくうちに、わたしはついに既視感の核心に達した。『エルドラド』は、中平康が一九六三年に撮った伝説的作品『泥だらけの純情』と、プロットにおいて恐ろしく酷似したフィルムだったのである。このフィルムでは、横浜の高級住宅地に住む駐アルジェリア大使の令嬢、吉永小百合が、渋谷に縄張り(シマ)をもつヤクザ組織の下っ端、浜田光夫と愛し合い、孤立して死を選ぶことになる。葬儀のとき、浜田の出自が荒川土手の細民窟であったことが判明する。このフィルムは、奇しくも『エルドラド』と同年に撮られた。階層の違いがメロドラマ的想像力を否が応にも喚起してゆく構造が、そこには強烈に窺われる。ちなみに『泥だらけの純情』はその後も、韓国で再映画化され、日本でも百恵友和路線でさらにリメイクされた。

では、わたしの既視感の原因となった二本のフィルムの間に、メロドラマの作動因として共通しているものは何だろうか。いうまでもない、アメリカ映画の記憶である。ジョージ・スティーヴンスの『陽のあたる場所』（一九五一）を待つまでもなく、社会の下層に生まれた青年が運命の偶然からブルジョワ令嬢を愛し、破滅にいたるという筋立ては、ハリウッドが全世界に向けて散種した物語的原型であった。ゴーランと中平は（そしてそのリメイクの監督たちは）、ハリウッドが蒔いた種を、それぞれの社会的文脈のなかで結実させたのだといえる。

アジア映画を観るとき、われわれは時として、思いもよらぬ既視感に襲われてしまう。その場合にはふと立ち止まって、映画の背後に控えているイデオロギーの天空を見上げてみたほうがいいかもしれない。そこにはより巨大なメロドラマの天蓋が構えていて、無意識的に観客としてのわれわれの物語的欲望を操作しているのだ。こうした状況にあってわれわれは、当のフィルムを制作した社会なり国家について、きわめて貧しい知識と情報しか持ち合わせていないにもかかわらず、それに感情移入できるばかりか、大胆にもフィルムの結末を予測したりすることができる。アジア映画を成立させている力の半分は、こうしたメロドラマのもつイデオロギー的権能である。それを測定することから、われわれのアジア映画を観るさいの基準の一つが築き上げられることになる。

4

アジア映画をめぐる別の基準について論じるために、もう一本、別のフィルムに言及することにしよう。

アピチャッポン・ウィーラセタクンの『メコンホテル』（二〇一二）は不思議なフィルムである。先に『ブンミおじさんの森』（二〇一〇）でカンヌ映画祭のグランプリを取った監督だからというので、てっきり南国の密林の夜の神秘とか、往古のタイの優雅な幻想物語とやらを期待して観にいくと、狐に抓まれたような気持ちで劇場を後にすることになる。要するに、少しも理解できない。それは意図的に実質を欠落させ、事後の痕跡と残響だけをモザイックのように寄せ合わせた作品であるからだ。具体的にフィルムに即して、それを考えてみよう。

ラオスと東北タイ（イサーン）の国境を流れる、悠々たる大河メコンが、この作品の背景である。河のかたわらに人気のないホテルがあり、今そこで撮影隊が何か映画のリハーサルのようなことを行なっている。だが、本気になって映画を撮ろうとしているのかはわからない。誰もがひどくのんびりとしていて、河を見下ろす広々としたバルコニーや通路で無駄にお喋りをしたり、ギターの音合わせをしているだけのように見えるからだ。フィルムはこのリハーサル光景と、そこで演じられた物語とを交互に、というより意図的に混ぜ合わせる形で展開してゆく。とはいえそこに明確な分割線を引くことは難しく、観ているうちにさほど意味がないようにも思えてくる。映し出されるもののすべてが曖昧であり、静寂に満ちているのだ。

ホテルのバルコニーに少年がいて、こないだ飼犬をピーバップに食い殺されたと語っている。ピーバップは人間の生肝を貪り食う妖怪で、見つけしだい、土壺に入れて封印しなくちゃいけない。少年はこの話を、どこかからやってきて、まだ土地のことをよく知らない少女に向かって話している。だが妖怪について、詳しく知っているわけではない。叔父さんから聞いたことがあるだけだ。

少女は母親と一緒にホテルに滞在している。ラオス生まれの母親は、子供の頃から銃をもたされ、国家の裏切り者を処刑する手伝いをさせられてきた。ライフル銃は撃ったときの反動がすごくてねと、彼女は娘に笑いながら思い出を語る。ラオスからタイへ難民として渡り、バンコクに流れた。知り合いには、ラオスでとてもひどい目にあった人もいた。

あるときホテルの一室で、母親は少女に向かって涙ながらに語る。自分はピーバップとして蛮行を続けてきたと告白する。こんな人生を歩んでしまったことは、憎んでも憎みたりない。「ママ、土壺に戻ってなくちゃ、だめじゃないの」と娘がいうと、母親は「壺は割れちゃったのさ」と答える。別の場面では、母親は口の周囲を血だらけにし、死んだように寝台に横たわる娘の内臓を貪り食っている。肉体を食べられてしまった少女の霊魂が、バルコニーにいる少年を訪れたり、今度は少年が何か生肉をこっそり貪り食っていたりする。

こうした酸鼻に満ちたいくつかのショットを別にすれば、フィルムの全体の雰囲気はひどく穏やかで淡々としている。一本の流木がメコン河を流れていくだけの光景が何分にもわたり、遠くに引いた固定の長回しで続くかと思えば、いつまでもいつまでもギターのソロが画面の背後に流れていたりする。登場人物はボソボソと小声で、しかも言葉数少なく語るばかりだ。残酷さと緩慢な希薄さ。この相反する要素がフィルムを特徴付けている。物語は時間の継起軸に沿っては語られない。ただ多くの欠落をともなった断片として、順序もいい加減に並べられていくばかりだ。撮影行為と撮影されたフィルムという、論理的階梯の違う映像が、そこには平然と並置されている。

二〇一二年のフィルメックスで『メコンホテル』を観たとき、わたしが思ったのは、はたして日本の一般観客はこれを理解できるのだろうかという疑問だった。というのも、タイ映画の知識がある程度ないかぎり、いくら字幕が付けられていようとも、解説が添えられていようとも、監督の意図が読めないのではないかと心配になったのである。一時間少々というこの作品の背後には、これまでにタイで夥しく制作されてきたB級、C級の怪奇映画の記憶が腐葉土のように厚く重なり合っている。タイの一般的な観客ならばその記憶に促されるままにアピチャッポンの新作を観ることができる。ところがこうした集合的な映画的記憶をいささかも共有していない日本人には、それがきわめて困難だからである。『メコンホテル』のなかでは、問題となる妖怪は日本語では「ポブピー」、英語ではPob ghostと字幕が付けられていた。これは正確にタイ語で記すとผีปอบであり、公式的なアルファベット表記ではPhii Porpとなる。わたしが二〇〇八年にバンコクのフィルムアーカイヴで調査をしていたときには、タイ人は普通に「ピー・ポップ」あるいは「ピー・ポープ」と発音し、その言葉を口にした後には、しばしば周囲を窺うような怪訝な顔をしてみせた。

タイが世界でも有数の怪奇映画制作国であることは、日本でも『アイズ』（オクサイド&ダニー・パン、二〇〇二）や『ナン・ナーク』（ノンスィー・ニミブット、一九九九）が公開されているから、つとに知られている。わたしも足かけ七年をかけて、『怪奇映画天国アジア』（白水社、二〇〇九）などという本を著して、その奥深くに分け入ってしまい、周囲から呆れられたことがあった。だが、日本でもよく知られている、こうした国際的市場を前提とした二〇〇〇年代のA級ホラーを別にしても、一九九〇年代にはこのピー・ポープを主人公としたB級作品が、シリーズものとして大量に制作されていた。

ピー・ポープは、ラオスとの国境に近いイサーン地区に固有の妖怪である。通常は森に棲息し、機会を見ては人里に降り来って人間を襲い、その生肝を貪り食う。たいがいの場合、それは若くセクシーな女性の姿をしている。そのため一般の人間と識別することが難しく、色気につられて男たちが次々と餌食となってゆく。シリーズ第一作である、その名も『ピー・ポープ』（スリ・サワス、一九八九）のあらすじを書いておけば、読者はだいたいの概要を知ることができるだろう。

イサーンのある村で、一人の女性が出産をする。産婆が臍の緒を切り取り、壺のなかに保存しておいたところ、脇からそっと手が伸びて、それを奪って逃げる。村人が総出で後を追い駆けるが、盗人は密林に入り込んで姿を消す。翌日、腹を食いちぎられた盗人の死体が発見される。壺のなかの臍の緒は忽然と消えている。いよいよピー・ポープが出現したのだと知って、村人たちは総毛立つ。もっとも疑わしいのは、村はずれに住む老婆とその娘だ。ちなみに娘は長い黒髪をし、若いころの倍賞美津子を思わせる美人である。その直後、バンコクからキャンプに来た若者三人が、みごとにピー・ポープに襲われる。正体はやはり老婆だった。老婆は若い女に変身すると、怪光線を発して獲物に襲いかかってくる。地元の青年団によって老婆は退治され、一抹の煙とともに白骨と化す。娘だけはさすがに母親の非業の死を嘆き悲しむが、村には一応平和が戻る。だが妖怪は根絶されたわけではない。この娘が人知れぬ廃屋の暗がりで生肉を貪っているショットで、フィルムは幕を閉じる。以下、ピー・ポープは転生に転生を重ね、シリーズは時にドタバタ喜劇になったり、マカロニ・ウェスタンのパロディになったりして、延々と一九九〇年代まで制作が続いた。わたしは二〇本まで観たところで帰国の時間が迫っていたため、続きを中断してしまったが、シリーズ全体では少なくとも四〇本は存在しているようだ。

ピー・ポープは現在もイサーンに生きている信仰である。高知の犬神憑きに似て、村落共同体における排除の構造と密接に結びつき、映画として表象されているのを見ると、抑圧された女性の欲動の発露であると解釈することも不可能ではない。興味深いのは、このB級映画のシリーズがバンコクではなかなか観られることがなく、もっぱらイサーンにおいてのみ上映され、夜市の露店でDVDやVCDとして販売されていることである。端的にいってそれは、タイ映画の世界にあって、さらにローカルな映画ジャンルに属しているのだ。ピー・ポープ映画の観客のかなりの部分は、現実にピー・ポープの実在を信じている。そのため映画が評判となって、ますますその実在を確信するという循環構造が成立している。

イサーンはタイにあって、あらゆる意味で特殊な地域である。バンコクに比べて経済水準はひどく低く、工業の発展は著しく立ち遅れている。メコン河を渡ればすぐにラオスとカンボジアとなるので、タイ国家への帰属感が希薄である。言語的にも、民族的にも、ラオ族やカンプチア人との血縁が強い。芸能界からキックボクシング選手、風俗産業まで、イサーン人の占める割合は異常に高く、それは日本に出稼ぎで来るタイ人においても同様である。一九七〇年代にタイ共産党のゲリラ部隊が国軍と長期にわたり戦闘を続けていたのも、このイサーンの密林においてであった。加えてこの地は、タイにおける有数の妖怪の宝庫であり、民俗学的に興味の尽きない領域である。

アピチャッポンは、まさにこのイサーンに出自をもつ映画監督である。

おそらく彼は幼少時から、ピー・ポープの噂話をさんざんに聞かされて育ったことだろう。彼の最初の長編である贋ドキュメンタリー『真昼の不思議な物体』（二〇〇〇）は、タイの辺境に住む子供たちが豊かな造話能力を駆使して、次々と奇想天外な物語を作り出していくさまを描いていた。少年時代のアピチャッポンも同様に、ピー・ポープの出現をめぐって大人たちの間に噂と風評が飛び交い、真偽も曖昧なうちに恐怖だけが一人歩きするという状況を、体験しているはずである。『メコンホテル』の背後には、こうしたイサーン人としての〈生きられた体験〉が控えている。また映画論的にいっても、イサーンに特有なBC級怪奇映画の地層がそこには横たわっている。

『メコンホテル』を観るイサーン人と非イサーン人（具体的にいうならば西欧と日本の知識階層の映画ファ

ン）との間では、受容のあり方において大きな差異があるように思われる。このフィルムは、いうなれば大量にイサーンで制作されたローカル怪奇映画の補遺であり、その残像なのだ。アピチャッポンは怪奇映画の撮影風景を素材として描くことで、そうしたローカルな映画ジャンルに対してメタレヴェルに立ち、それが二〇一〇年代の今日ではほとんど消滅してしまったことに、追慕の眼差しを注いでいる。作品の全体に漂う希薄さと緩慢さ、悲しみの感情は、BC級ホラーがもはや存在しなくなったことに由来している。だが監督はこうした映画産業の衰退の物語に、社会主義下のラオス社会での混乱と虐殺、難民の物語を重ね合わせている。母親のピー・ポープへの変身は、彼女が少女兵士として、国家に反逆した裏切者の銃殺に加担してきたことへの罪障感と、隠喩的な関係にある。

前作『プンミおじさんの森』が、単純な妖怪幻想譚ではなく、一九七〇年代に森に隠れて抵抗した学生運動家たちの虐殺問題に深く関わっていたように、『メコンホテル』も、過去の政治的惨劇をめぐる後悔と贖罪を見えない中心として物語を起動させている。アピチャッポンはきわめてラディカルな、政治的問い質しの姿勢をもった監督なのである。

だがこうしたフィルムの細かなメッセージは、イサーンを遠く離れたわれわれに、どのように到達することができるだろう。そのためにはタイの現代史に一定の認識をもっているばかりか、タイのローカル映画にある程度まで親しんでいることが前提とされる。だが、国際映画祭で受賞したフィルムへの接近が相対的に容易であるのに対し、どの社会にあってもローカル映画に接することは、地理的にも、言語的にも、けっして容易なことではない。復活祭ごとに香港映画祭に行って、点心でもつつきながらのんびり旧作を眺めている、というわけにはいかないのだ。アジア映画をその深さにおいて理解しようとするとき、立ち塞がってくる問題の一つは、このようなものである。

ゴーランの『エルドラド』とアピチャッポンの『メコンホテル』とを比較してみると、同じアジアにおいて制作されたフィルムであるといっても、観客にまったく異なった姿勢を要求していることが判明する。

あるフィルムはあたかも普遍的であるかのように、ハリウッドに由来するメロドラマのイデオロギーを先鋒に掲げ、作品を根拠付けているローカリティを隠蔽しようとする。『エルドラド』はその戦略を採用することで、イスラエル映画の全世界配給への道を開いた。だが別のタイプのフィルムは、普遍的な価値観を体現していると信じられている国際映画祭での栄光を相対化するかのように、意図的に監督の個人的な映画体験や、土地の記憶、民俗学的想像力に訴え、ローカリティの顕揚に努める。それはきわめて困難な試みであり、往々にして観客は監督が準備したローカルなコードを読み解くことができないまま、ブルックの言葉を借りるならば、「理解できないままに賞讃」することになる。『メコンホテル』が『プンミおじさんの森』ほどに面白くなかったと素朴に感想を口にしてしまう観客は、往々にしてこのコードの解読格子を携えていないために、フィルムの深奥に入り込むことができない。なんとなれば、『メコンホテル』には、観客を安楽に導いてくれるいかなる支配的イデオロギーもなく、あるのはただイデオロギーが燃え尽きた後の廃墟、事後性の徴(しるし)である痕跡しか遺されていないからである。

アジア映画にはさまざまな接近の仕方がある。あるものは容易であり、あるものはひどく困難である。そのあり方は、古代ギリシャによって他者と見なされたアジアという観念の困難に、すぐれて見合っているといえる。残余はただ謙虚に、足マメに、アジアのなかのあちらこちらの都市を放浪して、映画を観て歩くことしかない。とはいえ、一つだけ確認しておこうではないか。人は現地の人間が享受しているのと同じ深さの次元において、アジア映画を享受することはできない。また知識が映画を面白く見せてくれるとはかぎらない。だがいかなる準備もなしにスクリーンに向かったところで、失望以外に何も得るものはなく、フィルムが潜在的に湛えていたはずのメッセージと意図は、受け取られずに終わってしまうのだ。アジアで制作されているフィルムが携えている多層性を見定めるためには、われわれは積極的な策を準備しておかなければならない。一本のフィルムが傑作であるか、駄作であるかを論じる前になされるべきことは少なくない。

（二〇一三）

二〇一〇年以降の映画評

森を宇宙の隠喩と見なすことは、クルティウスが説いたように、文学において古典的トポスであった。ホメロスからウェルギリウスまで、幾十もの樹木を次々と登場させる手法は「混樹の森」bravura interludes と呼ばれ、その洗練されたあり方は、しだいに現実の自然描写を離れると、言語の様態として自律した構造をもつことになった。ダンテにとって「昏き森」とは、地獄篇に登場する夥しい声を招き寄せ、声どうしを戦わせるために最初に設定された修辞学的空間である。そして大江健三郎の近年における作風は、そのダンテをウェルギリウスに見立て、多様なテクストの引用が反響し合う場を創造することにあった。それはきわめて簡単に要約するならば、記憶と伝承の重なり合いを通して空間の論理階梯を変容させ、森というトポスを新たに練り上げてゆく試みであったといえる。

だが、言語空間としての多層化の意志とは逆に、物語作者のなかにはこのトポスに生々しい映像を与えて、森という閉鎖空間が携える政治性を露わにしようとする意志が存在していることも事実である。そこでは森は整然とした秩序をもつ宇宙の縮小モデルであることをやめ、ある偶然から退路を断ち切られてしまった、孤独で絶望的な限界状況の隠喩となる。大江の初期の短編小説である『飼育』が今もって読み返すのに値するのは、森の言語的変容を不断に生きる作家が、そもそも最初に森を登場させた作品であったという理由からだけではない。抽象化と現実化という相反する二つの意志が作品のなかに萌芽として組み込まれており、そこに強い緊張が走っているためである。そしてカンボジアの映画作家リティー・パン（パニュ）が撮った『飼育』（二〇一一）は、大江の同名の短編を原作としながら、それを枠組みとして現実の惨劇を構造的に見つめるという道を選んだ。ようやく本格的な劇映画の制作が再開されてまもないカンボジアで、フランスに資本を仰ぎながら撮られたこのフィルムにあっては、森が根源的に携えている限界状況を歴史的文脈のなかで検討するという果敢な試みがなされている。今年〔二〇一一年〕一〇月の東京国際映画祭で話題を呼んだこの作品について、印象を述べておきたい。

パン版の『飼育』は、一九七二年のカンボジア、つまりロン・ノル政府とポル・ポト軍が血腥い内戦を行なっていたインドシナ半島の小さな農村を舞台としている。インドシナ戦争は熾烈を極めた。アメリカ軍の爆撃が連日のように行なわれ、そのたびごとに村人は防空壕に避難しなければならない。そのなかで一人竹槍の先を尖らせ、危険を顧みずに無人の家を守ろうとする凜々しげな少年ポンが、このフィルムの主人公である。あるとき、村の近くに爆撃機が墜落し、パラシュートで降りたった一人の黒人兵が捕縛されたところから、物語は動き始める。

ポト派の兵士たち一行が、この黒人兵を村で飼うようにと命じる。直接に命令を受けたのはポンである。彼は兵士たちから銃を与えられ、有頂天になるあまり仲間の少年たちに命令を下す。兵士たちはポンがプノンペンの娼婦と政府軍兵士の間に生まれたため、ポト派が制圧するこの村では裏切り者の息子と見なされていることを、あらかじめ見抜いている。「これからはアンカー（ポト派の組織）だけがお前の両親だと思え」。兵士は孤独な少年にそう教える。ポンは父親の汚辱を拭うために、命令を忠実に実行しようと決意する。このあたりの心理操作は、パレスチナのハニ・アブ・アサドが撮った『パラダイス・ナウ』（二〇〇五）における自爆攻撃志願者の養成の過程を連想させる。そこでは主人公は、密告者であった父親の名誉を挽回するために、あえて過激な爆弾攻撃に身を捧げるのだが、組織はそれをあらかじめ了承しているのである。

小さな、しかし絶大な権力を手にしたポンは、模範的なポト派の少年兵士として活躍する。彼は村の老女が大事に抱いている木の仏像を取り上げ、焚火にくべる。ポト派を嫌い村を抜け出そうとする夫婦を密告する。彼らは数日後、死体となって発見される。クメール・ルージュの優れた兵士となって村を出て行くことが、ポンの夢である。だがそのためには射撃の腕を磨かなければならない。そこで彼はシエトという大人しい少年の叔父から銃の撃ち方を学ぼうとするが、うまくいかない。

黒人兵は、子供たちがただ一つ知っている英語にしたがって、「ＯＫ」と名付けられる。ＯＫは子供たちが手にする竹槍に追い立てられ、最初は古井戸のなかに監禁される。彼は言葉も通じぬまま、空腹と排便を訴える。あるとき政府軍が村を襲う。村人たちは急いで井戸の上に葉を重ねてＯＫを隠す。彼らは拷問を受けると態度を豹変させ、ポンの父親が政府軍の兵士だから村を信用してほしいといって命乞いをする。この事件の後、ＯＫは村外れに急拵えで建てられた檻に移され、二四時間体制で子供たちに監視されることになる。

ＯＫは持ち前の子供好きの性格から、紙飛行機の作り方を子供たちに教え、壊れたラジオを修繕して音楽が聴けるようにする。最初のうちはアメリカ帝国主義の走狗だと警戒していた子供たちも、少しずつＯＫに懐きだし、彼を檻の外に連れ出して、いっしょに泥川で魚獲りに興じたりする。

あるときポンはＯＫから妻と子供の写真を見せられ、強い衝撃を受ける。「ＯＫ、僕は一人でやっているけれど、あんたも一人ぼっちなんだ。あんたの子供は大きくなったら何になるんだ？　父親のいない子供は何をしたらいいいんだ？」それは言葉も通じないままに、カンボジアの孤児と黒人兵が語り合い、二人の間に共鳴の関係が生まれようとしている美しい場面である。

だがすべては破局に終わる。別のあるとき、子供たちとＯＫがラジオから流れる音楽に合わせて愉快そうに踊っていると、たまたま通りがかったポンがそれを厳しく見咎める。彼はただちにＯＫの足に鎖を付け、彼を檻のなかに引き戻す。ＯＫはこの孤独な少年の厳格主義を、憐憫と諦念の表情をもって受け入れる。彼はポンに失望し、夜のうちに檻を抜け出し森へと向かう。そして残骸となった飛行機の姿を見て立ち尽くしたところで、竹槍をもった子供たちの群れに取り囲まれてしまう。ＯＫは最終手段としてシエトを人質にとり、ポンは躊躇うことなく銃を撃つ。だが弾は外れ、シエトは肩に大きな怪我を負ってしまう。

エピローグでは、ポト派の兵士たちがＯＫを連行して村を出て行くさまが描かれている。ポンは長い間待ち望んでいた同行を許され、嬉々として隊列に参加する。彼らが村を去ったあと、最初にＯＫが監禁されていた古井戸のそばに包帯姿のシエトが現れる。彼はたった一人ラジオの放送に耳を傾け、墜落した飛行機のなかにあった磁石を用いて、アメリカ軍の軍用地図を読み解こうとする。この二人の少年を対比するところで、フィルムは幕を閉じる。

実は大江の『飼育』には、それが一九五八年新年号の『文學界』に発表されてから三年後に、田村孟脚本、大島渚監督による映画が存在している。『日本の夜と霧』の上映が三日間で打ち切りになったことに抗議して松竹を去った大島が、みずから独立プロ創造社を打ち立てて撮り上げた最初の作品であり、わたしは以前『大島渚と日本』（筑摩書房、二〇一〇）を書いたとき、特別にこのフィルムにおける他者像のあり方について分析を試みたことがあった。ここでは少し視座を変えてこのフィルムと比較参照することで、パンによる再映画化の狙いをより明確に浮彫りにしておきたいと思う。

大島版では黒人兵の捕獲と飼育は、一九四五年に日本のある山村でなされる（実際の撮影は長野県南相木で行なわれた）。村を事実上支配している村長（三國連太郎）は、強烈な父権主義の権化であるが、一方では町から到来するであろう憲兵を恐怖している存在でもある。村人たちは初めて目の当たりにした黒人を気味悪がり、その世話をすることを躊躇う。そこで独立心旺盛な少年八郎が彼の面倒を見ることになる。黒人が到来してから凶事ばかりが続くことに悩んだ村人たちは、彼を殺害することを決める。黒人は抵抗して子供の一人を人質にとるが、村長の日本刀によって滅多切りにされる。村人たちがこの傷ましい犠牲者の死体を秘密裏に埋葬しようとしたとき、突然に日本の敗戦が報じられる。進駐軍による軍事裁判を怖れた村人たちは、すべてを隠蔽しようとして、徴兵忌避をしていた知的障害をもつ青年を殺人者に仕立て上げようとする。とんでもないドタバタでフィルムは幕を閉じる。

原作では自意識の強い少年が語り手となっているが、大島版では主人公の独白は聞こえてこない。彼は大勢の登場人物のなかに埋没してしまっている。原作では最後の破局の部分で、この少年があたかも黒人兵に性的に凌辱されるかのごとき描写を行ない、彼が指と手を傷めることで象徴的に割礼を体験することを強調している。それは黒人兵を犠牲の山羊と見なすことで成就される通過儀礼を意味している。だが大島の関心はそこにはない。フィルムの焦点はもっぱら村と呼ばれる前近代の共同体の偽善的論理と、そこに出現した他者の供犠という点に置かれている。舞台となっている山村とは、大島が批判してやまない戦後の日本社会の、先取りされた戯画なのだ。大江の原作に親しんできた読者ならば、この大胆な改作ぶりにまず驚くことだろう。田村孟の脚本は原作のプロットからヒントを得てはいても、その意図する方向はあまりに異なっていて、現在の立場からすればはたして原作者の名前を明記する必要があったのかが疑わしく思えるほどである。

ここでパンによる再映画化に戻ってみることにしよう。そこでは村の生殺与奪の権力を握っているのは、前近代的な村長ではない。共同体のなかで最下位に置かれている、まだ幼げな顔立ちの少年である。彼は裏切り者の子供という烙印を押され、大人たちに対して深い怨恨の感情を抱いている。ポト派の兵士たちはそのポンの孤立を巧みに操作し、彼らの忠実な信徒に仕立て上げる。わたしはこの少年の造形において、パンは大江の原作を深く読み込んでいるという印象をもった。原作では「蛙」と綽名された主人公の少年は、村の共同体のなかできわめて周縁的な場所に置かれ、町に対する深い嫌悪感を抱いている。彼は身障者の子供を前に幼稚な権力を行使し、やがてみずからも身障者と化してしまう。パンはこの幼い権力者「蛙」の孤立を現実の歴史的文脈のなかにおいて、強引に読み替えてみせた。大島版で描かれていた都会からの疎開組と陋習に満ちた村人との対立は、こうしてパン版では、ポト派に憧れる少年と伝統的な信仰に救済を求める大人たちの対立に置き換えられる。通過儀礼はきわめて呪われた形で断ち切られる。フィルムの巻末で意気揚々と兵士の後を追うポンがその後いかなる残虐行為に手を染めることになるか。パンはあえてそれを語っていないが、この作品の観客は誰もがそれを予想することができる。

それではパン版に救済の希望はないのだろうか。ここでポンが銃で深手を負わせてしまった、シエトという少年の存在が重要となってくる。万事において思慮深いシエトは、ポンが出て行ってしまった後にあえて銃をとらず、一人で磁石片手に軍用地図と格闘を続ける。彼は加害者であるポンに向かって憎悪を示さない。未来の認識者であるこの少年を片隅に登場させることによって、パン版は開かれた物語となり、観る者に期待を抱かせることに成功している。

パンは一九六四年にプノンペンに生まれ、一一歳のときにポト派の少年たちを矯正する収容所で悲痛な体験をした。その後パリに向かい、映画の監督術を学んだ。一九八九年にカンボジア難民を描くドキュメンタリーを撮り、さらに『さすらう者たちの地』（二〇〇〇）が山形国際ドキュメンタリー映画祭で高く評価された。『飼育』は彼の最初の劇映画であり、彼の傷ましい少年時代の体験が色濃く反映されているのではないかとわたしは推測する。これは新生カンボジアの映画史にあって、みごとに冒頭を飾るフィルムとなるだろう。クメール・ルージュの厄難から三十数年が経過して、カンボジア人はようやくみずからの物語をスクリーンの上で語る力を獲得した。『飼育』の少年の視座を借りることで、パンは悲惨を構造として認識する術を知ったのである。二二歳の大江が描いた森が、思いもよらぬところで枝分かれをし、いつしかカンボジアと四国を地続きに繋げることになったと知り、わたしはある感動を覚えた。それが地獄から煉獄へと抜けるダンテの長大な旅の、そもそも始まりに置かれた森にも通じていることは、いうまでもない。

（二〇一二）

婁燁『二重生活』

婁燁（ロウイエ）はいつも後味が悪い。隠された物語が解明されたとしても、観る側にいっこうに心理的カタルシスを与えてくれない。別離と再会、不倫と発覚、追跡と告発、殺人と隠蔽……『天安門、恋人たち』（二〇〇六）でも、『スプリング・フィーバー』（二〇〇九）でも、『パリ、ただよう花』（二〇一一）でも、登場人物たちは例外なく不毛な行為に耽溺し、タコ足配線のように人間関係を絡ませてゆく。『ふたりの人魚』（二〇〇〇）の少女たちや『スプリング・フィーバー』の男たちのように、彼らは同性どうし互いに似通ってくる。いや、実際にそっくりだったりする。真相は明らかになるが救済はない。誰も聡明さに到達できないまま、矮小で頽廃的な欲望の世界に留まり続ける。

わたしには中国の共産党政権が、彼に五年間にわたって映画制作を禁止した理由がよく理解できる。官憲はエロや暴力の表象に苛立ったのではなかった。彼らは婁燁の作品のなかに、いかなる道徳的な肯定性も発見できなかったのだ。それはありうべき中国社会の理想像に対し、逆立するものであった。だが監督は当局による懲罰など平然と無視して、国外で、あるいは隠し撮りで国内で撮り続けた。北京のシネフィルは闇市場に山積みにされている海賊版ＤＶＤを通して、何不自由なく彼の作品を観ていたはずである。

『二重生活』（二〇一二）は婁燁が五年の「謹慎」の後、国内で公に制作した作品である。原題は『浮城謎事』、つまり寄る辺なき都市のなかで起きた、迷宮入りの事件というくらいの意味だろう。これはこれまで彼が撮った、すべての作品に当てはまる題名である。

ベートーヴェンの『第九』にある「歓喜の歌」の旋律が、繰り返し繰り返し背後に流れる。この曲は文革以降の中国人が至上の幸福の音楽的表現だと見なしてきた合唱曲であった。もちろん婁燁はそうした幸福の約束や究極の歓喜を、いささかも信じてはいない。彼はある悪意をもってこの旋律を使用する。ブルジョワ青年たちが戯れに自動車競走をして女子大生を跳ね飛ばすときに、女子大生が崖下に転落するときに……そして最後に、殺人を犯したばかりの夫婦が幼稚園の参観に出かけるときに。

『二重生活』の中心となるのは、陸潔（ルージエ）と桑琪（サンチー）という二人の女である。陸潔は夫の永照（ヨンチャオ）とともに事業で成功し、ヤッピー的な生活をしている。桑琪は未婚の母で、貧しいスラム街に住んでいる。この二人は、子供の幼稚園が同じことから知り合いになる。

あるとき、桑琪が陸潔を、相談事があるからと喫茶店に誘う。どうやら夫が浮気をしているらしいと、桑琪は深刻な顔で語る。ふと窓から外の大通りを見ると、そこにはいかにも不倫カップルと思しき男女がホテルに入ろうとしている。「あの二人はどう見ても不倫よね」と桑琪。それを見た陸潔は顔面蒼白になる。男が自分の夫だったからだ。桑琪と別れた陸潔は、ただちに携帯で夫に電話をかける。次のショットはホテルの一室で、夫の連れの女子大生が裸でゴロゴロしているところに携帯が鳴る。このあたりのショットは手持ちカメラでピンボケ。誰かの操作の跡が明確にわかるような撮り方だ。もっともそれが誰の視点であるかは不明だし、実は誰のものでもない。桑琪はなおも携帯を鳴らし続け、ホテルから出てきた夫と話をする。彼女はホテルに突入する。トイレでふたたび夫に携帯をかけようとすると、同じトイレで問題の女が夫と携帯で話をしているのが聴こえてくる。陸潔はこの女の後をどこまでも追跡しようと決意する……。

わたしは今、どこにいるのか。わたしは今、何をしようとしているのか。わたしとは誰なのか。婁燁がわれわれを導くのは、空間の距離感が歪み廃棄されたときに生じる、登場人物たちの同一性の危機である。ほどなくして観客は、先ほどの光景がすべて桑琪によって仕組まれたものであったことを知る。桑琪に夫はいない。彼女は長らく永照の愛人で、息子は彼の子供であった。彼女は新たに登場した若い女の問題を解決するために陸潔に接近し、陸潔に罠を仕掛けたのだ。これが『二重生活』の導入部である。

陸潔と桑琪は激しい対決関係を生きるが、実は互いに分身の関係にある。それどころか、作品の冒頭で起きる殺人事件を調査する董(トン)刑事と、永照、そしてただ一人の証人である浮浪者も、尖った顎と額の前髪、口もとの薄い髭によって、互いにひどく似通っている。彼らは対決し、脅迫と殺意のさなかにあるが、欲望の卑小さにおいて交換可能な、影の薄い匿名の存在なのだ。

冒頭でブルジョワ学生が跳ね飛ばした女の死因が、やがて解明される。だが公式的にはすべては隠蔽される。女は母親の前に幽霊となって現れるだけだ。『二重生活』はこうして不充足感をもって幕を閉じる。妻樺はそれが、現在の中国社会そのものであるといいたげである。

（二〇一五）

ハニ・アブ・アサド『オマールの壁』

壁はいたるところに存在していた。

エルサレムの旧市街から南門を抜け、シオンの丘に立って見回してみると、密集したパレスチナ人の集落の真ん中を分断するかのように、壁が延々と続いていた。テルアヴィヴから北に向かい、イエスの故郷であるナザレへと車（セルヴィス）（相乗りタクシー）で向かっていたときにも、幹線道路の東側は途切れることのない壁で埋め尽くされていた。エルサレムやヨルダン川西岸のパレスチナ自治区へ渡るときにも、検問所のあるカランディアの周辺はびっしりと壁で覆われていた。

壁は目の前に厳然と存在していた。八メートルの高さをもつコンクリートの灰色の板が、何十、何百と、ほとんど地の果てに達するかのように続いている。住宅地の端正な秩序を平然と無視して、絶対的な権力のように地上を分断している。壁に沿ってしばらく歩いていくと、スプレーでさまざまな落書きがなされている。ヘブライ語、アラビア語、英語と言語はバラバラだが、「ゲットーへようこそ」とか「ワルシャワからパレスチナまで」といった、皮肉たっぷりの言葉が記されていたりする。

向こう側はどうなっているのだろう。そう思ってなおも歩いていくと、壁の一か所だけが開いていて、検問所になっている。日本のパスポートを見せると、若いイスラエル兵士が通してくれた。向こう側はパレスチナ自治区であり、ズラリと乗合いタクシーが並んでいる。だが、それを除けば、ただ壁の手前と変わることのない風景が続いているにすぎない。ひどく奇妙な気持ちがした。だがこのグロテスクな建築がパレスチナ人の自由な往来を阻害し、心理的にも彼らを強く圧迫していると思うと、傷ましい気持ちになった。二〇〇四年、テルアヴィヴ大学に滞在していたときのことである。

ユダヤ人たちはパレスチナ人をひどく恐れていたが、同時にもはや何が起ころうとも無感動の域に達しているように見えた。パレスチナ人は苛立ち、深い憎悪に満ちていた。ともに疲弊の極に達していたが、両者を決定的に分断していたのが壁の存在だった。

『オマールの壁』(二〇一三)は、文字通り、分離壁に材を得たフィルムである。冒頭、主人公の青年オマールは、器用にロープを使って壁を登りきると、イスラエル側から西岸側へスラリと越境を試みる。時に機銃掃射の標的にされたりもするが、危険をものともせずに女友だちのもとを訪れる。その身振りはまるで猿のようだ。だが猿であることは何を意味しているのか。彼は壁を嘲笑するのだが、やがて内面の壁に深く傷つき、愚かな猿のように破滅へと誘われる。

壁は巧妙な形でオマールを蝕んでいく。物理的に実在している壁ばかりではない。パレスチナ人の共同体の内側と外側の間に、男どうしの強い絆と女性の名誉のきわどい境界の上に、眼に見えないものとして横たわり、オマールの内面を束縛していく。イスラエルの秘密警察の仕掛けた罠によって、彼は内通者に仕立て上げられてしまうのだ。

占領地に生きることを強いられているパレスチナ人にとって、内通者の問題は微妙にして深刻な問題である。その気になればイスラエル側はいとも簡単にパレスチナ人を内通者に仕立て上げることができる。とりわけそこに女性の名誉が絡んできた場合、パレスチナの男たちにとってそれを拒否することがきわめて困難な場合が多い。あらゆる意味で権力を握っているイスラエルの官憲を前に、どこからが内通者であり、どこまでがそうでないか、明確な境界線を引くことはきわめて難しい。にもかかわらず、ひとたび内通者と呼ばれた者は、ただちに私刑に処され、遺族は生涯にわたり不名誉の汚辱から逃れることができない。アサドの前作『パラダイス・ナウ』（二〇〇五）は、この間の事情を扱っていた。主人公の青年の一人は、父親の汚名を晴らすために、みずから自爆攻撃に向かうことを決意するのだ。

『オマールの壁』で描かれているのは、イスラエルの秘密警察が無辜のパレスチナ人の青年をいかに内通者に仕立て上げるかという物語だ。猿を捕まえるには小さな穴のなかに角砂糖を入れておくだけでいい。それを取ろうとする猿は手が穴から抜けなくなるから、簡単に捕まえることができる。オマールの友人から自嘲的に語られるこの話は、あらゆるパレスチナ人が潜在的にこの猿に似た存在であることを暗示しているかのようだ。だが最後に主人公は、愚かな猿であることを拒否しようとする。その拒否のスタイル自体が悲痛きわまりないものであることを、監督は冷静に語っている。

『オマールの壁』は、きわめてアクチュアルな政治状況を前に、寓話を通してそれを分析的に認識するフィルムである。だが同時に虚偽と誤解のメロドラマでもあり、ここに監督の作劇術が光っているように思われる。

（二〇一六）

タルザン&アラブ・ナサール『ガザの美容室』

「デグラデ」というのはフランス語で段カットのこと。全体をショートに切り揃えるのではなく、段々をつけていくという意味。でも本当は位が落ちるとか、堕落するとか、ダメになっていくということらしい。このフィルムの原題である。

一三人の女性が登場するが、誰もデグラデはしていない。ロングのストレートか、チリチリのウェイヴか、でなければ被り物を絶対に取ろうとしないか。けれども女たちはデグラデなのだ。いや、彼女たちを築き上げてきたガザという社会、ガザを取り囲んでいる世界全体が、すべてデグラデなのだ。

アラブ社会では伝統的に女の領域と男の領域が明確に区分されている。だから『キャラメル』(ナディーン・ラバキー、二〇〇七)のように、女たちだけのお喋り空間の魅惑を巧みに演出したレバノン映画が作られたりもする。美容院に居合わせた女たちのお喋りの映画という説明だけを受けたとき、わたしはてっきりジョセフ・ロージーの遺作『スチームバス/女たちの夢』(一九八五)のような作品ではないかと想像した。ロンドンの下町にある女性専門のサウナ風呂を舞台に、上流階級からアジア系移民まで、階級とエスニシティを超えてさまざまな女性たちが集まり、地域再開発で取り壊されそうになっているサウナ風呂を守ろうと立ち上がる話だ。赤狩りでハリウッドを追放されたロージーの社会主義的理想が窺われる、好ましいフィルムだった。だがこの予想は甘かった。『デグラデ』の監督たちはロージーよりもはるかに苛酷で、絶望スレスレの場所に立ちながら、女たちの劇を構想していたのである。

カメラは最初、美容院の空間を引いてとらえてみせる。一人の中年女性が椅子に座り、髪を整えてもらっている。二つの長椅子には順番を待つ女たちが座り、お喋りをしている。美容院の内側は外側の街角からは隔絶された、一定の拡がりをもった空間だ。それは歴史学でいうアジール、つまり困ったときに寄る辺なき者が駆け込み、保護を求めることのできる、安堵感に満ちた避難所である。

外側の世界は脅威に満ちている。なにしろ美容院の真ん前にライオンがいるのだ。どうしてそんなことが起きているのかはわからない。動物園から逃げ出したのか、ヤクザが何かの目的で連れ出したのか。理由は故意に曖昧にされている。なるほど外部の世界では熾烈な戦闘が行なわれている。だがそれがハマスとイスラエル軍の間の戦いなのか、それともガザ内部で対立し合っている諸勢力の間の戦いなのかは、よくわからない。イスラエルなんてほんのおまけよと、女たちの一人がいう。問題はそんなところにはないのだと、監督たちはいいたげである。重要なのは、戦いが男たちによるものだということだ。

ともあれライオンのせいで、女たちは外の世界に出られない。だが皮肉なことに、逆に彼女たちは、内側の世界で好き勝手にお喋りができることになった。しばらくすると、女たちは一人ひとり異なった人生を生き、異なった出自と世界観をもっていることが判明する。

まず花嫁がいて、結婚を間近に控えて期待と不安を抱いている。その母親は彼女の長い髪を美容師に切らせようとする。短髪になりさえすれば夫以外の男たちの視線を避けることができ、過ちを犯すこともなくなるだろう。女性の髪をめぐる神秘的信仰と性的去勢としての断髪のもつ象徴性が、ここでは暗に示されている。ところが花嫁の義理の母親は、彼女の家が卑しく貧しいことに不満を抱いている。

順番を待つ女のなかには、けっして被り物を取ろうとしない者がいる。彼女は厳格なムスリムで、人々が淫らな欲望に生きていることに義憤を抱いている。さらにその女を揶揄い、セックスっていいものよと挑発的な言葉を吐く女がいる。また別に、いつもイライラしているエフィティカールという中年女性がいて、これは名優ヒアム・アッバスが演じている。彼女は鏡を前に自分の老いに苛立ち、離婚問題で苛立ち、美容院のアシスタントの女の子がバカなので苛立ち、とにかくいつも神経を緊張させている。こうしたそれぞれに異なった人生を生きてきた女たちをある距離から眺めているのが、美容院の女性経営者だ。彼女はロシア人で、夫の故郷であるガザに到来した異邦人である。

それでは彼女たちは外側の世界、男たちが戦い、殺し合っている世界から、本当に自由なのだろうか。フィルムが進んでいくにつれて、実はそうした二分法が虚構のものであることが判明する。というのも彼女たちはつねに美容院の外の世界、具体的にはまず家庭に束縛され、次に因習に満ちた共同体意識に呪縛されているため、完璧な解放に到達することなどできないのだ。加えて彼女たちが一番怖れているのは、わが身が解放されることであり、解放を口にする女を目の当たりにすることなのだ。

先にも簡単に触れておいたが、順番を待っている客のなかに、とりわけ一人、奇妙な女が混じっている。サフィアといって、ただ一人慣習を無視して食べ物を食べていたり、男の品定めやらゴシップやら、ひどく世俗の話を口にしてやまない女性だ。あるとき彼女は立ち上がり、もし自分が男のように大統領になれたらと、奇想天外な空想を話し始める。彼女は一人ひとりの女を指さし、それぞれの個性にあわせて担当の大臣職を指定してみせる。ギリシャ悲劇でいうならば、狂気によって自由な発言を許された姫君カッサンドラの役どころだ。だが周囲の女たちはサフィアの自由奔放な言葉を怖れる。

またもう一人、個人として夫から自立し、堂々と自己主張を口にするエフィティカールのことを忘れてはいけない。女たちは彼女を嫌い、その口を封じようとしてトイレに監禁してしまう。その先陣に立つのがサフィアである。彼女たちの狭い世界観にとって、エフィティカールの存在は脅威なのだ。だがこの行為は、はからずも別のことを観ている者に告げる。女を監禁しその口を封じてきたのは、権力を握る男たちだけではなかった。女たちはみずからを監禁し、口に封印をしてきたのだ。

フィルムでは最後に二つの世界の分割がみごとに解体する。男たちが群れをなして美容院に突入し、女たちに有無をいわさず、炎の燃え盛る外側の世界、瓦礫と化した街角へと連れ出す。なんと絶望的な結末だろう。この結末がさらに傷ましいのは、女たちだけの内密で親しげなアジールなどもはや世界のどこにも存在していないという事実が、あからさまに露呈されてしまうからだ。女たちの世界は男たちの世界同様、抑圧と排除に満ちていた。それは男たちの世界の禍々しき似姿、デグラデしたコピーにすぎなかった。こうして世界に遍在する頽廃を前にこの作品は幕を閉じる。

もはや内部も外部もない。ここもよそもない。日本というここが安全で、ガザというよそだけが危険で悲惨だと無邪気に信じている日本の観客たちは、こうした映画の結論を前に何を思うことだろう。

（二〇一八）

モーリー・スリヤ『マルリナの明日』

インドネシアは何が出てくるか、予想ができない。映画として底なしの可能性をもっているのだ。モーリー・スリヤの『マルリナの明日』(二〇一七)は文字通り、一〇分先では何が起こるのか、皆目見当がつかないという意味で、現在のインドネシア映画そのものである。

荒野に一人で住んでいる女がいる。山賊たちが襲ってくる。女は身を守るため毒入りのスープを作り、全員を殺してしまう。首領だけが生き残り、彼女を襲うが、鉈(なた)で首を斬られてしまう。女は首を手に旅立つ。同行するのは、今にも出産を迎えそうな若い女。そこへ山賊たちが追い付こうと……

いったいこれは何だ。女ペキンパーか。女パゾリーニか。とにかく一分の隙間もなく、一分の感傷もなく、悲しみと復讐の劇が続いていく。戦いは見世物ではない。ギリギリで身を守るための知性の営みだ。描かれるのは簡潔な行為だけ。やっぱりインドネシアにも沖山秀子みたいなのがいたんだ。ということは、クラウス・キンスキーみたいな奴もきっといるに違いない。

(二〇二〇)

キム・ギドクを追悼する

キム・ギドクが死んだ。おそらく韓国映画人のなかは、表向きは惜しい監督を亡くしたと慎ましげな言葉を口にしながらも、実のところ、内心ではホッとしている人もいることだろう。

なるほど彼は世界の三大国際映画祭で栄光に輝き、西欧（と日本）では現代韓国映画を代表する監督の一人だと紹介されてきた。とはいえ彼を、かつてベルリン国際映画祭で高く評価された若松孝二のように、「国の恥」だと見なして嫌ってきた者も少なくなかった。昨今の #Me Too 運動は、彼を追い落とすのに絶好の機会だった。

二〇一八年、キム・ギドクは新作『人間の時間』の韓国での公開が無期限に延期されたことで、韓国映画界を事実上追放された。日本人、韓国人を乗せたクルーズ船が異次元に突入し、孤立した船内で暴力から食人まで、ありとあらゆる非人間的行為が行なわれるというフィルムである。その後、彼は旧ソ連の諸国を転々とし、映画を撮り続けたあげくに、コロナ・ウイルスに感染して死亡した。昨年の一二月一一日だった。

キム・ギドクにはポン・ジュノのように、毛並みのいいシネフィル・エリートとして貧困観光映画を撮ることも、イ・ジュニクのように、小器用に反日イデオロギーを調味料として歴史メロドラマを撮ることもできなかった。映画史的教養は皆無に近かったし、反日も愛国も彼の眼中にはなかった。貧困と屈辱とは観察の対象ではなく、彼の出自そのものだった。中学卒業の学歴しかもたず、工場労働者としてしばらく働いた後に軍隊へ。除隊してパリで映画に目覚め、三六歳にして初めてメガホンを握る。学歴差別と職業差別の著しい韓国で、彼がどれほど深い屈辱を体験してきたか、わたしは語る言葉をもたない。だが低予算早撮りの悪条件のなかで、彼は社会で最下層の男たちを主人公に、次々と映画を作っていく。

橋の下に流れ着く死体から所持品を巻き上げるという悪行で生きている男がいて、自殺を図って失敗した女を救い上げると犯す。だがそのうちに彼女に対し、人間的な気持ちを抱くようになる。人里離れたところにある巨大な釣り堀で、それぞれに孤島のように孤立している釣り客のために、食べ物とセックスを供給する女がいて、殺人を犯し逃亡してきた男の自殺を食い止めようと努力する。行き場のないチンピラが、街角でいかにも清楚な女子大生を見つけ、白昼堂々と無理やりに接吻する。女子大生は怒り、罵倒の言葉を浴びせかける。だがなぜかその接吻が契機となってズルズルと男のいいなりになり、ついに騙されて売春街へ売り飛ばされてしまう。

『鰐』（一九九六）、『島』（『魚と寝る女』、二〇〇〇）、『悪い男』（二〇〇一）といった初期のフィルムでは、社会の見捨てられた最下層にあって孤独な男女が、きわめて惨たらしい形で出会い、ほとんど言葉を交わすこともないままに情交を遂げ、未来のない状況を生き続ける。この状況は、身体の毀損と苦痛が執拗に描かれていることで、より傷ましげに強調されている。たとえば『島』を観た者は、咽喉に突き刺さった釣り針を忘れることができないだろう。

米軍基地のかたわらの町で、ひとりの貧しい少女が玩具の拳銃を弄っていて片目を失明する。基地内にある病院で手術を受ければ、あるいは回復するかもしれない。善意のアメリカ人青年が手術代を負担しようと申し出る。だが彼女は、その代償に性的な奉仕を強いられることが嫌で、青年を拒絶する。『受取人不明』（二〇〇一）にある挿話である。混血児。米軍基地。絶望的な貧困。性的奉仕によるアメリカ人への屈従。このフィルムには、現実に存在しているにもかかわらず韓国人が禁忌としておきたいモチーフがぎっしりと詰め込まれている。今村昌平の『豚と軍艦』（一九六一）や呉念真（ウーニエンジェン）の『太平・天国』（一九九六）のような喜劇的な結末がなく、すべてが再生の契機を欠いた状態のまま、悔悟と絶望のうちに見捨てられていく。

では悲嘆の現在には解決はあるのか。『サマリア』（二〇〇四）にはそれがきわめて生硬な形ではあるが、素描されている。援助交際に手を染めていた女子高生は、親友が見知らぬ男たちに「買われる」のを不潔だと見なしていたが、彼女が不慮の死を遂げた後にそれに後悔し、まったき無償のまま、次々と男たちに身を任せていくのだ。だが、はたしてそれでよいのか。このフィルムは今でもわたしの映画体験のなかで、消化できない異物のように留まっている。

人が嫌がるものをあえて画面に映し出す。アブジェクション（精神分析でいう「悍（おぞ）ましいもの」）への拘泥という点で、あるいはキム・ギドクをファスビンダーと比較する人がいても不思議ではない。だが「西ドイツ」の監督が個人の困難な物語を社会的文脈のなかに置き、分裂国家ドイツの戦後史を批判する契機としたのに対し、キム・ギドクはただひたすらに人間の道徳的次元に留まり続け、公共圏の問題への昇華を認めようとしなかった。その結果、完成した作品は、時に恐るべき閉塞感を体現することになった。見終わった後で観客は自問するだろう。なるほど、わかったよ。しかし自分にどうしろというんだ?

ここまで文章を書いていたところで、キム・ギドクの最晩年のメイルが公表された。監督と親しい間柄にあったソウル芸術大学校教授カン・ハンソプ氏のもとに寄せられたものであり、韓国ではSBS放送で読み上げられた。それによれば、キム・ギドクは母親が亡くなったら韓国を離れようと、すでに一〇年前から考えていたという。二〇一七年一二月九日、母親の葬儀を終えると、その日の午後に韓国を発ち、中国、香港、カザフスタン、キルギス、ロシア、ラトビアと、さまざまな国を廻り、エストニアに到達した。行く先々で著名な映画人たちから歓待を受けたといい、中国、カザフスタン、キルギスでは、三本の映画を撮っている。モスクワ映画祭では審査委員長を務め、二〇二〇年の映画祭では最新作を上映したようで、メイルを書いている現在はタルコフスキーの出身校として有名なロシア・VGIK(全ロシア国立映画大学)で短編映画祭審査委員長を務めているという。韓国では訴訟中ということもあって苦労をしたのだが、今では自分が生きてきた場所を客観的に見ることができるようになり、亡命の時間を過ごしているようだとも書いている。

メイルのなかに、学校の名前との関連であるとはいえ、タルコフスキーの名前がチラリと出てくるのが印象的である。『ノスタルジア』の監督はソ連を嫌い西側へと亡命したが、その瞬間から熱病のように、ロシアをめぐるノスタルジアに囚われて生涯を終えている。キム・ギドクの場合も、亡命と呼べるかもしれない。だが意味合いは大きく異なっている。キム・ギドクはメイルのなかで、次のように書いている。

わたしが今後、どんな映画を作るかはわかりませんが、過去も未来もすべて幻想であり、今の瞬間瞬間をより良く楽しく過ごしたいのです。

すべての雑音はすべて悲しい争いです。訴訟もどういう結論が出ても、それはその場所の基準です。記憶は憎しみになりやすく、わたしを含めて、すべてが悲しい衆生です。

これまで毎年のように映画を撮り、とても疲れました。二五本の映画はすべて虚像です。これからは静かに過去の記憶のない人々と、言葉もなく、自分が食べるものを育てつつ、自然に感謝しながら生きたいと思います。

キム・ギドクは苦い記憶しか残っていない韓国と韓国人に、もはや何も期待しなくなっていた。「過去の記憶のない人々」とこれからは生きたいと書いているところから見ても、その絶望の深さを察することができる。

もしウイルスの厄難に見舞われず、これから先、ラトビアで厭世的な人生を続けていたとしたら、どうなっていたか。タルコフスキーと同様、巨大なノスタルジアの影に襲われ、韓国のことだけを思念に置きながら映画作家人生を送ることになっただろうか。この「もし」を考えることは死者に対し不遜であるかもしれないが、わたしには彼が、モフセン・マフマルバフのような道を選んだのではないかと思う。マフマルバフはイランを離れ、一家を引き連れ、韓国やジョージアで自由に映画を撮っている。韓国を離れてもイスラム圏の旧ソ連諸国で平然とカメラを廻すことのできるキム・ギドクは、彼に似て、遊牧民として映画を撮り続けていただろう。とはいえ、彼は死んでしまった。行く先は、わたしには行ったことがないので確証はないのだが、たぶん地獄だろう。でも、いつかは救われてほしいなあと思わなくもない。

（二〇二一）

＊　キム・ギドク氏のメイルは下川正晴氏の翻訳を通して読むことができた。ここに記して感謝いたします。

チャン・タン・フイ『走れロム』

少年が走っている。誰の助けもなく、何も失うものもなく、ただひたすらに走っている。そんな映像が心に蘇ってくる。わたしはどこでそれを観たのだろうか。

一九八〇年代のイラン映画では、少年はいつも走っていたような気がする。

キアロスタミの『友だちのうちはどこ?』(一九八七)の少年は、借りっぱなしになった宿題ノートを返すため同級生の家を探すが、野山を駆け抜けてお目当ての村に行っても見つからず、自分の村に引き返し、それでも見つからず、さんざん走りまわったあげくに夜になってしまう。ナデリの『駆ける少年』(一九八四)では浜辺の廃船に住んでいる孤児が、天然ガスの炎のかたわらにある氷の塊を手に取って帰るという危険にして残酷な遊戯に参加し、荒廃した風景のなかを走りまわっている。

二〇〇〇年代に入っても、イランではまだ走っていた。ジャリリ『少年と砂漠のカフェ』(二〇〇一)のことだ。アフガニスタンとイランの国境の町に、一人の少年が不法難民として逃げてくる。母親は爆撃で落命し、父親はタリバン相手に戦っている。少年は二度と故郷には戻らない。彼は荒っぽいトラック運転手たちが立ち寄るコーヒーショップに仕事を見つけ、なんとか生き延びようと努力する。科白はほとんどない。ただ彼が使い走りでも何でも引き受け、いつも全速力で走っているさまを、カメラはロングショットで捉えている。

なぜ少年なのか。なぜ彼は走るのか。走ることがすなわち生きることであり、走ることをやめてしまったときには息絶えてしまうという苛酷な世界が存在しているのだ。身寄りもなく、知り合いもいない異邦の地で、孤児には走り続けること以外に何ができるというのか。

ヴェトナムが台頭してきた。いや、この表現は正確ではない。ヴェトナムが露出しようとしている、といい直すべきだ。

長い間、ヴェトナム映画の輪郭が摑めないでいた。「韓国映画や香港映画なら大体こんな感じ」という感じが、どうにも自分のなかで構築できないでいた。トラン・アン・ユン（カタカナ表記はこれで本当にいいのだろうか）の『青いパパイヤの香り』（一九九三）の、いかにもパリの映画学校で勉強しましたという感じのクロワッサン風味と、ダン・ニャット・ミンの『十月になれば』（一九八四）の、傷ましい戦場の傷痕を引き摺った篤実なメロドラマとをどのように統合的に理解すればよいのか。それが長い間、わからないでいた。映画の制作と配給、受容の文脈に知識がないため、それぞれのフィルムがどこを向いて、誰に観てもらうことを想定して撮られているのか、見当がつかなかったのだ。

それが二〇一五年あたりから、おぼろげではあるが少しずつ推測がつくようになってきた。『サイゴン・クチュール』（二〇一七）や『蟻人』（二〇一八）といった作品を観ていると、戦争の記憶を背負った歴史劇の他にも、アジア映画の四大ジャンルであるホラー、アクション、メロドラマ、コメディのそれぞれがヴェトナムでも健全に制作されていることが判明し、その多様な可能性に自然に期待をもてる気持ちになった。

『走れロム』（二〇一九）も『少年と砂漠のカフェ』同様、孤児のフィルムである。ロムはいまだに庶民がサイゴンといい習わしているホーチミン市の細民街に住まう少年だ。家族はない。いや、どこか遠くにいるらしいのだが、捜し出すには費用がかかる。ロムはこの費用を稼ぎ出すため、闇の宝くじの予想屋をしている。

この闇くじなのだが、フィルムのなかで何回も仕組みが説明されているはずなのに、よくわからない。公的な宝くじがあって、その当たり番号の末尾二桁の数字に依拠して成立しているくじらしい。もちろん違法である。人々は必死になって当たり番号の予想を付け、コツコツと貯めてきたなけなしの金を賭けにつぎ込む。高利貸しから金を借りたり、家を抵当に入れたりして、さらに賭けを続ける。彼らは仲介の「走り屋」を通して、「賭け屋」とか「元請け」とかに金や借用書を渡し、賭けの結果に歓声を上げたり、絶望に沈み込んだりする。

ロムは走り屋なのだが同時に予想屋でもあり、昼も夜も当たり番号のことばかり考えている。ふと出くわした二桁の数字が奇跡を呼ぶことがあるからだ。もっとも彼にしたところで、闇くじのシステムの上のほうがどうなっているのかは見当もつかない。当たり番号をみごとに当てたことがあって、細民街の老朽化したアパートの住民に重宝され、そのおかげで狭い屋根裏に住むことを許された。毎晩、彼は屋根に上ると、そこにズラリと並んでいる空き缶に向かってパチンコを撃つ。みごとに当たった缶の番号が重要なのだ。ひょっとしたらそれが次の闇くじの運命の番号であるかもしれないからだ。

ロムにはフックという予想屋のライヴァルがいる。トンボを切ったり逆立ちをしたりするのが得意で、北京に生まれたなら雑技の名人になれたかもしれない、長髪の少年である。もっともライヴァルと書いたが、宿敵でもある。二人は顧客の注文を取るため相手を出し抜くことばかり考えている。共同で事に当たることもあれば、互いに相手の腹を探り合い、相手が手にしていた紙幣を騙し取ったりもする。泥だらけの水溜まりで殴り合いをし、血を流しながら相手に嚙みつくこともある。「フック」というのは、どうやら外国人が連発する「ファック」という言葉に基づいた仇名のようだ。ロムもフックも、友情などこれっぽっちも信じていない。二人が金をめぐって路地から市場へ、市場から鉄道線路へと、壮絶な追い駆けっこをする場面が二か所ある。彼らはどこまでも走ることをやめない。

イランのジャリリにはロングショットを用い、少年の走行を遠くから点景として眺めることができた。人生をめぐる達観である。だがヴェトナムのチャン・タン・フイには達観する余裕などない。彼は実の弟にロムを演じさせた。畳みかけるようにショットは変わる。走るという行為はもはやほかに選択肢のない、真摯にして悲痛な行為となる。実存的意味を担うようになるのだ。だが同時にそれは、観光主義的なスペクタクルでもある。走るという少年たちの目を通して、サイゴンという都市が観光的眼差しのもとに表象し直されるのだ。無垢なる少年というステレオタイプを視座とする、貧しさの観光のことだ。もっともこれは現在のヴェトナム映画にかぎられたことではない。香港でもバンコクでも、ある時期にアクション映画がグローバルな配給を目指すとき、かならず組み込んでしまう眼差しである。

『走れロム』には二通りの空間がある。ひとつは狭いが親密な内密性に満ちている空間であり、ロム以外の誰も足を踏み入れることのない屋根裏部屋がその代表である。部屋の壁には稚拙な線ではあるが、ロムと両親の三人を描いた落書きがなされている。この空間は彼にとって、喪失したものを内面的に回復するための貴重な場所だ。

もうひとつは不安定で、いつ崩壊するか予想もつかない危機的空間である。これはフィルムに遍在している。屋根裏に通じる梯子。屋根に出るときの狭い窓。橋。鉄道線路。二軒のアパートを繋ぐため、空中に渡された細い橋板。泥水の河を渡る、いつ転覆するかもしれない小さな筏(いかだ)。ロムが身を委ねることになるこうした空間の危うさは、彼の人間関係の在り方とも、生業である闇くじの予想とも本質的に結びついている。恒久のものなど何一つない。敵が味方になり、味方が敵になるように、すべてはかりそめのものであり、いつ炎に包まれ消滅したとしても不思議はないのだ。そして最初の空間、内密性と安息に満ちた屋根裏部屋に他人が入り込んだとき、すべてが崩壊する。

フィルムの最後のほうに、セピア色の画面を通して、まだ幼かったロムの姿が一瞬登場する。監督が学生時代に、まだ幼かったロム役の少年を撮影した映像である。彼はふと目にしたビー玉に魅せられ、街角をどんどん歩き出し、道路の割れ目に挟まっている一個のビー玉を発見する。この短い挿話は、おそらく両親の放擲による孤児の誕生に関わっているのだろう。フィルムは多くを語らないが、観る者は想像力を自由に駆使することができる。

『走れロム』には一度観ただけではわからないことが多い。老朽化したアパートを取り壊そうとして地上げ屋が導入されたり、アパートの全住民が最後の賭けで全財産を喪失してしまったりという場面が残らずカットされているからだ。当局による検閲である。現在のヴェトナムでは、現行の社会秩序に疑問を突きつける映像のすべてが厳重に検閲されていることが、そこから判明する。だからこれは実をいうと、ロムやフックの痩せた肉体がそうであるように、全身傷だらけのフィルムなのだ。とはいうものの、数多くの傷跡を晒しながらも、フィルムが美しいことには変わりがない。ロムがいつも全速力で走っているように、映画も全速力で走っている。

（二〇二一）

リム・カーワイ『COME & GO カム・アンド・ゴー』

忙し気に立ち去っていく人々。根を下ろすこともなく、どこかへ消えていってしまう人々。『COME & GO』（二〇二二）は世界のどこにいても忘れ去られ、置き去りにされてきた人たちが、かりそめの期待をもって訪れる町の物語だ。

摘み取られても、刈り込まれても、またすぐに芽生えてくる流浪の心。

ブレヒトはいっている。「町を愛してはいけない。町はいつか滅びるから。国を信じてはいけない。国はいつか滅びるから」。

（二〇二二）

インドネシアに怪奇映画の花が咲き誇る

インドネシア怪奇映画についてこういう場所でお話ができる日が来るとは、とても思っていませんでした。インドネシアやタイの怪奇映画を愛好して、現地に行ってひたすら見るということをずっとやってきたのですが、自分のコレクションを他人様に見ていただいて何か話ができるなんて、感慨無量です。インドネシアには何度か滞在しました。二〇〇七年のときは三か月ほどいまして、ジャカルタのシネマテック・インドネシアから大通りを隔てた路地の中に部屋を見つけ、そこから連日猛暑の中、シネマテックへ通っていました。あとはチャイナタウンを訪れ、ひたすら自分が持っていないVCDやDVDを渉猟していました。

そのインドネシア映画について、特に怪奇映画についてお話をしたいと思います。インドネシアの場合には、作っている映画のおそらく三分の一くらいは怪奇映画ではないでしょうか。相対的に費用が安くつくにもかかわらず儲かる、という利点もありますが、やはり怪奇映画が作られるためには、妖怪とかお化けがいる社会でないといけないわけです。妖怪、幽霊、亡霊といった魑魅魍魎が豊かな社会です。インドやタイ、あるいは日本もそうですね。日本には水木しげる先生のような方もいらっしゃる。

一般的に、社会主義の国では怪奇映画は作られません。ジャンルとして成立していないということです。中国ではこの頃多少作られていますが、北朝鮮は皆無のはずです。それから、イスラム教の社会でも怪奇映画はないんです。イランなどでは「奇蹟」の映画というのはあります。死んでいった人がアラーのおかげで蘇ったという奇蹟を褒め称える映画はある。けれども、魑魅魍魎が跳梁跋扈するという種類の映画はないんですね。なぜ社会主義とイスラム教の世界では怪奇映画がないのか。それらの社会には世界を統一する原理があるからです。超越的な原理のもとに世界の秩序が保たれている、あるいは秩序を強要されている社会においては、妖怪や幽霊といった非理性的なものはあってはならず、だから怪奇映画が成立しない、というのが私の考えです。

ところがそこに重要な例外があります。インドネシアです。タイと並んで「怪奇映画天国」であるこの国は、世界最大のイスラム人口を擁する国です。二億人以上の人たちがイスラム教を信仰している。この人数は、アラブ諸国のイスラム教徒よりも多いわけですね。イスラム・イコール・アラブではありません。そういう無知な考えは、インドネシアみたいな場所に行くと、容易に覆されますね。そのインドネシアでなぜ怪奇映画が盛んに作られたのか、それについては後で触れることにします。

現存するなかでおそらくもっとも古いインドネシア映画は、*Koeda Sembrani* という作品で、「翼ある馬」という意味です。一九四一年の作品ですから、一九二〇年代半ばにインドネシアでオランダ人が映画を撮り始めてから一〇年以上経った頃に作られた映画です。これは『千夜一夜物語』の翻案ではないだろうかと想像されます。断片的にしか残っていませんので、よくわかりません。道ならぬ恋をした王女が王宮から出たいというので、魔法の木馬に乗って空に飛んでいく、という箇所だけが残っています。インドネシアには旅芸人や民衆劇団がたくさんありますから、そういう芝居の演目が映画に翻案されたのかもしれません。幻想的で美しいフィルムです。ジョルジュ・メリエスのようでとってもきれいで、この後の展開も知りたいところですが、失われてしまったそうです。

戦争中は映画は作られませんでした。五〇年代には、朝鮮総督府で映画を作ったことのある許泳（ホヨン）という人物が、ドクトル・フユンという名前でメロドラマを作ったりして、インドネシアでもその頃、大衆娯楽としての映画産業がどんどんできるようになります。怪奇映画というものが本格的に作られるようになったのは一九七〇年代です。ただ、六一年に『クンティラナック』という作品が撮られていますが、今は失われてしまって見られません。七一年に歴史的な名作といわれる『墓での出産』という映画が作られます。これも失われてしまっているのですが、アワルディムとアリ・シャハブという二人の監督によるこの映画が大ヒットしたのがきっかけとなって、怪奇映画がジャンル化したと見なされています。

こういうプロットだそうです。女の霊媒が劇薬を調合して母親を殺す場面から始まる。そのときにその霊媒の妹にも劇薬が掛かって、醜い顔になってしまう。死んだと思い込んだ妹を霊媒が墓に埋める。すると妹のほうは墓の中で密かに子供を出産する。その生まれた子供が地面に這い出してきて、女中さんに引き取られる。妹も墓から出ると、幽霊のふりをして、霊媒の姉や村人たちを脅かして回る。顔は焼け爛（ただ）れているので、お化けを装ってみんなに復讐をしていく。そのときに、妹の夫が外国から帰ってくる。それをきっかけに混乱が収束して、ハッピーエンド。荒唐無稽な話なのですが、とにかくこれが相当にヒットしたらしいんです。

土の中で死んだ母親から子供が生まれるというのは、東アジアに普遍的な話です。先ほども名前を出した水木しげるの『ゲゲゲの鬼太郎』。幽霊族の生き残りの夫婦が死んでしまって墓に埋められると、その墓の中から息子が出てくる。それが鬼太郎です。ミイラ男であった父親の体は腐ってしまい、わずかに目玉だけが残ったので、それが「目玉おやじ」です。土の中から赤ん坊が生まれるという話は、もっと古くからいえば、インドの『ジャータカ（本生譚）』や日本の『神道集』にも見られます。『ラーマーヤナ』のシーター姫は、土の中から生まれたということになっています。神話論的には、土の中から生まれる子供は優れた子供であって、のちに英雄あるいは女英雄になる。『墓での出産』という作品も、そうしたアルカイックな集合的な記憶に立脚した物語ではないかと思われます。

こういう作品が撮られた後でどんどん怪奇映画がインドネシアでも作られます。たとえば『アンチョル橋の美女』（一九七三）。マリアという美少女が強盗に殺害されて川に投げ捨てられると、幽霊になった彼女は、満月の夜ごとに出現して川の主（ぬし）となる。古代バタヴィア王国にはそういう伝説があったらしく、それを元に地元の劇団が芝居にしたところ当たったので、さらに映画にしたのが、『アンチョル橋の美女』という作品です。インドネシアの怪奇映画においては、水と女性、川・橋・女性という結びつきが頻繁に出てきます。

一九七〇年代中頃から、そういう怪奇映画のことを「グナグナシネマ」というようになりました。「グナグナ」はインドネシア語で「呪い」という意味です。そのきっかけになったのが、一九七七年に撮られた『呪いの第二夫人』というフィルムです。第二夫人が第一夫人を呪って、不気味なセックスの呪文をかけてしまい、セックスを通しての壮絶な戦いが二人の女の間で起きるという、そういう怪奇映画がヒットしまして、続篇、続々篇が制作される。そうして新たに怪奇映画が隆盛したわけです。

私が二〇〇〇年代後半に何年かかけてマレーシア、インドネシア、タイを回って怪奇映画の研究をしたのはなぜかといいますと、ハリウッド映画とアジア映画とはどこが違うかということの一つの例を見たかったからです。アクション映画において、男性が女を寄せ付けないというのがアジアの英雄の伝統です。ブルース・リーから高倉健まで。ところが、欧米圏の映画では、アクション映画のヒーローは色を好むといいますか、最後は女性の腰を抱いてハッピーエンドになる。そうした違いはやはり娯楽映画に顕著です。

怪奇映画の場合はどうか。ハリウッドの場合には、非日常的な、人間でないものがアメリカに襲いかかってくる。キングコングもアマゾンの半魚人も、みんな男性性を帯びており、それが外側からアメリカにやってくる。彼らが狙うのは白人の女。外側からやってきた化け物にアメリカの女を奪われないよう、軍隊や科学テクノロジーを用いて、アメリカの男たちが戦い、殲滅する。これがハリウッドの怪物映画・怪獣映画の定石です。一方、アジアの場合——インドはまた難しいので、ミャンマーから東といっておきましょう——、怪奇映画・恐怖映画の主人公は女性で、しかもその共同体に元からいたメンバーなんですね。共同体の中にいた女性が、ある不幸な出来事——非業の死を遂げる、妊娠して産褥熱で死んでしまう、あるいはレイプされて死体が捨てられてしまう——によって死んでしまったときに、彼女が幽霊になる。そして、超能力をもった幽霊として共同体に戻り、男たちに復讐する。これが基本的なパターンです。

アジアの場合——日本映画ではそこからずれてしまうのですが——、加えて重要なのは、宗教的な超越者あるいは権威をもった人が最後に出てくる点です。高僧であるとか徳の高い老人といった、社会的に尊敬される人たちが映画の最後に登場し、女幽霊や女の怪物に向かって、死者のところに戻りなさい、生きている人間の世界を騒がしちゃいけない、と唱える。すると、女の怪物は去っていく。つまり、殺戮が行なわれずに平和裡に解決する。

このように、ハリウッドの物語的想像力の中での怪物あるいは非人間のあり方と、東アジア・南アジアにおけるあり方は基本的に異なります。タイやインドネシアではそうしたことはもっとはっきりわかるんじゃないかという当たりをつけて現地に調査に行きましたら、みごとにそうでした。その報告を『怪奇映画天国アジア』（白水社、二〇〇九）という本に纏めました。

さらに、もうひとつの違い。ハリウッドの場合には、怪奇映画は純粋に怪奇なわけであって、そこにギャグが入るということはまずありません。ところがインドネシアにしてもタイにしても香港にしても、怪奇映画のつもりがそこにメロドラマが重なったり、アクションが絡んだり、「お笑い三人組」が登場したり、といったように複合的なんです。ハリウッドのカテゴリーでもってギャグ映画かアクション映画かを区分することが、アジアの場合にはできません。われわれはともすればハリウッドを映画の規範として見てしまうのですが、そんなものが通用するのは実はごく一部の世界であるということを、今一度考えてみなければいけません。

ちなみに、日本の「Ｊホラー」の位置付けというのはまた異なります。タイとインドネシアの映画は、Ｊホラーの影響を強く受けています。音響の使い方にしても間の取り方にしても。にもかかわらず、Ｊ

ホラーは、先ほど述べたようなアジア的な規範からいささかずれるんですね。このことは今後分析しなければいけない、興味ある問題です。

そろそろ怪奇映画の女王・スザンナに登場してもらいましょう。スザンナが活躍したのは七〇年代の終わりから八〇年代にかけてです。すでに一九七一年の『墓での出産』にも出演しているのですが、その後一九八一年に『悲しみの谷』という作品に出たときからブームになり、ブレイクしました。それまで演じていたような貞淑な人妻といった役柄を一切やめて、怪奇専門になって、独特の神秘的な眼差しで観客を魅惑し、恐怖せしめてきたわけです。二〇〇八年に惜しくも物故されました。結局お会いできなかったのが残念です。

ご紹介するのは、『サンテット』という一九八八年の映画です。舞台は西ジャワの漁村。村を取り仕切っているビスマンという男が、嫌いな妻を殺してしまう。その罪を近所に住む宗教心の篤いサルマという男に押し付ける。するとその洗脳に乗った村人たちがサルマの家を襲撃する。ビスマンの狙いはサルマの夫人であるカテミ。このカテミをスザンナが演じています。そのカテミも信仰が深く、清らかな暮らしをしているきれいな女性ですが、ビスマンに襲われてしまう。夜中、森深くまで逃げていくと、その先の沼で、半魚人ふうの妖怪の女性ニ・アンケルと出会う。カテミが成し遂げたいのは復讐です。そのために、ニ・アンケルのところで魔女となる修行を積む。出産したばかりの女性の胎盤を盗んできてそれを口にしたり、鰐が周りを泳いでいる海に裸で入ったりする。そんな修行を積みながら、カテミは魔女としての階段を上っていき、いよいよ村人に復讐をする。そして村の無頼漢をやっつける。彼らは本性たる獣の姿を見せて、燃え崩れてしまう。そこに、イスラムの学堂で勉強したアフマドという村長の息子が戻ってくる。尊敬される徳を積んだ青年というわけです。彼がコーランの言葉を唱え、カテミに引導を渡そうとする。しかし、カテミの後見人であるニ・アンケルはそれでは黙っていないわけで、アフマドと対決をすることになり……。

さて、世界最大のイスラム人口をもつ国であるにもかかわらず、インドネシアは、本来はイスラムの国ではありませんでした。たとえば日本は、もともとは神道の八百万の神への信仰などがあったところに、仏教という新しいイデオロギーが外から上に被さったわけですね。同様に、インドネシアだけでなく、タイやラオスにしても、初めから仏教やイスラム教があったわけではありません。そうした仏教やイスラム教とは、世界でももっとも古い形のグローバリゼーションともいえます。インドネシアの場合にはたくさんの民族があり、民族文化があり、それぞれの原始宗教や精霊信仰があった。その非常に古い形の上に、イスラム教が接ぎ木されたといえるだろうと思います。

インドネシアで怪奇映画が次々と作られるさいに援用されたのが、古代ジャワの昔からの神話である来訪神信仰です。海からやってくる女神です。日本でも沖縄でも台湾でも、東アジアには、海の女神の神話が一般的にあります。ジャワのフォークロアにおいては、「ロロ・キドゥル」という女神です。ジャワ王国の代々の王様は、象徴的に、このロロ・キドゥルの夫であるということで王位に就くことが許されたそうです。『プルカウィナン・ニ・ブロロン』という、『サンテット』に輪をかけて荒唐無稽で奇想天外な物語が、大空を駆け回るような大スペクタクルで展開する映画がありまして、スザンナが主演しているのですが、それもこのロロ・キドゥルとその娘のニ・ブロロンの神話が元になっています。

『サンテット』に登場するニ・アンケルもアルカイックなフォークロアに由来するのでしょう。一方、アフマドという知識人は、新しいイスラムのイデオロギーを代表している。彼にとっては、ニ・アンケルのような妖怪は敵にあたります。古い信仰に対して、新しい信仰は、それを否定することで上に乗っかるわけですから。そういうふうな宗教的な層の厚みと重なり合いが対立構造をもって、この物語を作っている。逆にいえば、イスラム社会でありながらもインドネシアが怪奇映画をこんなにプロダクティヴに産出できるというのは、イスラムが来る前の古い民衆文化や信仰体系があるからこそでしょう。妖怪や幽霊がフォークロアの中に存在し、民間芸能の内にも浸透して、その上にイスラムがやってくるという二重構造があるゆえに、怪奇映画が可能であるということです。

インドネシアという国は、その規模の大きさと多様性に圧倒されます。私の友人で、フランキー・ラデンという作曲家がいるのですが、自分が尊敬するのは高橋悠治と小泉文夫と寺山修司で、特に寺山に決定的な影響を受けた、と彼はいっていました。彼が演出したパフォーマンスは、寺山の『時代はサーカスの象にのって』みたいで、ああ、ここにも寺山の弟子がいるんだな、と思いました。その彼がいうには、インドネシアには何もかもある、西新宿のポストモダンの世界から石器時代人まで一通り揃っているんだ、と。自然の残る島嶼部もジャカルタの高層ビルも、人類の歴史のあらゆる段階をもっているのが現在のインドネシアだ、と彼は語っていました。映画にもそういう多様性が見られると思います。たくさんの民族がいて、アチェにはアチェ語で作っている映画がある。文化の多様性を彼らは自然体としてもっている。そして、共通語としてのインドネシア語という言葉をもっている。

東南アジアに怪奇映画の花が咲き誇る。その一端をお目に掛けました。ただこういう映画は、インドネシア映画に限らず、なかなか国境を越えて日本にまで到達できないから、触れる機会が少ないのはたしかです。これは非常に惜しいことです。実際、インドネシアのフォークロアや信仰体系、社会システムを知らないとわからない部分も大きいですし、正直にいってわたしもどのぐらいの深さまで自分の理解が到達しているのかわかりませんが、とにかくその物凄さに圧倒されて、ご紹介したしだいです。

（二〇一六）

＊　二〇一六年一一月一一日にアテネ・フランセ文化センターで開催された、東京国際映画祭 CROSSCUT ASIA 提携企画「インドネシア怪奇映画の女王、スザンナ」の講演に加筆したものである。

『怪奇映画天国アジア』から一〇年

ジャカルタから、バンコクからときどきメイルが飛び込んでくる。

おい、どうしてるんだい？　もう一〇年もご無沙汰じゃないか。きみが夢中になってた怪奇映画は、あれからまたゴッソリ溜まっているぞ。妖花スザンナをめぐるドキュメンタリーも作られたし、ナン・ナークものはさらに発展して、コメディとも青春映画ともつかない不思議なジャンルを築くにいたった。そればかりではない。怪物映画も、亡霊映画も、ヴェトナムやカンボジアにまで飛び火して、今では東南アジア全域がホラー・ゾーンと化してしまった。もちろん僕らは日本のシン・ゴジラも知ってるし、ナカタ（中田秀夫）が『リング』の最新ヴァージョンを発表したことも知ってる。でも僕らの側でのホラーの発展ぶりもなかなかのものだ。また昔のように、ホラー三昧の日々を過ごしにこいよ。

わたしが『怪奇映画天国アジア』を白水社から刊行したのは二〇〇九年、今からちょうど一〇年前のことである。日本財団のAPIフェローとしての研究助成を受け、一年間にわたって東南アジアの国々に滞在し、文字通り現地の怪奇映画を見まくった。研究ヴィザの申請用紙に「幽霊や魔物の映画の研究」と素直に書いたら、地域研究の大先輩の教授から、「そんな風に書いたら、わが国の後進性ばかりに関心をもっている。けしからん、と大使館に叱られ、絶対にヴィザが下りませんよ」とアドヴァイスを受けた。ではどう書けばいいのですかと尋ねると、「貴国における伝統文化の今日的継承と表象の諸問題」と書いておけばいいのですと教えられた。ヴィザは無事に獲得でき、わたしはバンコクへ向かった。もっとも町の食堂で見知らぬ人に話しかけられ、ピー（タイの妖怪）の映画の研究をしているのですというと、とたんに周囲が一瞬静かになってしまったことがあった。そんなことばかりしていてよく怖い目に遭いませんねと、真顔で忠告されたのである。タイ人にとってピーは映画の中の出来事ではなかった。現実の日常生活にあって、いたるところに隠れている脅威だったのである。

『怪奇映画天国アジア』では、インドネシア、タイ、マレーシアの怪奇映画を中心にして、シンガポールにも触れ、映画産業が再開しつつあったカンボジアにも触れた。なぜ怪奇映画なのか。映画には国際映画祭用のA級芸術映画と、現地の人だけが愉しむB級娯楽映画とがあるが、こうした国々で後者の中心とされているのが怪奇映画だからである。こうしたアタリをつけて現地に赴いたのだが、あるわあるわ、日本にいては想像もつかない不思議なフィルムに次々と出くわした。加えて、シネマテックで歴代の旧作を見せてもらううちに、怪奇なるものが時代によって微妙に変化を遂げていくさまがわかってきた。映画は社会の支配的イデオロギーをもっとも敏感に映し出すといわれるが、インドネシアでも、タイでも、政治体制が変わり、宗教的共同体の威厳に変動が生じたとき、それはただちに怪奇映画の主人公である幽霊や怪物の行動に、また彼らに恐怖し戦慄する人々の行動に、大きな影響を与えるのである。

なぜアジアでは幽霊や妖怪のほとんどが女性なのか。彼女たちは生前、男性中心の共同体のなかで迫害され、屈辱と絶望の果てに殺害されたり、あるいはみずから生命を絶つ。冥界にいたって超能力を与えられると、自分を辱めた者たちに復讐を果たそうと現世に回帰し、恐ろしい殺人を犯したり、場合によっては天変地異を起こしたりする。女性とは弱者にして犠牲者であり、死を媒介としてその地位が反転する。彼女たちの怒りを鎮めるため、宗教的指導者が到来し、引導を渡す。異形の者たちは納得し、他界へと引き揚げる。かくして地上には秩序が回復される。東南アジアの古典的な怪奇映画の原型は、およそこのようなものであった。ちなみにそれは日本中世において完成された能楽の構造でもある。

だがわたしが訪れた先で観ることになった怪奇映画では、こうした図式が崩壊しようとしていた。もはや威厳に満ちた宗教的指導者は存在が希薄となり、妖怪や幽霊は気ままに跳梁するばかり。怪奇の謎は解明されず、世界の秩序はいっこうに回復されないまま、混沌の度合いを深めていく……といった新しい傾向のフィルムが人気を博していた。『怪奇映画天国アジア』でわたしが主眼としたのは、怪奇をめぐるこの構造の変化を見定めることであった。

大気は暑く、料理は辛い。そして映画はどこまでも怖い。わたしが一〇年前に垣間見たあの蠱惑的な世界がその後どのように変化発展したのか、それをこれから確かめてみなければならない。

（二〇一九）

台湾映画と言語のヘゲモニー

台湾映画が日本に紹介され始めたとき、そこには三通りのステレオタイプがあった。ひとつは異国情緒の観光主義である。大衆消費社会はただちに、南国の「癒やし」系映像への誘惑を開始した。二番目はノスタルジアである。侯孝賢は小津に似ているとか、台湾は親日的で、失われた日本の和やかな雰囲気が残っているといった言説である。これは旧宗主国に特有の傲慢な現象だ。三番目は二番目とは逆に、台湾映画を通して歴史を学ぶべきだとする、「良心的」啓蒙家の姿勢である。

一九九一年に楊徳昌（エドワード・ヤン）が『牯嶺街少年殺人事件』を発表した時点で、こうした言説はすべて論理的に無効となった。だが相変わらずそれは日本では生き残っている。『牯嶺街』から三〇年が経過した現在、こうしたステレオタイプを反復することには何の意味もない。どれもが日本人の不毛な自己投影にすぎないからだ。

よく台湾映画と韓国映画を並べて「アジア映画」の括りで論じる人がいるが、アジアは多様である。アジアの国々で似たような映画史をもっている国はひとつもない。とりわけ台湾映画史と韓国映画史は、根底においてまったく対照的な発展をしてきた。

韓国は世界で稀に見る単一民族、単一言語の社会である。韓国人は韓国語しか話さないし、韓国映画では韓国語しか用いられない。日本における在日韓国人に匹敵する巨大な文化的エスニシティが存在していないため、エスニックな文化的多様性が前景化される契機がなかなかない。

台湾はまったく違う。福建系台湾人はいわゆる台湾語を、客家(ハッカ)系は客家語を話す。そこに一九四五年以降新たに大陸からやってきた中国人(外省人)が加わり、外来の国民党政権は全台湾人に北京官話を強要した。さらに(数え方によって数値に若干の違いはあるが)一六の原住民族がいて、それぞれ異なった言語のもとに生きている。そのため地方の山中でバスに乗っていると、四通りの発音で地名がアナウンスされることが珍しくない。中国語、台湾語、客家語、その土地の原住民族の言語。これで四つである。九州よりわずかに小さいこの島は、文字通り多言語性に満ちているのだ。この状況は台湾映画史を、韓国や日本とはまったく異なったものにしている。

台湾映画史とはありていにいって、言語と言語の抗争の歴史である。多言語国家ではあっても、インドでもナイジェリアでもこうした抗争は起きない。インド映画とは、一四ほどの言語が別々に制作をする寄り合い所帯の統合的名称にすぎない。ナイジェリア映画はヨルバ語でもイボ語でもなく英語一辺倒だ。もちろん日本でも韓国でもこのようなことは起きなかった。ただ台湾映画史だけが複数の言語の覇権争いを体験し、忙(せわ)しげな交代劇を演じてきた。

以下では、「中華民国」と呼ばれるようになって以降の台湾映画史を、使用言語を軸として概観してみることにしよう。きわめて大ざっぱではあるが、歴史をいくつかの記念碑的な年によって区分してみたい。

日本の敗戦によって台湾が中華民国に接収されると（これを「光復」という）、日本映画の配給が一時的に途絶えた（五年後の一九五〇年、それは強い民衆的要請によって復活し、当初はしばしば解説の弁士付きで上映されることになった。呉念真の『多桑（とうさん）』を参照）。ハリウッドと上海映画がその空隙を埋め、国民党政権による国策プロパガンダ映画の制作が開始された。北京官話の作品である。それは同じ中国語とはいえ、一般の台湾人には聞き慣れない外国語の映画のように思われた。

一九四九年　『雪梅思君』

香港で制作された厦語片（アモイ語映画）である。このメロドラマは台湾で公開されるや、たちまち大ヒットとなった。

大方の台湾人にとって厦門語は、少々音調が高いことを別にすれば、緊張なく容易に聴き取ることのできる言語であった。厦語片は「正宗（ほんもの）台語片」「台語片王牌（きりふだ）」といった宣伝文句のもとに公開された。ちなみに「片」とはフィルムのことだ。厦門語が「台湾語」を名乗り、観客はそれを疑問に思わなかったのである。もちろん香港の粤語片（広東語映画）もただちに厦門語に吹き替えられ、公開されるや評判を呼んでいた。

厦語片の人気の原因は、言語的接近性だけではない。フィルムの多くが、台湾の民衆演劇である歌仔戯（台湾語でコアヒ）を原作としていたためである。歌仔戯は日本統治時代には「亡国劇」と蔑まれていたが、解放後に大陸から俳優歌手が大量に流入したこともあり、台湾全島にわたって殷賑を極めていた。一九五〇年代の全盛期には四〇〇を超える劇団が存在していたといわれている。

ちなみにこの現象は台湾に限ったことではなく、東アジアに共通する現象である。同時期に日本でも、韓国、香港でも、パンソリから少女歌劇まで数多くの演劇集団が誕生し、津々浦々で公演を行なった。この現象については、大衆演劇史と映画史の双方が歩み寄って研究を行なう必要があるだろう。林権澤（イムグォンテク）の『西便制（ソピョンジェ）』（『風の丘を越えて』、一九九三）とアンゲロプロスの『旅芸人の記録』（一九七五）とを、この移動劇団ブームの同時代の表象として統合的に理解しなければならない。

一九五五年　『薛平貴與王寶釧』

なにも香港の制作者に儲けさせることはない。台湾語映画（台語片）なら台湾人だって作れるはずだ、という機運が生じたのは一九五〇年代半ばである。俳優、物語の筋立て、劇場、観客と、すでに必要な素材はすべて揃っていた。人気絶頂の歌仔戯劇団の団員を中心として、映画制作の準備が進められた。ただ映画撮影と編集だけがそれに追いついていなかった。

『六才子西廂記』なるフィルムが16ミリで撮られたが、技術的稚拙さが前面に出て、数日で興行が打ち切られた。その直後、何基明（ホージーミン）が『薛平貴與王寶釧』を35ミリで撮影し、一九五六年新正月に台北の三劇場で公開された。これが大成功したため、次々と小さな制作会社が誕生し、さっそく台語片の制作を始めた。厦語片は圧倒され凋落した。だが、台語片の母体となった歌仔戯の舞台興行もまた同時に凋落を強いられたのであった。

『薛平貴與王寶釧』は長らく失われたと信じられていた。だが二〇一三年にフィルム一二缶が苗栗の客家人集落の映画館で発見され、台南芸術大学で修復された。当時、清華大学台湾研究所に客員研究員として滞在していたわたしは、幸運にもそれを観ることができた。

薛平貴（せっへいき）と王寶釧（おうほうくん）の恋物語は歌仔戯のオリジナルではない。元を辿れば中国の民話であり、大陸各地で大衆演劇の重要な演目として繰り返し上演されてきたものである。富貴な家のお嬢様である王寶釧が、貧しいなりの美青年薛平貴と恋に陥るが、両親に反対され別離の日々を過ごす。薛平貴は都に出て科挙に合格し、高い地位について故郷に錦を飾る。二人の恋人たちは再会しハッピーエンドとなる。朝鮮・韓国の『春香伝』の逆をいく人物設定であるが、その映画化の歴史を含め、比較研究に値する物語である。苗栗で発見されたのは、本来台湾語で制作されたものの客家語吹替え版であり、二人を主人公としてさまざまな形で伝えられている民話の一ヴァージョンである。彼らが声を合わせて歌う場面の歌詞だけは中国語であり、モノクロ映像にときおりカラーが混じっている。細かな制作状況は判明していない。

二人の武将が王の命令を受けて馬を走らせていると、街道筋の巨木の下にまさに餓死寸前の乞食少年を発見する。不憫に思い握り飯を与え、城下に連れて行くと、薛平貴という名のこの少年はたちまち武芸の才を見せ、武術大会で令嬢王寶釧に見初められる。二人は身分の違いを乗り越え結婚を誓い合うが、なぜか炭焼きの窯のなかに住まなければならない（フィルムがところどころ飛んでいるので、残念ながら因果関係がよくわからない）。

あるとき富裕な家で一人娘に妖怪が憑くという事件が起きる。困り果てた両親の前に薛平貴が現れ、たちどころに妖怪を退治する。正体は家に飼われていた馬であった。薛平貴は馬を謝礼に譲り受けると、それに乗って戦功を立てる。彼は王の配下に取り立てられ、立派な衣裳と旗飾りを身につけると、窯のなかに住む王寶釧を迎えにいく。

わたしがこのフィルムを観た二〇一三年の時点で、王寶釧を演じた女優は高齢になっていたが、まだ存命していた。わたしはこの最初の本格的な台語片を観て、実に晴れやかな気持ちになった。

一九五〇年代後半から六〇年代にかけて、台湾の民衆をもっとも悦ばせたのは台語片であった。一九五七年だけでも四四本が制作されている。国民党政府は台湾独立運動を怖れるあまり台語片を歓迎せず、中央電影（中影）なる国策映画会社を設置すると、官話片（北京官話映画）の普及に努めた。中影は六〇年代に入ると「健康写実」路線に基づいて劇映画の制作を開始した。それに対して台語片は小資本の映画会社によるものであり、早撮り低予算で制作され、技術的にもけっして洗練されたものではなかった。とはいえそれを観るため映画館に向かうこと自体が台湾の民衆文化の発現であり、進駐してきた外来政権に対する庶民的な抵抗行為であった。

もっとも台語片の黄金時代は長く続かない。香港の邵氏（ショウ・ブラザーズ）が『梁山伯與祝英台』といった豪華絢爛たるカラー作品を台湾に持ち込み、大ヒットさせたためである。六〇年代後半ともなると、台湾市場に目を付けた香港の映画人が次々と台北に到来し、映画会社を設立した。

一九六七年　『龍門客桟』

胡金銓（キン・フー）はもともと北京生まれで、共産党政権の成立を嫌って香港に亡命してきた映画人である。彼は香港で『梁山伯與祝英台』の助監督を務め、二本のフィルムを監督した経歴をもっていた。一九六七年、この才気に長けた若い監督は台湾の聯邦影業に移ると、撮影所作りに奔走しつつ『龍門客桟』（『残酷ドラゴン 血斗竜門の宿』）を撮り上げた。台湾における最初の武俠片である（広東語功夫（クンフー）片と北京語の武俠片を混同してはならない）。

明朝中葉、兵部尚書を務めていた人物が謀殺される。三人の遺児たちが復讐を誓い、満を持して龍門に進軍する。かつての父の遺臣と義士、男装の女武俠者がそれに加勢する。敵は東廠（秘密警察）の頭目である。双方の軍勢が死闘を繰り広げ、最後に頭目の首が斬り落とされたところでフィルムは幕を閉じる。実に単純明快なプロットであるが、目にも止まらぬ敏捷な武闘と緊張した静止が交互に登場する。人物はことごとく簡略化された内面しかもたず、純粋に戦闘する肉体に還元されている。彼らの誇張された衣裳と容貌は京劇に由来している。

『龍門客桟』は台湾映画の主題と空間認識を決定的に変えた。京劇から多くのものを借り受けながら、モンタージュを通して運動の連続性を分節化し、凄惨きわまりない戦闘場面を演出した。フィルムは国内で二〇〇万人を超える観客を動員し、東南アジア全域で大ヒットした。その結果、台湾映画に武俠片という新ジャンルが誕生した。武俠片は七〇年代を通して、台湾全体の制作本数の四割を占めるにいたり、香港映画人までもが次々と訪台してそれに参加した。胡金銓は『俠女』（一九七一）で、カンヌ国際映画祭で最初に高く評価された香港・台湾の「作家」となる。

こうした武俠片の盛興と同時に力を付けてきたのが官話片である。官話片は一九六三年にはわずか五本しか制作されていなかったが、七〇年代に入ると年間二〇〇本の制作本数を数えるにいたった。アメリカや日本と断交し、国際的孤立に陥った台湾人を「中国人」として鼓舞するため、『八百壮士』のような抗日戦の英雄讃美のスペクタクル映画が次々と撮られ、その一方で、台湾人である自覚を主題化せんとする文学的傾向、「郷土文学」に対応して、台湾人のルーツを真剣に見つめようとする作品が登場することになった。台語片のメロドラマは凋落を続け、七〇年代末には衰退。『陳三五娘』（一九八一）をもって幕を閉じた。その総数は千本あまりであるが、現存しているものはきわめて数が少ない。

一九八二／八三年　『児子的大玩偶』『光陰的故事』

台湾新浪潮（ニューウェイヴ）についてはすでにさんざん語られてきたし、筆者も『電影風雲』以降の著作のなかで論じてきたので、本稿では二、三の指摘をするに留めておきたい。日本人の台湾映画受容はこのニューウェイヴの時期からである。だがそれは世界の他の国においてもほぼ同様であった。

新浪潮の契機となったのは中影が制作した二本のオムニバス映画、『児子的大玩偶』（『坊やの人形』）と『光陰的故事』だった。侯孝賢、曽壮祥（ソンジュアンシャン）、萬仁（ワンレン）、陶得辰（タオドーツエン）、柯一正（クーイーチエン）、張毅（チャンイー）の七人の新人監督たちがここに集い、一つの映画的世代を築き上げた。そこに年長の王童（ワントン）が加わって、台湾映画のパワーアップが実現することになった。彼らのほとんどは一九四九年前後に大陸から渡って来た外省人の第二世代であり、アメリカの映画大学留学組が少なくなかった。

ニューウェイヴを特徴付けているのは技法の斬新さであり、台湾の現実を歴史的＝社会的変動に即して描こうとする主体的態度である。その意味で彼らは小野（シャオイエ）の著書の表題にあるように、「一個運動開始」というイデオロギーを共有していた。台湾とは何か。彼らはそれを表象すべき物語としてではなく、声や身体の運動といったフィルムの物質性のもとに、具体的に体現したのである。

私見では、新浪潮がもっとも親密感を抱いていたのは、解放直後のイタリアに生じたネオレアリズモであったように思われる。とりわけアメリカの映画アカデミズムに学ばなかった侯孝賢にその傾向が強い。『風櫃来的人』（『風櫃（フンクイ）の少年』、一九八三）で南島から台湾本土に到来する三人の少年は、裏口から忍び込んだ映画館でヴィスコンティの『ロッコと兄弟』（『若者のすべて』）を観る。南部から北のミラノに出てきた青年たちの物語である。『悲情城市』（一九八九）は題名が、ダンテ『地獄篇』にある有名な詩句「悲しみの都」Città dolente に由来しており、ヴェネツィア国際映画祭でも出品時にそれが正式名称として用いられていた。侯孝賢は、わたしの前では、映画体験として小林旭や石原裕次郎といった日活アクションの話しかしないのであるが、実はイタリア映画にもっとも共感を覚えていると睨んでいる。

侯孝賢は一九八二年から八九年の間に言語的急旋回を行なった。『児子的大玩偶』までのフィルムでは、対話は基本的に北京官話でなされ、親が子供を叱るといった例外的な場面でのみ台湾語が使用されていた。それがこのオムニバス短編では、最初から最後まで徹底して台湾語だけが用いられている。だがこの台湾語の採用は、五〇年代末から六〇年代にかけての台語片の台湾語とは別個に考えなければならない。侯孝賢は台湾語で映画を語ったのではなく、台湾語を映画にしたのである。

『童年往事』（一九八五）では言語行使はより細やかになり、高齢にして広東省梅県から移ってきた祖母は客家語のみを口にし、台湾南部の台湾語圏で言語的に孤立して死を迎える。主人公である孫の少年に向かって、大陸帰還を夢見る失意の父親はもっぱら北京官話で話しかける。だが父親の死後、少年の言葉遣いのなかには、現地の少年たちの影響で台湾語の語彙が出現するようになり、やがて彼は客家語も北京官話も忘れて、ひたすら台湾語で怒鳴り合う不良少年と化してゆく。客家語、北京官話、台湾語はそれぞれ大陸へのノスタルジア、官僚的新体制、台湾の庶民の現実を表象している。中華民国による接収後の台湾現代史とは言語の覇権争いの物語であるという事実を、このフィルムはさりげなく、しかも深い悲しみのもとに語っている。

『悲情城市』にいたったとき、言語間の対立はそれを口にする人物たちの世界観の対立として現れることになる。基隆の林一家では、兄弟たちがそれぞれ異なった言語のもとに生きている。港湾の頭目格である長男は港町独特の訛りをもった台湾語を語り、台湾庶民に伝統的な価値観を体現している。次男は画面には顔を見せないが、日本軍に軍医として従軍しているという設定であるから、登場するとしたら話すのは日本語だろう。三男は上海帰りの軽薄才子で、日本語と上海語。四男は写真館を経営するモダンボーイで聾唖者である。もっとも彼は岩波文庫を几帳面に読んでいるインテリでもある。兄弟たちが依拠する言語はそれぞれに歴史的な産物であり、彼らの経歴と世界観を表象している。もしドストエフスキーの『カラマーゾフの兄弟』がバフチンの説くように多声論的小説であるとするならば、『悲情城市』はドストエフスキー以上に多声論的であり、複数の世界観の対決こそが歴史であるという真理を物語るフィルムであるといえるだろう。

このフィルムの背景となる二・二八事件、つまり外省人による本省人への白色テロのことを侯孝賢に教えたのは、脚本を担当した呉念真である。本省人である呉は幼少時より両親からテロの恐怖を教えられて育った。外省人として大陸から移ってきた侯孝賢は事件のことを知らなかった。『悲情城市』というフィルムはこうして、本省人と外省人の合作という理想的な形でプロットが構築されることになった。

ちなみにいう。わたしには『戯夢人生』(一九九三)以後の侯孝賢の軌跡がどうにも曖昧でよくわからない。長い沈黙を破って発表した『刺客聶隠娘』（『黒衣の刺客』、二〇一五）にしても、省筆法を効かせた文体が前面に出すぎている印象があって、共感を覚えることができなかった。侯孝賢の変貌は、九〇年代のある時期に起きた呉念真との訣別に原因があるとわたしは考えている。呉が降板した後、脚本の核を方向付けたのは朱天文（チューティエンウェン）であり、彼女が侯映画の覇権を握った。呉はその後、ヴェトナム戦争時の台湾のアメリカ軍基地村を描いた喜劇『太平・天国』（一九九六）を撮影し、台湾語による優れた戯曲を執筆した。またTVではタモリ並みの有名人キャラクターとなった。侯孝賢は彼と別れることで自分の内側にある台湾的なものを切り離してしまったのではないかというのが、わたしの推測である。もちろんこのようなことは、朱天文の侯孝賢回想記には触れられていないのであるが。

ここで、侯孝賢と並んで台湾新浪潮のもう一人の代表者である楊徳昌について触れておくべきであろう。彼はあらゆる意味で侯孝賢とは対照的な文体と映画観をもった〈作家〉である。侯孝賢がどこまでも変転を描くモダニストであるとすれば、楊徳昌はポストモダンの側からモダンの廃墟を見つめている観察者である。彼はもはや『悲情城市』のように言語的覇権を台湾における「文化の政治」の問題として立ち上げず、それを新趣向の遊戯として捉え直す。

『獨立時代』（『エドワード・ヤンの恋愛時代』、一九九四）には、一組のカップルがタクシーのなかで台湾語と北京官話を交替交替に口にする場面がある。彼らは純粋にふざけているのであって、そこにはもはや政治的寓意を読み込むことができない。こうしたジョイス的な言語混淆を遊戯的になしうるのが、国民党の一党独裁が終わった後の、民主化以降の台湾なのだ。「独立」とは複数の言語の間を自在に往還できることに他ならない。ここには『悲情城市』とはまったく異質な表層性が前景化している。

二〇〇三年　『不散』

あらゆるイデオロギーがいつかは凋落し、風化していくものであるとすれば、台湾新浪潮を支えていたイデオロギーが最終的に使命を終えたと確認されたのは、蔡明亮（ツァイミンリャン）が『不散』（『楽日』）を世に問うた二〇〇三年である。蔡明亮はニューウェイヴの終末を告知したばかりではない。台湾映画そのものの発展の物語がもはや廃墟と化しているという事実を、フィルムとして提出したのである。

かつてはそれなりに映画の栄光の日々を生きたと思しき下町の映画館で、『龍門客桟』が上映されている。老朽化した埃臭い館内には観客はほとんどいない。ただ映写技師が言葉少なげに機械を操作するばかりである。スクリーンでは武侠者たちが死闘を繰り広げている。だがすべてはひどく静かで冷ややかだ。やがて上映が終わり客たちが帰ると、売店の女性を含め映画館のスタッフたちが帰路に就く。何の説明も註釈もない。すべてが終わってしまったのだ。

『龍門客桟』は台湾映画最大の観客動員数を誇るフィルムだった。この作品の成功のおかげで誕生した武侠片というジャンルは、台湾映画の方向を大きく変えた。それが今、老朽化した映画館で最後の上映を終えた。蔡明亮はいかなる物語も語らない。ただ上映の終焉の光景を提示するだけだ。台湾新浪潮を築き上げてきた「一個運動」はこうして論理的に幕を閉じた。

二〇〇七年に楊徳昌が生涯を閉じ、その前後から侯孝賢が沈黙に入る。蔡明亮は胡金銓のように大形式に訴える告知者ではない。彼はミニマリズムを信条とする、廃墟の観察者にすぎない。だがその観察者によって映画史のある時期の終わりが宣言されたのである。

二〇一一年『セデック・バレ』

二〇〇三年以降の台湾映画については、イデオロギーの空位時代が続いているとしか語ることができない。グラムシの言葉を捩っていうならば、古き者は去ったが、新しい者はまだ到来していないという状況だといえる。

楊徳昌は六〇歳を待たずに他界したが、彼の薫陶を受けた次世代から台湾映画は多様な方向へと発展していくことになる。本稿では紙数の関係もあって、鴻鴻（ホンホン）と魏徳聖（ウェイダーション）の二人だけを取り上げることにしておきたい。

新浪潮の第二世代、つまり楊徳昌のもとで学んだような監督たちを突き動かしているのは、零度の大地に立ったネオレアリズモへの共感ではなく、むしろ批評家から監督業へ移行したパリのヌーヴェルヴァーグの映画への記憶に他ならない。鴻鴻を特徴付けているのはシネフィル的な情熱である。処女作『3橘之恋〔三つのオレンジの恋〕』（一九九八）は、トリュフォーの『恋のエチュード』からの圧倒的影響のもとに撮られた。東京国際映画祭で高く評価された『穿牆人』（『壁を抜ける少年』、二〇〇七）は、『未来展望』や『アルファヴィル』を撮った初期ゴダールの記憶に促されて構想されたフィルムである。『恐怖份子』の助監督であり『牯嶺街』の脚本に参画した鴻鴻は、その意味で楊徳昌のもっとも忠実な後継者であると見なされても不思議ではない人物だが、その映画観は楊徳昌とも侯孝賢とも大きく異なっている。そこにはもはやモダニズムの焦燥もポストモダニズムの諦念と達観もない。ただ世界中に存在する映画的記憶との戯れが、洗練された手法のもとに実現されている。もっとも鴻鴻を非政治的な知識人監督と認定するだけでは誤ったことになるだろう。彼はパゾリーニの演劇の演出家であり、パレスチナを訪問して連作詩を書く詩人でもある。二〇一四年に大学生たちが国民党馬英九総統の親中国立法に抗議して立法院を占拠したさいには、「暴民之歌」なる詩をインターネット上に発表し、学生たちを鼓舞するという政治的姿勢を見せている。

楊徳昌のもう一人の「子供」である魏徳聖は、『海角七號』（二〇〇八）において台湾近代史における日本植民地主義の残滓をロマンチックに語り、『セデック・バレ』（二〇一一）において、日本統治下の台湾で生じた最大の武装闘争である霧社事件を主題に、台湾映画最大の制作費のもとに大作を発表した。これまで社会的に周縁に置かれ、他者によって表象されることしかなかった原住民の反植民地的抵抗に焦点を当て、それを台湾近代史の原点に置くという思い切った構想は前代未聞のことであった。フィルムは四時間半という長さではあったが興行的に成功し、日本をはじめとする諸国にも配給され、台湾映画史においてもっとも新しい記念碑的作品となった。

魏徳聖はその後制作の側に廻り、『セデック・バレ』の出演者であった原住民出身のウミン・ボヤ（馬志翔）の監督作『KANO』（二〇一四）を制作した。日本統治下の台湾、嘉義農林学校で野球に情熱を燃やしていた少年たちが、甲子園大会への出場を初めて許可され、一気に決勝戦にまで進むという、一九三一年の実話に基づく劇映画である。こう要約してみるといかにも日本時代へのノスタルジア映画のように見えるが、随所に日本統治への批判的懐疑が散見し、スポコン物語の背後に政治的寓意が流れている。台湾人、原住民、日本人の三通りの少年たちがひとつの野球チームを築き上げ、懸命なる練習の結果、日本の内地のチームと対戦して一歩も引けを取らなかったという物語は、全体として見たとき、台湾の植民地史の寓話である。

『セデック・バレ』で語られているのはセデック語が中心であるが、それに加えて日本語と台湾語である。『KANO』では、中学校の教育がすべて日本語でなされていたこともあり、大方の対話は日本語でなされている。原住民の言語で映画を撮ることは、すでに黄明川（ホアンミンチュワン）の『西部来的人』（一九九一）において実験的になされていた。『セデック・バレ』ではそれが時代考証を踏まえた上で、前面により力強く押し出されている。『KANO』においては逆に、野球少年たちの日本語が物語の統合性の基礎に置かれている。この二本のフィルムの一方を反日的、もう一方を親日的と見なしてレッテルを貼ることは誤りである。監督であり制作者である魏徳聖は、明らかに両者を鏡の関係において認識している。いずれもが台湾近代史にあってけっして封印されてはならない事件であり、それゆえに当時の言語状況を再現しなければならないという立場である。現在の韓国映画がえてして政権に媚を売るような形で稚拙なナショナリズムに訴える愚に陥るとき、台湾映画の周到にして冷静な姿勢は貴重であり、学ぶべきものが多い。

台語片に話を戻すと、七〇年代末に一度は消滅しかかったこのジャンルは、その後それなりに復活した。旧正月にお笑いドタバタ映画として庶民の人気を呼んでいるのは、その新しい台語片である。侯孝賢や楊徳昌のような「作家」のフィルムではない純然たるローカル映画であるが、B級映画の存在は台湾の映画産業が健全に発展していることを意味している。現地語に長けた台湾文化研究家と映画研究家の共同作業によって、その分析的研究がなされるべきであろう。

（二〇二一）

『記憶の戦争』の余白に

一九七〇年代末、わたしはソウルに住んでいた。ヴェトナム戦争が終わってまだ四年しか経過していなかったその頃、実際に現地で戦った兵士たちの記憶は生々しく生きていて、ちょっとした会話の端々や映画のエピソードにそれを窺うことがあった。

軍事教練の後だったので迷彩服を着ている学生たちと、公開されたばかりのハリウッド映画『ディア・ハンター』を観にいったことがある。アメリカ中部の山岳地帯で鹿狩りを愉しんでいるハンガリー系移民が、いきなり南ヴェトナムに戦争で駆り出され、除隊帰国後にふたたびホーチミンに赴く。彼はかつての戦友を捜し出すが、戦友は解放戦線の捕虜となったときの心的外傷で精神の均衡を崩し、ロシアンルーレットに興じている。

フィルムを観終わってその陰惨さに茫然としていると、隣の席にいた学生が落ち着き払った声でいった。

「ベトコン〔ママ〕の残虐さはこんなものではありませんよ」。

わたしは驚いた。ヴェトナム戦争はすでに終結していたし、韓国兵はさらにその前に撤退している。

わたしとほぼ同い年のこの学生が、直接的に戦場を知っているとは思えない。

「先輩から聞いたのです。もっとも先輩はお金ができたというので、除隊後すぐにミグク（アメリカ）に移民してしまいましたがね……」。当時、ヴェトナムで戦った韓国人兵士は、渡米すると戦闘の褒賞として、優先的にグリーンカードを受け取れるシステムがあった。

日本では以前からアメリカのヴェトナム侵略に反対する気分が強く、脱走兵救援活動さえ行なわれていた。韓国では数多くの若者が兵士としてヴェトナム戦争に参戦し、それに異を唱える声は徹底的に弾圧された。日本人の若者は観念的に反戦平和を口にしたが、韓国人の若者は戦争を地肌で感じ知っていた。

わたしは考えた。韓国人が敵側の残虐行為に脅えるというのは、韓国側も同じ残虐行為に手を染めていたからではないか。一九三〇年代に中国に侵攻した日本軍が口を極めるように敵兵士の残酷さを語っていたのは、自分たちがそれ以上の残酷な破壊行為を旨としていたからである。だがそれを直接口にすることは憚られた。

別のとき、わたしはスター俳優の安聖基（アンソンギ）と話す機会があった。彼は朝鮮戦争で釜山の避難民を乗せた満員列車のなかで生まれた。「大学ではヴェトナム語を専攻したんです」と彼はいった。「なあに、韓国人が向こうにたくさん行っているから、何か商売ができないものかと思ってたんですよ」。もっとも彼が大学を卒業したとき戦争は終結しており、授業で習って覚えているのは「ニョクマム」という単語ひとつだけだったと語った。このいい方にはいくぶん自己韜晦が感じられた。

韓国人にとってヴェトナム戦争とは、どのようなものだったのだろうか。大義名分としては、同じ分断国家を共産主義の手から守るために救援に向かうということが唱えられた。だが実際に戦場へ向かった兵士が手にしたのは、思い出したくない忌わしい記憶と、「漢江の奇跡」と呼ばれる経済発展への献身的寄与という抽象的な誇りだけだった。一九六四年から七三年までの間、三二万五〇〇〇人以上の韓国軍兵士が、朴正熙の軍事政権に命じられるままに南ヴェトナムで戦った。当然のことながらそれに付随して、貿易商から接客業まで、ありとあらゆる職種の民間人が海を渡った。彼らのうち、ある者は巨額の利を得て祖国の経済発展に貢献し、別のある者は戦死してわずかの補償金の対象となった。現地の女性との間に数多くの混血児が生まれた。

安聖基はヴェトナムに拘りがあった。のちに『ホワイト・バッジ』（一九九二）というフィルムのなかで、悪夢のような従軍体験の記憶に苦しむ小説家の役を演じている。韓国映画が初めてヴェトナム参戦の悲惨を取り上げたという意味で、このフィルムは歴史的な意味をもっている。もっとも韓国兵が現地住民に加えた残虐行為の描写はかなり抑制されたもので、むしろそれを想起して精神的に追い詰められる安聖基の内面に焦点が投じられている。もしこの時点でよりリアリスティックな描き方をしていたなら、たちどころに退役軍人会のメンバーが大挙して映画館を取り囲み、軍歌を高らかに鳴らしながら上映の妨害を行なったことだろう。

『記憶の戦争』（二〇一八）が制作され、釜山国際映画祭でBIFFメセナ賞審査員特別賞を受けたと聞いたときには、そうか、いよいよ出たかという気持ちをもった。

韓国人が現地ヴェトナムまでいくたびも足を運び、一世代前の韓国人の戦争犯罪を問い糺そうとする。

半世紀近く前に韓国兵によって家族を虐殺され、みずからも致命的な重傷を負った女性グエン・ティ・タンがかろうじて生き延び、現在では家庭を築いている。彼女は韓国人に心を開こうとしない。だが度重なる訪問を受けた後、韓国を訪れ、模擬法廷に集う満場の韓国人傍聴人の前で事件の一部始終を告発することを決意する。その場には居合わせていない韓国軍兵士たちに向かって、謝罪を要求する。謝罪はない。ティ・タンの真摯な発表に拍手する者もいない。法廷とは別のところでは夥しい数の退役軍人たちが集結し、事件が捏造だと叫んで気炎をあげている。彼らは半世紀前の軍服に身を固め、「青龍（チョンニョン）」や「白馬（ペンマ）」といった部隊名を示す襟章をつけながら、軍歌を高らかに流している。

一九六八年二月一二日、ヴェトナム中部、ダナンの近くにあるフォンニ・フォンニャット村で、韓国海兵隊青龍部隊が非武装の民間人を大量に虐殺した。その数は六九人とも七九人ともいわれ、定かではない。

「フォン」とは漢字で書くと「風」である。「ニャット」は一番目、「ニ」は二番目のこと。風の神様の五人の子供に因んで五つの村ができ、二つが残った。ガジュマルの大木が目印で、戸数は両方の村を合わせて二〇〇世帯ほど。

ティ・タンの兄ドゥク・サンの話によれば、家の裏側にはいつも韓国軍がいた。いちように背が低く、一重瞼だった。子供たちは彼らとふざけて、よく遊んでいた。通り過ぎる時は「ハロー」と挨拶をし、笑いながら握手をしたりする。誰も韓国兵が怖いなどと思っていなかった。

その日にかぎって状況が違った。銃声がしたので一家で庭の防空壕に退避した。韓国兵たちは裏門から到来し、壕に銃を向け、手榴弾をチラつかせた。早く出てきて外に整列しろと命じた。出ていく先から撃たれた。ティ・タンは脇腹に大きな傷を受け、歩くと腸が食み出た。ドゥク・サンはさらに内臓を破壊され、あまりの出血に歩くことができなかった。八歳の妹は一五歳の兄を背負って逃げ、母親を探した。母親はとうに殺されていたが、それを知るのはずっと後のことだった。

虐殺はなぜ起こるのか。

かつてスペイン戦争の際、カトリック教徒として最初は教会とフランコ側を支持していた作家ジョルジュ・ベルナノスは、あまりに多くの虐殺死体を見て衝撃を受け、フランコを告発する側に転じた。彼は自分に私淑していたシモーヌ・ヴェイユとの間で手紙をやりとりし、人間はどうして虐殺に向かってしまうのかと尋ねた。兵士たちは憎悪から殺すのか。それとも恐怖から殺すのか。

結論は簡単にはつかなかった。ヴェイユは書いた。「人は人を殺しても罰せられないとわかったとき、機会さえ与えられれば、平然と人を殺してしまうものです」。

憎悪からか、恐怖からか。韓国兵が歴史的にみて、無辜のフォンニャット村の農民に憎悪を覚えていたとはまず考えられない。現に事件のつい数日前も、彼らはこの村の子供たちと遊んでいる。では恐怖か。これは充分に考えられる。

韓国兵たちは防空壕の前に立ち、投降を勧告したという。しかしヴェトナム人の誰が、威嚇的な口調で語られる韓国語を理解できたというのか。おそらく自分たちを殺害するという予告だと受け取ったことだろう。

壕の外側の韓国兵には、暗い壕のなかに誰が何人ほど隠れているかは見当がつかなかった。無辜の農民だけが身を隠しているとはかぎらない。武器をもった解放戦線の兵士が、いきなり飛び出してきて、敏捷な手つきで自分たちを皆殺しにすることもありうる。動いているものを見れば即座に銃を向けろというのが戦陣訓だ。第一、一般の農民と敵とを判別する基準を、彼らは持ち合わせておらず、誰からも教えてもらうことがなかった。恐怖が恐怖を呼び、彼らは逆上して殺戮へと向かったのだろう。

虐殺の後、フォンニャット村は無人の廃墟となり、草叢に戻ってしまった。ふたたび人が戻ってくるようになったのは、戦争が終結してさらに後のことである。

一九八七年のことだったが、わたしはある国際シンポジウムで元日本兵の通訳をしたことがあった。彼は東京下町の仕立屋だったが、中国戦線でいくたびも虐殺に手を染めていた。

シンポジウムの場所はニューヨークのチャイナタウンにある小学校で、一九八七年七月七日であったことをはっきりと記憶している。その日のちょうど五〇年前、盧溝橋事件が生じたことで、日本の中国侵略がより本格化しており（いわゆる「支那事変」）、元日本兵はそれを歴史的に検証する集会に招待されたのである。彼は自分の罪状を悔い、黒板に地図を描きながら虐殺を細部にわたって説明した。何回も泣き崩れては絶句し、そのたびごとにわたしは彼を化粧室に連れていって、気を落ち着かせなければならなかった。この集会に通訳として関わったことは、その後のわたしの探究に大きな影を投げかけた。

『記憶の戦争』を見ているかぎり、こうした元日本兵のような人物は、韓国の退役軍人の間からはまだ出てきていないようである。憲法で戦争を永久に放棄した国家と、現実に徴兵制度をもち、北の脅威に備えている国家とでは事情が決定的に違う。それを承知の上であえて比較するならば、仮に一人の元韓国兵が証言を始めたとしても、彼は家の名誉を傷つけたという理由で親戚縁者、友人から絶縁されるだろう。いや、それどころか、社会的にも抹殺されてしまうはずだ。

今回のドキュメンタリーには退役軍人会の面々が登場し、激しい言葉でこの「市民平和法廷」の試みに侮言を浴びせかけている。だが、国家と軍隊の尊厳を護持しようとする彼らが同時に、日本の植民地支配と「慰安婦問題」、「強制連行問題」に怒り、日本政府に謝罪を要求する韓国人であることも忘れてはならない。

赦(ゆる)すという行為は難しい。赦すとは赦すことのできる者を赦すのではなく、どうしても赦すことのできない者を赦すことである。赦しを与えられることは至難のことであり、罪を認めて悔いたとしても、それでただちに赦されるとはかぎらない。だがさらに困難なのは、赦しを与えることである。どうしても赦すことのできないことを、どのようにすれば赦すことができるようになるのか。

日本人は韓国人の告発に当惑し、赦してもらえないことに苛立っている。韓国人のほうが赦しをめぐってより困難な作業に直面していることに気付いていない。しかし韓国人もまた、ヴェトナム人の告発を受けてもいっこうに謝罪しようとしない。ヴェトナム人は韓国人をいつ赦そうとするのか。歴史の捏造だという罵声を浴びせながら、いっこうに自分たちが行なった虐殺を認め謝罪しようとしない韓国人を、彼らはどのように赦せばいいのか。ヴェトナム人は困り果てている。赦さなければ先に進めない。だが赦すことのできない者を、どのように赦せばいいのだろうか。

ドキュメンタリーの冒頭で、聾唖の男が道路の砂の上に指で何かを書きつけている。最初は韓国の、次にアメリカの国旗だ。最後に南ヴェトナムの国旗が、きわめて簡単ではあるが描かれる。口をきくことができないので、指で国旗を描いて意思疎通を図っている。困難な手法ではあるが、理解しようとする意気込みがこちら側にありさえすれば、そのメッセージを理解することはできる。

ティ・タンが発したメッセージはいつ、どのような形で、韓国の加害者側に到達するのか。またその加害者たちに対し、かつて加害者として振る舞っていた日本人のもとに到達するのか。

（二〇二一）

＊　本稿を書くにあたって、コ・ギョンテ『ベトナム戦争と韓国、そして１９６８』（平井一臣ほか訳、人文書院、二〇二一年）から教示を得た。

金大偉『大地よ』

宇梶静江は独力で人生を切り開いてきた人だ。

子供のときから、人に無視されるのは平気。その代わり、何でも自分で決め、自分ひとりで始め、自分ひとりで創り上げていく。『大地よ！』（藤原書店、二〇二〇）という自伝を読むと、貧困と差別という逆境にありながらも、彼女がいかに創造的でしかも痛快な生き方を切り開いてきたかがよくわかる。

小学校を出ると家の畑仕事とは別に、人の田んぼで日雇い仕事。芝居が好きで、青年団に入って舞台に立つ。ひらがなしか読めなかったが、ゲーテの詩集を漢字抜きで読み通した。裁縫教室に通い、一四歳のときには独力でオーバーコートを縫い上げた。それからキンメダイの行商。反対を押し切って札幌のお嬢様学校へ進学。二〇歳にして中学生となり、漢字が読めるようになると世界文学を読破。東京に出てタンゴ喫茶の看板娘。やがて結婚。詩を書いて認められ……。

だがここまでは、簡単にいうならば出自をおおっぴらに語らず、和人のなかに溶け込んで生きてきた。三九歳にして新聞に投稿し、東京のアイヌたちに結束を呼び掛ける。都議会に陳情し、都在住のアイヌの生活実態調査を実現させる。これだけでもすごい。しかし活動家として多忙な人生を送るようになってからは、もっとすごい。アイヌ民族の権利回復と文化伝承に情熱を燃やし、活動はいつしか国際的となる。

わたしは映画研究家であるから、宇梶静江の思想と対抗言説についてはこれ以上述べない。それよりも、彼女を描いた二〇二三年の金大偉（きんたいい）のドキュメンタリー映画について、そのスタイルと視線のあり方について、ここでは書いておくことにしたい。

たとえば彼女の生涯をもしＮＨＫが朝の連続テレビ小説にしたら、どんな風になるだろう。まず故郷のアイヌの村は、しごく平和なユートピアに描かれる。アイヌ差別の挿話が一つか二つ、いかにも感傷的なタッチで登場し、それでお終い。いわゆるワクチン効果である。知里真志保との対話はカット。視聴者の共感を招き視聴率を上げるためには、七面倒くさい民族問題は歓迎されないのだ。その代わり、演劇を志して上京したとき、宇野重吉と出会ったことが長々と描かれる。戦争中の苦境と「終戦」の解放感がノスタルジックに強調され、戦後の流行歌のオンパレードのなかで、主人公はどこにでもいる庶民の戦後女性として描かれる。

もし森崎東が宇梶静江の人生を撮ったとしたら?

かつて松竹で『喜劇・女生きてます』シリーズを撮ったこの監督なら、舞台は最初から東京。主役のタンゴ娘を緑魔子に演じさせるはずだ。清川虹子が脇役。ひょっとしたら渥美清や伴淳三郎がチョイ役で顔を見せるかもしれない。冒頭は、ひらがなしか読めないタンゴ娘がトイレのなかで、ゲーテ詩集を漢字抜きで朗読する場面だろう。爆笑に次ぐ爆笑のなかで、彼女がアイヌであるという真実が少しずつ判明してきて、差別主義者の悪玉がコテンパンにやっつけられる。

ではもし原一男が、宇梶静江を主人公にドキュメンタリー映画を撮ったとしたら？『ゆきゆきて、神軍』の監督はまず彼女が自伝に記したことの一切を無視するだろう。そこに書かれなかったこと、曖昧なまま詳しく言及されていなかったことに着目し、アイヌ活動家としての人生のどこかに亀裂を見つけようとする。焦点は女優に憧れた少女時代と、アイヌである自分を表現できないまま詩を書き続けてきた時代の煩悶に向けられる。日本共産党の文化方針とアイヌ権利回復運動との間の齟齬が、あるいは主題のひとつとなるかもしれない。

金大偉はどの方法も採らなかった。ＮＨＫのメロドラマとも、森崎東の喜劇とも、原一男の露出主義的ドキュメンタリーともまったく異なった眼差しのもとに、宇梶静江を描いた。映画『大地よ　アイヌとして生きる』が主眼としているのは、彼女のメッセージをいかに正しく、その豊饒の相において再現するかということである。また正装したアイヌの面々が火を熾し共食する儀礼を、彼女の語りを含めてキチンと記録することでもある。これはまったく正攻法の撮り方だ。

薄い雲の棚引く、晴れた空。浜辺の野花。風にそよぐ草。陽光を浴びて煌めく波。緑鮮やかな森。世界を黄金に染め上げながら沈んでいく太陽。要するに美しく、恵み豊かな大自然の映像が次々と登場する。いったい大丈夫かなあ、これって銀行のカレンダーみたいじゃない？と、思わず茶々を入れたくなるが、そのうちにこうした映像と宇梶静江の内面、彼女のメッセージとが対応関係にあることが少しずつ理解されてくる。

いくたびも岸辺に寄せる波のアップが登場する。激しく荒れ狂う波。夕陽を浴びて、細かく割れながら打ち寄せる波。沖合の波。それはアイヌについて語る主人公の言説の微妙さに共鳴しているのだ。講演する宇梶静江。幼少時の記憶を辿る宇梶静江。みずから創作した古布絵（こふえ）を展示する宇梶静江。こうした彼女のさまざまな映像は、右手に杖を握り、海辺に独り立ちながらはるか遠方を眺めている宇梶静江のそれに収斂していく。

自分がなすべきことはすべてなし終えた。今は大自然を前に謙虚に佇み、波の声に耳を傾けるばかりだ。映像のなかの宇梶静江は、さながら巫女であるかのようにそこに立っている。

いや、違う。何も終わっていないではないか。アイヌは世代が下るにつれ、混血となり、和人化していく。本来の儀礼の厳粛さや自然観、そして宇宙観が損なわれ、衰退していくばかりではないか。もう一人の宇梶静江が壇上に立ってそう抗議する。

彼女の立場の分裂を統合するためには、人間を超えたものを提示するしかない。森と海だ。そして浜辺に佇む老女。金大偉はそう考えている。そしてこのフィルムは自然の豊饒を讃える。だがそればかりではない。宇梶静江というアイヌの女性が、大自然そのものの隠喩に他ならないことを物語っている。彼女は巨大な自然、つまりマクロコスモスを前に、ただ一人、ミクロコスモスとして向かい合っているのである。

（二〇二三）

李長鎬『馬鹿宣言』

李長鎬（イチャンホ）は破天荒な映画監督である。もっとも破天荒な名作(?)『馬鹿宣言』を見てみよう。

「昔むかし、二〇世紀が終わろうとするころ、大韓民国にトンチョルという馬鹿（パーボ）がいました」。

天真爛漫な子供の絵を背景に、一人の子供が、まるで教科書でも朗読するかのように語っている。子供の姿は見えない。そのかわり、黒シャツを着た小柄な男が、足を引きずりながらソウルの下町を歩いている。いかにもパッとしない男。ゲームセンターの機械音と長鼓（チャング）を打つ音がうるさい。

老朽化したビルの屋上には神妙な顔をした男がいて、こわごわ下方を眺めている。彼は「ヨーイ、ドン！」という掛け声とともに飛び降りる。その瞬間、見えない観衆が大歓声をあげ、拍手が沸き起こる。読経の声。人々がたちまち墜落死体を取り囲む。一人の男が抜け目なく死体の腕から時計を剝ぎ取り、さらに屋上に駆け上がって、遺されている靴とジャンパーを着服。平然とした顔でその場を去ってゆく。

ふたたび子供のナレーション。

「その頃の人々はもう映画にあまり興味をもっていませんでした。興味があったのはスポーツだけでした。こうして映画監督が一人、死んでしまいました」。

飛び降りた男を演じているのは李長鎬。このフィルムの監督である。彼の遺品を盗み取った男が「馬鹿」のトンチョル。演じているのは劇団アリランを主宰するキム・ミョンゴンである。トンチョルという名は、このフィルムの原作者であり、みずからも足に障碍をもつ社会運動家イ・ドンチョルに因んでいる。

　これが『馬鹿宣言』の冒頭である。わたしはそれを一九八三年のソウルで、立ち見で観た。軍事政権の末期、民主化闘争の吹き荒れるなか、劇場は満員だった。観客たちは映画の熱気に興奮していた。社会が荒唐無稽であるときには、映画もそれに対応して荒唐無稽でなければならぬという、貴重な事例に立ち会ったような気がした。

　『馬鹿宣言』ではまず監督本人が自殺する。その後、トンチョルは巨大に肥満したタクシー運転手ユットク（漢字では「肉徳」、つまりデブ）と組んで、いかにも良家の子女といった女子大生にクロロホルムを嗅がせて誘拐。ラブホに拉致すると、洋服も脱がずにさっそくシャワーを浴びる。水を吸ってダラリと伸びた黒ネクタイをあたかもペニスであるかのように扱き、奇怪な工具を持ち出して女子大生の軀を弄る。だが女子大生とは真っ赤な偽り。彼女は私娼窟で春を鬻いでいる娼婦、ヘヨンと判明。かくするうちにトンチョルとユットクはタクシーを盗まれ、三人は行き場のない一文無しとなってしまう。

　すると彼らはなぜか海水浴場にいる。ユットクはたまたま通りかかったアメリカ人にしたたか殴りつけられ、ヘヨンはブルジョワのお坊ちゃんの誘惑を受け入れる。それを陰からトンチョルが、指をくわえながら眺めている。さらに次の場面では、ユットクとトンチョルは超高級ホテルのボーイであり、着飾ったセレブたちのパーティで給仕をしている。そこへひときわ派手な服装をしたヘヨンが乱入し、居合わせた男たちはいっせいにズボンを脱ぐと、彼女に向かってシャンパンを浴びせかける……。

いったい何のことだかわからない。かろうじて推測できたのは、この騒々しい性的隠喩と自嘲の連続からなる作品の背後に恐るべき絶望が隠されているということだった。のちにわたしは、その制作過程において徹底的な検閲がなされていたと知った。物語の続きぐあいがまったく読めなかったのは、途中の部分が当時の文教部の怒りにふれ、ズッタズタに切られてしまったからだ。にもかかわらず『馬鹿宣言』は生き延びた。観客たちは、映画が検閲で破損されたことを承知の上で劇場に向かい、歓声を上げていた。七〇年代から八〇年代にかけての韓国において、それは当たり前のことだったからだ。

わたしは感動的な青春映画『風吹く良き日』（一九八〇）の監督としての李長鎬を、すでに知っていた。その後、彼はラディカルな貧民救済運動家イ・ドンチョルに出会い、彼の自伝ともいえる『暗闇の子供たち』（一九八一）を撮った。『馬鹿宣言』はその帰結である。この作品にわたしは一瞬たじろいだが、やがて少しずつそれを理解するようになった。李長鎬は〈作家〉なのだ。日本の大島渚や若松孝二がそうであるように、固有名をもった監督なのだと、改めて思い当たったのである。

（二〇二四）

ファム・ティエン・アン『黄色い繭の殻の中』

ファム・ティエン・アンの『黄色い繭の殻の中』を観た。二〇二三年のカンヌ国際映画祭でカメラ・ドールを受賞したヴェトナム映画である。監督は一九八九年生まれというから、まだ三五歳だ。もっとも新しいヴェトナム映画だというので期待して観にいったのだが、はたしてその期待をいささかも裏切ることはなかった。

『黄色い繭の殻の中』は端的にいって魂の巡礼の物語である。無為な日常を送っていた青年が、ある運命の偶然から旅に出て歴史的な記憶に遭遇し、最後に人生に対するより高度な認識に到達する。三時間にわたるこのフィルムは脱線の多い、一風変わったロードムーヴィーであり、西洋でいうならばバニヤンの『天地歴程』を思わせる構造をもっている。疾走と停滞が交互に現れ、主人公が次々と不思議な人物の語りに耳を傾けるあたりなど、初期ヴェンダースの『まわり道』や『都会のアリス』にも似ていなくもない。タルコフスキーを思わせる水溜まりのショットもある。だが一貫しているのは、監督がいたるところで寓意という手法を用いていることだ。

夜、サッカー場に面した広場で、三人の青年が食事をしている。ビールのキャンペーンに来た娘に絡んだり、いかにも無為で万事に退屈している。近くで食事をしていた他の客たちがいきなり、大変だといわんばかりに立ち上がり、いっせいに右手のほうへ向かう。カメラがパンをすると、交通事故が起きたと判明する。三人の若者は無関係な他人事にはシニックな態度を崩さない。群衆が現場を取り囲み、土砂降りの雨が降ってくる。その後により明確にわかることであるが、ファム・ティエン・アンのこのフィルムではパンとロングテイク（長回し）が大きな意味をもっている。

若者の一人、ティエンは、いかにも退屈そうにマッサージパーラーを訪れる。マッサージ嬢と話をしていると、次々と携帯電話の着信音が聞こえてくる。ティエンは最初「神様からだろ。お得意さんなんだけどね」と遇（あし）らっているが、着信音はやまない。やがてそれが深刻な通知であったことがわかる。交通事故で兄の嫁ハンが即死し、幼い甥っ子だけが生き延びたのだ。ティエンは兄タムのもとにその少年を届けなければならない、しかしタムはいったいどこにいるのか。このシークェンスでは携帯電話の呼び出しが、運命を取り仕切る神からのメッセージであったことが暗示されている。

ここでフィルムはようやくタイトルバックとなる。兄夫婦がキリスト教に基づいて結婚式を挙げているときの画像だ。喪失された幸福の映像が終わると、不条理な現実が待ち構えている。両親がアメリカへ移住して以来、サイゴン（ホーチミン）で気ままな独身暮らしを続けてきたティエンは、もう長いこと故郷に戻っていなかった。それが今、嫂（あによめ）の棺と甥っ子を送り届けなければならないのだ。こうして若き日のヴェンダース映画に似た彷徨が開始される。故郷へと向かう道は、どこもかしこも石ころと泥だらけで、しかも恐ろしく曲がりくねっている。

ティエンと甥っ子は、行く先々で不思議な人物に出会う。村のお祭りが始まるのだろう。子供たちが鳥の着ぐるみを被り、お芝居の稽古をしようとしている。

ティエンは村に到着すると、長老ルーの助けを借りてハンの葬儀を執り行なう。ルーはけっして謝礼を受け取ろうとはしない。ルーの家を外側から映しているカメラは、しばらく静止しているが、その後ゆっくりと窓を潜り抜け、室内で話しているティエンとルーを捉える。ルーが席を外すと背後に置かれているTVを捉え、ぐるりと回転して、壁に立てかけられているキリスト教の祭壇や両親の遺影を映し出す。一五分にわたる長回しである。席に戻って来たルーは昔話をする。南ヴェトナム軍の兵士として大勢の解放戦線と戦い、三日三晩にわたって一歩も退かなかったのは自分の誇りだったと、戦争体験をポツリポツリと話す。

ハンの葬儀を終えたティエンと甥の、就寝する前の対話。彼らの顔は映らず、ただジョルジュ・ド・ラトゥールの絵のような蠟燭の光だけが、かたわらのキリスト像を照らしている。深夜の死者を思う敬虔。甥はガラス瓶のなかの二匹の金魚を見つめながら尋ねる。「天国はどこにあるの？」「信仰とは何？」目覚まし時計の針だけが闇に浮かび上がる。

この静謐にして神秘的な夜の場面に続いて、明るい白昼の教会の場面となる。ティエンと修道女が教会で扉のところに佇んでいる。扉の外は明るく、堂内はどこまでも昏い。二人が眺めている扉の外には、美しい緑の森と河が見える。それは明らかに救済を求め、神に向かい合っている信者の構図である。

こうしてティエンの内面には少しずつ変化の徴が萌してくる。他者に無関心であったこの孤独な青年は、生をいくえにも取り囲んでいる死の存在に気づき、自分の魂が危機に陥っていることを認識する。彼は甥とともに、死んでしまった鳥を埋葬する。闘鶏用の囮の雛鳥の話をしていた友人のことを思い出す。友人と池の畔で神について語る。神は今、どこにいるのかと。二人は話し合う。鳥のモチーフが繰り返し登場するのはなぜだろうかと。ここで観客は意識する。

ティエンが故郷の村でかつての恋人と再会するくだりは、タルコフスキーを思わせる幻想的な場面である。壁という壁が真っ白い建物の廃墟で、二人は隠れん坊に興じる。カメラは三六〇度のパンを通して水浸しの二階の回廊で接吻する二人を捉える。「どうしてあんないい映画が撮られなくなったの？」と元恋人が尋ねる。この長尺のフィルムのなかで、唯一、ノスタルジアの感情が噴出している場面である。

修道女の経営する保育園に甥を預けたティエンは、単身バイクでふたたび旅立つことになる。山中の道路ですれ違った親切な男にガソリンを分けてもらい、見晴台の食堂で不思議な老女に出会う。彼女は若き日に恐ろしい虐殺を目の当たりにし、あまりの悪臭に魂の危機に陥ったことがあったが、どうやらその後、神秘的な能力を授かることになったようである。老女はティエンに、お前様は魂が喪われておりますぞ、と語る。

この老女は、フィルムの前半に登場する元南ヴェトナム軍兵士ルーの対極にある存在である。ルーは苛酷な戦闘に従事し、現在ではキリスト教の信仰に生きている。老女は残虐行為の犠牲者にして生残者であり、どうやら民間宗教である森の精霊信仰の徒であるようだ。彼女から託宣を受けたティエンは土砂降りの雨のなか、バイクを置いて歩き続け、ときおり後方を振り返る。これも象徴的身振りである。

最後にティエンはとうとう兄のタムの行方を知る手がかりを得る。タムには不思議なことに別の妻がいて、二人の間には赤ん坊がいる。タムには会えない。それどころか、彼の妻は赤ん坊をタムに託すと姿を消してしまう。ティエンはなすすべもなく、流れる河の水を眺めている。ここでカメラがゆっくりとパンして、川べりの農家の繭倉を捉える。倉の前ではティエンが眠っている。農夫が彼を起こす。赤ん坊はいない。すべては夢だったのだ。だが、どこからどこまでが夢であったのか。タムの妻と赤ん坊は夢だったのか。いや、それ以前に、そもそも老女の存在からして夢だったのか。現実と夢の境界は定かではない。だがわれわれはすべて黄色い繭の殻の中に眠って、夢みている存在にすぎないのだという認識のもとに、このフィルムは幕を閉じる。

もしわたしがヴェトナムにおける少数民族と彼らの信仰について、また森の精霊信仰とフランス植民地主義者から伝授されたカトリック教との関係について、より細かい知識をもっていたならば、『黄色い繭の殻の中』というフィルムをより深く理解することができたかもしれない（フィルムを観終わったわたしは、山中の少数民族にはとりわけカトリックの信徒が多いことを教えられた）。映画の細部に姿を見せるさまざまなオブジェが携えている寓意的な意味についても、それをより深く読み解くことができただろう。

だが大筋のところで、わたしは間違っていないと思う。これは亜熱帯の森と村落のなかで、ひとえに魂の救済を求めて彷徨する人間の物語であった。わたしはヴェトナムの映画が、戦争の傷痕を克服する物語を紡ぎ出す時期から、別の時期へと移行しようとしていることを知った。老女が語る残虐行為の物語は、以前であればよりリアリスティックに凄惨に満ちたものとして描かれていたはずである。このフィルムでは戦争体験はより抽象化され、純化された体験として語られている。老いたる南ヴェトナム軍兵士の回想にしても同様だといえる。もはや怨恨と憎悪は消え、名誉の記憶だけが残る。監督はそこにイデオロギー的な裁断を行なわない。そして主人公の青年はこの二人の老人から物語を授かった後、全身を雨に打たれながらも、泥だらけの道を進んでいくのだ。ヴェトナム映画は、旧宗主国フランスで映画修業をした者たちによる素朴なフレンチテイストを離れ、タルコフスキーやヴェンダースを自分なりに消化しながら、独自の道を歩んでいくことになるだろう。

（二〇二四）

アジア映画をめぐる書物

韓燕麗『ナショナル・シネマの彼方にて』

ブルース・リーは生前、香港を舞台とした功夫片（クンフー映画）に一度も出演しなかった。物語の舞台はタイであり、イタリア、謎の離島、そして戦前の上海である。このことは彼が、国家に帰属しないところで映画を思考していたことを意味している。そもそも彼の映画初出演は、サンフランシスコの中華街で華僑の女性が監督したメロドラマであった。彼は生涯にわたって中国大陸に無関心で、心はつねにディアスポラのさなかにある華人に向けられていた。

映画が特定の国家に帰属するといまだに本気で信じているのは、カンヌ映画祭に派遣された日本の大新聞の記者だけである。ヨーロッパではＥＵ統合後、多国籍の資本とスタッフ、キャストによる制作がますます盛んとなり、一本のフィルムの国籍を見定めることがほとんど無意味になっている。では東アジアはどうだろうか。実は歴史的に見て、ヨーロッパよりはるか以前から、この地域ほどさまざまな言語と社会体制が絡み合い、人々が亡命と移民を繰り返してきた地域はなかった。おのずから映画も国境を飛び越えて制作され、配給され、消費されてきた。先に述べたブルース・リーの挿話は氷山の一角にすぎない。加えて、逆説的なことではあるが、困難な情況にある祖国を出奔し、離散のさなかに置かれているがゆえに、民族の団結と国家の威信回復を呼びかけるといったフィルムが、異国で制作されてきた。

本書『ナショナル・シネマの彼方にて——中国系移民の映画とナショナル・アイデンティティ』は、こうした事実を虚心に見つめることから執筆された中国語映画論である。中国映画論ではない。対象となるのは、映画制作が開始された一九三〇年代初期から、海外の中国人のアイデンティティが比較的安定するにいたった七〇年代初期までの作品。分析されるのは、日本軍侵略の危機感のうちに香港で撮られた、広東語の「国防映画」であり、サンフランシスコで撮られた、華僑団結を呼びかける劇映画である。また上海から香港に逃れてきた亡命映画人の手になる、香港を故郷と宣言するための歌謡メロドラマであり、マレー半島の華人がマラヤ化した中国語で撮った恋愛映画である。こうした作品はもはや従来の国民映画論の文脈からは、理解不可能なものとして無視されてきた。またナショナリズムを昂揚させる表象としての映画分析談義からも、しばしばプロパガンダの一言で片付けられ、細部にわたる検証が蔑ろにされてきた。著者はともすれば周縁的と見られかねないこうした映画制作の分析を通して、香港映画と中国映画という従来の単純な二項対立を相対化し、究極的には「香港映画」という、世界映画史における巨大な神話を切り崩そうと試みている。その意気やよし。

ではここに台湾が絡めばどうなるのか。香港において少数派であった言語、たとえば客家語や潮州語、厦門語による映画制作と、その巨大な市場としての台湾を射程に入れてみると、全体としてどのような構図が浮かび上がってくるのか。おそらくこの分析には、移動劇団を通して民衆が親しんできた伝統演劇と映画との関係を、韓国や日本をも視座に入れて見据えることが必要となるだろう。

晏妮の『戦時日中映画交渉史』（岩波書店、二〇一〇）、李英載の『帝国日本の朝鮮映画』（三元社、二〇一三）と、この数年間、日本で刊行される映画研究書のなかに、両大戦間の東アジア映画を論じて蒙を啓かれる思いのする著作が増えてきた。いずれもが広い視座と先鋭な方法論をもった女性研究者の手になるものである。〈アジアのなかの日本映画〉という標語のもとに、日本映画の独自性なる神の解体を問い続けてきた筆者にとって、これは心強い現象である。そこに今、さらに一冊、従来の香港映画神話を覆す、きわめて興味深い書物が加わった。おそらく本書をもって、日本における東南アジア映画研究は単なる好事家の感想文の域を超え、二〇世紀のアジア文化史、社会史、華人史に隣接する知を構成することになるだろう。

（二〇一四）

＊　韓燕麗『ナショナル・シネマの彼方にて——中国系移民の映画とナショナル・アイデンティティ』晃洋書房、二〇一四年。

三澤真美恵編『植民地期台湾の映画』

二〇〇三年、台南で映画研究をしている大学教授のもとに、骨董蒐集家の友人から、嘉義の町で日本統治時代の映画が大量に発見され、買い手を探しているという連絡が来る。ただちに駆けつけてみると、町医者の駐車場に五〇箱ほどが積み上げられている。中身は缶に入ったフィルムと脚本だ。映写機もある。実はいくつかの博物館やテレビ局にも声をかけたのだが、誰も昔のフィルムについて知識がないので、価値を判断できなかったという。

もちろん教授の勤務校にも潤沢な予算があるわけではない。だがフィルムはそのまま放置しておくと、どんどん劣化していくだろう。彼はたくさんの申請書と企画書を書いて、あちらこちらに送るが、梨のつぶてだ。そのうち持ち主は、日本人が買いたがっているといってくる。もはや猶予は許されない。そのとき救いの神が現れる。国立台湾歴史博物館が、すべてを史料として引き取りたいといってきた。教授は勤務校のスタッフを動員して、フィルムの修復を引き受ける。

こうして二〇〇五年、一七五巻のフィルムが国立台南芸術大学（南芸大）の井迎瑞（ジンインルイ）教授のもとで修復されることとなった。三年後、修復作業が完了すると、重要なフィルムはＤＶＤに纏められた。発見されたものの大半は日本から移入された日本映画であったが、宣伝映画『台南州 国民道場』や『南進台湾』のように、台湾で制作された貴重な宣伝映画も、少数ではあるが含まれていた。

映画を修復保存するにあたっては、三つのことが重要である。そのフィルムがどのような経緯を辿って発見され、どのような状態にあるのか。そこにはどのようなものが映し出されているのか。最後に、そのフィルムが制作された時期の文化・社会・政治の状況とは、どのようなものだったのか。以上の事項を明確にするためには、ありとあらゆる情報が収集されなければならない。だが残念なことに日本の歴史学者は、まだまだ映像資料を史料として活用するという認識がきわめて低い（わたしはサラマンカでスペイン戦争の研究をしたという教授に会ったことがあるが、彼は共和国政府を代表してプロパガンダ映画を制作していたルイス・ブニュエルについて、名前すら知らなかった）。

日本統治下の台湾映画を研究するさいに台湾人研究者が遭遇する困難とは、フィルムの周辺資料のことごとくが統治者の言語で記されていることである。日本語を解さない研究者は、ここから先には進めなくなる。嘉義で発見されたフィルムの内容を読み解き、それにしかるべき文脈のもとに理解するためには、日本人の協力を仰がなければならない。本書が台湾史研究家である三澤真美恵によって編纂されたのは、そのためである。三澤は六人の人物に声をかけた。一人を除いて、すべて日本人。近現代史研究家と音楽学者が四人。映画に直接関係していたのは、映画保存を専門とするとちぎあきらだけであった。彼らはＤＶＤに収録されたフィルムを繰り返し観て、その読解の結果を研究論文として纏めた。わたしは三澤も含め、歴史学の専門家が映画という分野に接近することはいいことだと思う。映画史の専門家がそれに喚起され、単なる巨匠の評伝や名作の分析を越えた領野へと向かうのに、よい契機となるからだ。

本書は修復されたフィルムの性格に応じて、二つの部分からなっている。前半では台湾で公開された日本映画をめぐって論が立てられている。戦時下にあって、台湾人がどのように国策映画やアニメーション映画を受容したかという問題が論じられ、そこに表象されている具体的なメッセージ（納税、貯蓄、健康、体育大会など）と、植民地における国民精神総動員運動の関連が分析されている。だがわたしにとってより興味深く思えたのは、統治者側が本土の日本人に向けて、いかに台湾を表象してきたかを分析した、後半部の諸論文であった。

『台南州　国民道場』では、植民地に生きる青年たちの内面は無視され、ただその規律化された身体が強調されている。これは両大戦間のプロパガンダ映画では、シオニズムからナチズム、また満映（満洲映画協会）の啓民映画までに共通するモードである。また『南進台湾』では、台湾に固有の文化風俗を紹介するという名目を掲げながらも、統治者の側の視点の狭さと意図的な隠蔽が、フィルムの細かな読み取りのもとに指摘されている。撮影者は台湾の城市に設けられた神社をカメラには収めても、津々浦々に存在する伝統的な廟については一顧だにしない。本来の台湾文化が登場すると、ただちに音声が消えてしまう。すべては、あたかも台湾の歴史が日本統治によって初めて存在するにいたったかのようだ。具体的な画面に向けられたこうした批判的な眼差しはきわめて貴重なものである。ちなみに本書では、分析対象である多くのフィルムがＤＶＤとして付録につけられており、論考の理解を助けている。

日本統治下にあった台湾では、なぜ映画産業が発達しなかったのか。朝鮮では、台湾に比べて一五年も植民地化の開始が遅れたにもかかわらず、少なからぬ制作会社が成立し、俳優と監督を輩出している。

だが台湾では映画産業が起きなかった。台湾人は他者（日本人）によって撮影されることはあっても、なぜみずからの手でみずからを映画として表象することができなかったのか。わたしは長い間、このことを疑問に思ってきた。事情は台湾でも同じだったようで、台北芸術大学の李道明（リーダオミン）教授からも、その原因の解明が急務であると告げられたことがあった。

本書はこの問いに正面から答えているものではない。とはいうものの、日本の植民地政策が台湾をいかに映画的に表象し、台湾全島において日本映画がいかに巡回上映されたかを知ることは、やはり重要なことである。日本人にとって台湾映画を語るということは、エドワード・ヤンを持て囃すことではない。今は誰も顧みることがなくなった植民地時代のフィルムをコツコツと修復し、歴史資料としてDVDの形で公開してきた南芸大と井迎瑞教授の姿勢に、わたしは深い敬意を感じないわけにはいかない。日本映画に関わる者は、それを他山の石とすべきであろう。

（二〇一七）

＊　三澤真美恵編、国立台湾歴史博物館出版協力『植民地期台湾の映画——発見されたプロパガンダ・フィルムの研究』東京大学出版会、二〇一七年。

笹川慶子『近代アジアの映画産業』

映画史を語ることは、近代を語ることと同義である。とりわけ帝国列強のもとに植民地・半植民地化を余儀なくされたアジアの諸地域で生じた、急速な近代化を理解するためには、その地における映画産業の発展のあり方を検討してみると、いろいろなことがわかる。これまでの映画史は二〇世紀初頭に欧米映画がアジアに到来し、ローカル映画を変容させていく過程を、もっぱら映画の作風やジャンルの変化という観点から論じていた。本書はそれを配給と興行の側面から再検討している。だから刺戟的な書物である。

のっけから思いもかけない二つの都市に焦点が投じられる。ロンドンと大阪だ。ハリウッドが台頭する以前、ロンドンは世界中に中古のフィルムを配給する、取引の本拠地であった。新作フィルムは値段が高いから、アジア側は使い古された画質の悪いものしか配給してもらえなかった。大阪というと、台湾・朝鮮といった植民地のみならず、東アジア中に日本映画を発信する中心地であった。シネフィルの立場からすれば、二〇世紀前半において重要なのは当然パリや京都と相場が決まっているが、配給と興行を基軸としたときに浮上してくる映画都市はこうしてまったく異なっている。この神話破壊は痛快である。

著者はこの立場に立って、環太平洋映画交渉史のなかで日本が占めていた地政学的位置を測定し、東洋汽船が手掛けた映画産業を世界流通システムのなかで検討する。最後に、こうした一連の手続きを踏まえた上で、アジアの近代的経験の多様性と多層性に言及する。シンガポール、マニラ、上海、そして大東亜共栄圏における日本……紙数が限られているため、各章のすべてについて論じることはできないが、ひとつだけ、具体的な分析例を挙げておこう。

わたしは以前に皇民化政策期の朝鮮映画について調べていたとき、ある疑問に到達したことがあった。朝鮮では一九二〇年代から朝鮮人による活発な映画制作がなされ、スクリーンで抗日を説く羅雲奎(ナウンギュ)のような映画人までが輩出したというのに、台湾ではどうして映画産業が発達しなかったのか。日本の植民地主義による近代化は、台湾のほうが朝鮮に先行していた。にもかかわらず、この映画的不振が生じたのはなぜなのか。

この疑問は台湾の映画史家の間でも長らく問われていたようで、数年前に台北芸術大学で学会が開催されたとき、韓国を含めて、三か国の研究者の間で話題になった。決定的な結論を導き出すにはいたらなかった。日本統治時代の台湾には上海映画が、台湾語の弁士付きで公開されていたから、わざわざ台湾人観客のために台湾語映画を制作するまでにいたらなかったのではないか、という説はある。しかし公開された上海映画の本数は限定されており、居合わせた人々を説得させるまでにはいたらなかった。

本書の著者はこの問題を論じるにあたって、受容者としての観客論をまず排している。社会階層の問題を含め、現地での観客を一義的に定義することは不可能であるという理由からだ。その代わりに持ち出されるのは市場の論理だ。日本の台湾領有は、リュミエール兄弟による映画の発明と同じ一八九五年であった。そのため台湾の映画市場は最初から日本の映画配給網に組み込まれ、西日本の地方都市と同様にして発展した。現地では独自の映画を制作する必要がなかった。それに対し朝鮮では、朝鮮人や在朝外国人による映画興行が開始された後に、遅れて日本の映画会社が到来し、市場を奪い合うことになった。台湾はもともと清国の一辺境にすぎなかったが、朝鮮は清国との服属関係こそあれ、独立国であった。朝鮮にあっては、日本映画の圧倒的な優位にもかかわらず、民族主義的な抵抗の気運が、民間資本による映画制作を促したのである。こうした市場環境の相違を証立てるものとして、著者は京城と台北における帝国キネマの興行のあり方の違いに着目している。

さまざまに興味深い発見に満ちた大著である。本書はこれまで日本で蔑ろにされてきた配給と興行の観点からアジア映画史を読み替える試みとして、「作家主義」を基軸としてきた映画研究家に少なからぬ刺激を与えることだろう。こうした立場の研究が、個々のフィルムの分析と有機的に結合したとき、アジア映画史、さらにアジア近代史がより実り多いジャンルとなることを期待したい。

（二〇一八）

＊ 笹川慶子『近代アジアの映画産業』青弓社、二〇一八年。

晏妮『戦時日中映画交渉史』

何年か前のことであるが、日本映画史の学会の席上でトンデモナイ発表を目の当たりにしたことがあった。

発表者はまだ若い、博士課程を終えたばかりの女性であり、主題は日本映画に描かれている少女のかそけさ、弱さの系譜というものだった。わたし自身、『「かわいい」論』(ちくま新書、二〇〇六)という著書のなかで、今日の日本社会を支配するイデオロギーは「かわいらしさ」というノスタルジックな神話に偽装して現れていると書いたこともあり、この主題自体はそれなりに興味深いもののように思われた。トンデモナイというのは、そのために発表者が準備した映像であり、その提示の仕方である。彼女はこともあろうに、現在の日本のアニメーションに登場する少女の攻撃誘発性(ヴァルネラビリティ)の映像を次々と提示していきながら、それを熊谷久虎の『上海陸戦隊』(一九三九)における「支那人」の少女の映像と重ね合わせた形で論じたのである。

『上海陸戦隊』は呪われたフィルムである。おそらくこれに匹敵できるのは、ナチス時代のドイツで制作された『永遠のユダヤ人』や『ユダヤ人ジュース』といったものだけであり、上映に際しては細心の配慮が要求される性格の作品である。一九三七年、日本軍が上海侵略にあたって、現地の民衆の慰撫に努めている。彼らは国民党の攻撃から民衆を守ろうとし、逃げ遅れた十数人の「支那女」を寺院に収容すると、食糧を与える。女性たちは最初警戒しているが、やがて日本兵たちが規律正しく親切であることに気付くと、彼らから食べ物を受け取るようになる。避難の期間が長くなり、なかには出産をする女性も出てくる。だがそのなかに一人、頑として施しを拒否し、日本兵を罵倒してやまない若い女性がいる。彼女は何日も飲まず食わずのまま抵抗を続け、食べ物を受け取った他の女性たちをも罵倒し続ける。一人の青年将校がこのままでは彼女は衰弱死してしまうと憂慮し、懸命に説得を試みる。すると彼女は握り飯を摑み取り、脱兎のように物陰に隠れて貪り食う。だがやがて彼女も日本軍の正しさと善意を理解するようになる。そして最後に彼女は彼らの作戦の勝利を仏像に祈願するまでとなる。この女性を演じたのが、ナチス・ドイツから帰国してまもない原節子、そう、あの日本ファシズムの少女であった。

わたしは過去に、女優としての原節子の変遷を確認するためにこのフィルムを分析したことがある。その時に感じたのは、『上海陸戦隊』が実に不吉で危険な映像であるということだった。よほど批判的な文脈を周到に設え(しつらえ)、緻密な理論を準備しておかないかぎり、これは公的な場所で上映するわけにはいかないという印象をもったのである。それをくだんの若い発表者は、単にかそけき女性の映像であるというだけの理由から、半世紀後のジャパニメーションの少女像と並置して論じたのだった。これは無知ですまされることではないと、わたしは怒った。会場には中国人研究者の顔も何人か見受けられたが、彼らがどのように屈辱的な気持ちでこの映像を目の当たりにしているかと想像すると、胸が締め付けられる気持ちになった。

発表者は単に映画史的に無知で、『上海陸戦隊』という作品の国策的内容を理解していなかっただけではない。映像の操作というものが文脈の設定によっていくらでも政治的イデオロギーを体現しうるという事態について蒙昧な認識しか抱いておらず、さらにいえば、自分が行なったモンタージュ作業に関して歴史的批判意識を完全に欠落させていた。またかかる行為が偏(ひとえ)にサブカル世代の日本人に特有の傲慢さに由来するという事実に対し、無頓着であり無知であった。しかしかかる批判意識こそは、かつて中国を侵略した者たちが制作したプロパガンダ映像を議論の素材として取り上げるときに、日本人がけっして忘れてはならないものではないか。わたしはこの発表者には、二度と東アジア映画を学問的に論じる資格はないと判断した。

晏妮(アンニ)の『戦時日中映画交渉史』を書評するといいながら、どうしてわたしは直接に関係のない話をくだくだとしてしまったのだろうか。日本の映画史家、映画研究家が一五年戦争の間に日中両国で制作されたフィルムを論じるさいに、ついつい都合の悪い側面に直面することを回避したり、事態の推移を非歴史的な形でフラットに記述してしまうといった例に、これまでさんざん付き合わされてきたからである。もう二〇年ほど前のことであるが、戦時中に中華電影公司で川喜多長政の下で働いていたというある老齢の映画評論家があるとき、自信満々にこういったことをわたしは記憶している。「わたしは一度も中国人を差別したことがない！　川喜多さんも一度も中国人を馬鹿にしたことはなかった！」

わたしがこの人物と会ったのは香港国際映画祭の会場であったが、彼は片言の中国語も広東語も話せず、食堂で粥ひとつ注文するにもわたしに頼まなければならなかった。その態度は彼が戦時下にいかに中国人から遠い、特権的な地位にあったかを如実に示していた。問題はこの人物が意識して中国人を差別したか、しなかったかという次元のことではない。当の中国の映画人が日本人の出現に脅威を感じ、警戒心を解かなかったという事実に対する、想像力の有無なのだ。日中映画交渉史をめぐる日本人側の証言がにわかに信じがたく思われてくるのはこうした瞬間である。多くの人たちが、侵略された相手側の立場に立って事態を証言するというだけの知性をもっていない。当事者の回想的証言におけるこうした傾向が禍(わざわい)して、東アジア映画史においてこの時期の研究は長らく暗礁に乗り上げたままとされてきた。

晏妮のこの著作の美点は、端的にいって以下の四点に要約することができる。

1. 日本と中国の豊富な文献資料に隈なく当たり、できるかぎり客観的に日本側の中国映画理解と中国側の日本映画理解のあり方を浮かび上がらせようと試みたこと。

2. 日本の映画研究において、ある世代までは、個人的な人間関係が禍するあまり、けっして言及されることのなかった戦時下の日本映画人の言動を、半世紀が経過した時点でより広い文化的射程と歴史的文脈のなかで検討し直していること。

3. 個々のフィルムについて、監督の思想とその表象としてのテクスト内容の検討についてはいうまでもなく、同時代における受容のされ方までを考慮し、映画体験の全体性を論じていること。これは世界的にいって映画研究が従来の静止したテクスト分析を離れ、受容の美学・社会学を組み込むようになってきている現在、それに沿った学問的傾向であるといえる。

4. 単なる日中文化交渉史という狭い枠組みを離れ、映画研究の一般的な動向である制作者論、ポスト植民地主義論、オリエンタリズム批判などの知的潮流と軌を一にしており、日本におけるアジア映画研究においてブラックボックスであった分野に分け入り、説得力に満ちた論を展開していること。もっともこう抽象的に書き出してみても、映画史に疎い読者には何のことかわからないかもしれない。以下に本書のハイライトを紹介して、その着眼点のみごとさを書き出しておきたい。

戦時下の日本と中国の映画交渉史は、繰り返していうことになるが、両国の研究家にとってもっとも弱い部分であった。中国の研究者は共産党政権の国策に制限されており、公式的な立場を一歩も崩そうとしなかった。彼らは侵略者の支配と協力者の迎合という図式に適応し、満洲映画協会（満映）の制作作品については沈黙を続けた（胡昶（フーチャン）と古泉なる人物による『満映』という書物がパンドラから邦訳されているが、日本語の原資料も読まず、一本のフィルムも観ることを許可されない状況下で執筆された、官僚的な文献整理の域を出ない）。日本側はといえば、当事者たちを庇い合い弁護する傾向が強かった。当事者の証言にも多分に疑わしいところが見受けられた。

晏妮はこうした不毛な齟齬の構図は、フィルムを国籍別に分類したり、映画史を日本、中国で別個に編纂しているだけでは解決できないと提案している。東アジア全体の映画状況という巨きな文脈を準備しないかぎり、日中映画交渉とその背景にあった大東亜共栄圏のイデオロギーの問題を理解することはできない。こうした認識を氏に準備させたのは、昨今の映画研究がナショナル・シネマのもつイデオロギーをめぐって著しく進展したことと、現実に映画制作の現場において国境を越えた合作や制作費の提携、俳優の移動が頻繁となっているという状況が横たわっている。

日本占領下にあって日中両国のナショナリズムは、非対称の形態をとって映画に表象されている。かかる状況下にあって制作されたフィルムを、親日／反日／抗日といった単純なイデオロギーの弁別だけを基準に裁断し断罪するだけでは、ある時代の映画状況の構造全体を見通すことはできない。中国の映画人の心理は微妙にして複雑であり、日本に協力すると見えて屈折した抵抗を示す例も少なからず存在していた。また、乗り込んできた日本側の制作者にも、抗日映画であることを充分に承知しながら、あえて中国人に制作を許可するという考えの持ち主が存在していた。こうした認識のもとに川喜多長政が設立した中華電影股份有限公司（華影）と彼の制作作品である『木蓮蘭』や『萬世流芳』が論じられる。これらは表面的には復古調のように見えて、その実、けっして対日協力のフィルムではなかった。詳しくは本書を直接に手にとっていただきたいが、この姿勢は戦時下の国策的朝鮮映画と解放後の韓国映画の連続性を論じるさいにも、またGHQ占領下の日本での映画検閲を論じるさいにも、参考にすべきところが多々あると思われる。

いきなりポレミックな記述から本書の紹介に入ってしまったが、著者はここで時間を遡行して、そもそも日本人がどのように中国映画を見てきたか、その歴史を辿ってみせる。

日本に映画ジャーナリズムが誕生した一九一一年の時点において、はやくも雑誌『活動写真界』に「上海の活動写真」という記事が掲載されている。その後も映画雑誌に「上海通信」という連載コラムが続くなど、日本の映画ファンにとって中国での映画動向はその当初から関心をもたれていたことがわかる。一九二〇年代には大正時代の観光ブームも手伝って、中河与一、吉行エイスケ、谷崎潤一郎といった文化人の上海印象記のなかで映画がしばしば言及されることとなった。彼らは上海を「支那のハリウッド」と呼び、その斬新なモダニズムに関心を寄せた。もちろん映画監督の鈴木重吉のように、上海を鏡として日本映画の閉塞状況を批判する向きがあったことも忘れてはならない。そして三〇年代ともなると、プロキノ（日本プロレタリア映画同盟）に代表される左翼映画人が、上海との連帯を求めた。

一九三五年には岩崎昶が上海を訪れ、三本のフィルムに見られる思想性、芸術性、技巧性を、日本映画と比較しながら細かく論じる。だが岩崎にはマルクス主義に由来する階級的視点はあっても、中国映画人が抱いていた民族主義を見抜くだけの理論的準備はなかったと、晏妮は論じている。それに対して同時期の矢原礼三郎は、中国の民衆観客の反応までを視野に入れながら、上海映画の民族主義的傾向をちゃんと見据えていた。このあたりは日本における岩崎昶の特権的神話化を見直すためには重要な言及である。もっとも著者は、矢原がのちに国策映画の側に転向したことを、けっして忘れてはいない。

日中戦争が本格的に進行してゆくなかで、日本側が緊急の課題としたのは、日本映画をいかに中国人に観せるかという問題である。内田岐三雄は日本映画こそ中国映画を指導すべきだと教説を垂れ、上海映画に見られるアメリカニズムを批判した。これは二〇年代のモダニズム礼讃の流行を想起すると、ちょうど正反対の態度であった。ここで登場したのが先に名を掲げた川喜多長政である。彼は中国映画のあり方について直接の言及を控え、日中合作に専念した。華影を立てると抗日片（抗日映画）を黙認し、逆に中国の優秀な映画人人材を確保することに腐心した。この微妙にして一歩間違えると大きな誤解を与えることになる戦略を、川喜多は綱渡りのように全うした。彼の眼中にあったのはもっぱら日本映画をいかに海外に輸出するかという、長年の願望である。著者は続いて、日本映画が中国に進出してゆくさいに、直接に戦場であった華北と、以前からモダニズム文化が咲き誇っていた上海とでは観客の受容の仕方に大きな違いがあったことを指摘し、上海人を含め一般の中国人が日本の国策映画を観に劇場へと足を運ぼうとしなかった事実を冷静に記している。

では、俗に「大陸映画」と呼ばれる、中国を素材とした日本映画は、両国でどのように受容されたのだろうか。これは『李香蘭と原節子』（岩波現代文庫、二〇一一）のなかで原節子と李香蘭を比較して論じたわたしにとって、きわめて興味深い問題である。晏妮によれば、日本国内では大衆はそのメロドラマ的筋立てを歓迎したが、評論家たちは低級なものと見なして批判した。さてここでジェンダーの問題が浮かび上がる。日本人の男性が中国に向かい、現地の女性と恋に陥るというフィルムが次々と制作され、日本人からの愛と教えを希う善良な中国人女性という、ステレオタイプを築き上げてしまったことだ。本稿の冒頭に言及した『上海陸戦隊』は、実はまさにこのような文脈においてこそ、批判的に論じられなければならなかったのである。

次に、上海で制作された中国映画がいかに日本で受容されたかという問題に、著者は筆を移す。「大東亜共栄圏」を提唱していることもあって、戦時下の日本では、中国映画をめぐる言説が以前に増して広範囲に普及することになった。だが言説が盛んとなる一方で、肝心のフィルムが輸入され公開されることは、それほど多いわけではなかった。李萍倩が主演した『椿姫』は、原作がフランスのメロドラマであったため、観客を混乱させただけだった。『木蘭従軍』は、抗日という隠されたメッセージを見抜かれることなく公開され、アニメ『西遊記』は大東亜共栄圏の成果として、肯定的に宣伝された。日本がまだ長編アニメを制作していなかった時代のことである。白光、陳雲麗、汪洋といった女優たちは、『東洋和平の道』や『木蘭従軍』において、挙って艶姿を披露した。とりわけ汪洋は第二の李香蘭として売り出された。だが彼女たちの親日的演技はどこまでも皮相的なものであったと、晏妮は指摘している。彼女たちは美しい容貌を披露しつつも、声を欠落させていた。端的にいって、沈黙する可愛らしい「支那人形」として画面に召還されてきただけにすぎない。この指摘は、当時日本で公開された中国映画において、男性俳優の身体と顔が不在であり、彼らがどこまで行っても「その他大勢の中国人」といった次元を超えてスクリーン上に現前するということが皆無であったことを考慮すると、きわめて興味深い事態である。日本の観客は、中国へ出かけてゆく同胞男性を支持しても、中国から到来する異国の男性を受け入れようとはしなかったのだ。

　こうして晏妮の著作はさながら大絵巻、いやもとい、大パノラマのごとくに進んで、戦後に到達した地点で幕を閉じている。では戦後は？　本書の続編を知りたい方には、氏のもっとも新しい論文をお読みになることをお勧めする。『ポスト満洲　映画論』（人文書院、二〇一〇）のなかの「冷戦の狭間で――一九五〇年代の日中映画交流・人民連帯と涙」と、『日本映画は生きている』第三巻（岩波書店、二〇一〇）のなかの「日本映画と一九五〇年代の中国」という、二つの論文である。この二論文はちょうど合わせ鏡のような構成のもとに、戦後の交渉史を取り扱っている。

　前者は戦後の日本人が『白毛女』に代表される新中国の映画作品を観るため、いかに努力し、いかに情熱を注いだかを、文献資料をもとに再現してゆく試みである。冷戦体制下にあって敵国と見なされていた国家からフィルムを輸入し、いかに学校や工場で上映会を組織してゆくか。そしてこうした運動の背後には、『白毛女』の制作スタッフのなかに、旧満映の監督や編集者、撮影監督たちの献身的な協力があった。彼らは多くの同胞が帰国してゆくなか、新中国での映画制作に期待と希望を抱きつつ、あえて瓦解した満洲国の撮影所に残留し、無償で映画作りに携わったのである。

後者の論文は、一九五〇年代の日本映画がいかにして中国に持ち込まれ、観客から深い支持を受けていたかを物語っている。『どっこい生きてる』（今井正、一九五一）や『女ひとり大地を行く』（亀井文夫、一九五三）まで、レッドパージの犠牲になったり、大手を離れ独立プロで奮闘していた監督のフィルムが次々と公開された。とりわけ山田五十鈴の演じた母親像の新しさは、中国では高く評価された。彼らは彼女の主演作品のなかに、貧しい労働者が革命家へと転じる物語を読み取ったのだ。そして木下恵介の『二十四の瞳』（一九五四）は、日本の民衆もまた中国の人民同様に戦争の被害者であるという真理を語る反戦映画として受容され、大いに支持された。こうしたフィルムは『白毛女』とともに、冷戦体制下にあって日中人民の連帯を象徴するフィルムとして受け止められたのである。ちなみに晏妮は、こうしたメロドラマ映画がのちに、日本においては大島渚によって、中国においては陳凱歌（チェンカイコー）によって徹底的に批判され、乗り越えられたことを最後に記している。

では現在はどうだろうか。日本における中国映画をめぐる批評的言説は、かつてないほどに低迷を極めているといわざるをえない。中国研究家はさすがに現在では、フィルムを党幹部の政治方針の素朴な表象と受け取って、ありもしない陰謀路線をまことしやかに語るといった愚昧な習慣だけはやめたようだ。だが彼らはいまだに映画史と理論一般について体系的な知識を所有していない。フォン・スタンバーグのフィルムを観たことのない人物が、平然とその翻案である一九三〇年代の上海映画を論じているという有様だ。世界の映画状況を弁(わきま)えた上で自立した作家論が執筆されることはなく、欧米の現代思想を踏まえて中国語で執筆された硬質の理論的論文は、まだほとんど翻訳されていない。逆に一般の映画評論家はといえば、基本的に中国映画どころか、中国文化にも中国語にも関心を抱いていない。彼らは試写会室で観た話題作だけに関して、「イーモーの新作」とか、「チョワンチョワンの活躍」といった表記を、平然とメディアに垂れ流している（張芸謀(チャンイーモウ)と田壮壮(ティエンチュアンチュアン)のことである。念のため）。晏妮の書物は、その直前に刊行された応雄(インシオン)編著『中国映画のみかた』（大修館書店、二〇一〇）と並んで、こうした頽廃のなかに投じられた映画史的良心の証であるように思われる。氏によって現代日本映画論が執筆される日を期待したいと思う。

（二〇一一）

＊　晏妮『戦時日中映画交渉史』岩波書店、二〇一〇年。

李瑛恩『朝鮮国民女優・文藝峰の誕生』

一人の女優はいかにして「国民女優」と呼ばれるようになるのだろうか。『伊豆の踊子』や『滝の白糸』のように国民的に親しまれている物語の主役を演じることで、映画界にデビューする。老若男女を問わず、国民のあらゆる層が観客として親しみを感じ、社会に支配的な「懐かしい気分」をみごとに体現してみせる。海外からもその国を代表する女優であると承認される。明確な定義こそないが、およそ「国民女優」と呼ばれるためには、一人の女優はこうした条件を満たしていなければならない。日本における吉永小百合やイタリアにおけるシルヴァーナ・マンガーノは、みごとにそれに適う存在であった。

植民地朝鮮における文藝峰（ムンイエボン）はどうだっただろうか。

彼女は満足な教育も受けられないまま、父親の劇団を通して舞台女優となり、やがて活動の場を映画に移した。新派劇に特有の誇張された演技を排し、動作の無駄を削って、より抑制された静かな演技に徹した。『主なき小舟』（一九三二）で天真爛漫な処女を演じて女優デビューすると、朝鮮が解放される年まで、他のいかなる女優よりも旺盛な活動を示した。朝鮮初のトーキー作品『春香伝』（一九三五）では悲運の主役を演じ、『旅路』（一九三七）では貧困に喘ぎ、病気の子供と罪を犯した夫の間で悩む妻を演じた。古典怪談を脚色した『薔花紅蓮伝』（一九三六）で継母に復讐をする姉娘の亡霊を演じたとき、折から京城を訪れたフォン・スタンバーグ監督は彼女を見て、思わず「朝鮮のデートリッヒ」と呼んだ。内地の撮影所を訪れ、入江たか子と並んで写真を撮ると、朝鮮のメディアは挙って「朝鮮の入江たか子」と書き立てた。

日本に比べ充分な撮影所も技術もない朝鮮映画界では、新人女優が次々と起用されはするものの、一作では評判を得たが後が続かず消えてしまうといった傾向が強かった。文藝峰はそのなかで例外的に生き延び、女優としてもっとも沢山のフィルムに出演した。もし彼女に匹敵する女優を同時代の東アジアに探すとすれば、それは入江たか子でも李香蘭でもなく、上海の阮玲玉（ロアンリンユィ）であるだろう。デートリッヒの『ブロンド・ヴィーナス』をみごとに換骨奪胎し、貧困にもめげず幼気な息子を苦心して育てようとするシングルマザーを描いた『神女』（一九三四）の女優こそ、メロドラマ『朝鮮海峡』（一九四三）に主演した文藝峰と互角な演技力と映画的情熱をもった存在であったように思われる。

では文藝峰は国民女優の称号にふさわしい存在だろうか。

これは難しい問いである。というのも朝鮮では三〇年代後半から皇民化運動の嵐が吹き荒れ、文藝峰は「内鮮一体」のイデオロギーを鼓舞するためのプロパガンダ映画にたびたび主演。それが災いして、現在の韓国では「親日派映画人」のレッテルを貼られたことがあるからだ。加えて、当時の韓国は国家としての独立した主権を日本に奪われ、植民地という屈辱的な地位に甘んじていた。文藝峰は朝鮮の映画観客から強く支持されてはいたが、その人気はどこまでも朝鮮半島というローカルな空間を超えることがなかった。内地のメディアにあって彼女はつねに朝鮮服を着用し、異国情緒に訴えることでしか認知されることがなかった。正規の教育を充分に受けることがなかったため、いつまでも拙いままの日本語は、彼女に満映の李香蘭のような栄光をもたらさなかった。

本書の題名には残酷なアイロニーが隠されている。もし文藝峰を「国民女優」と呼ぶならば、デリダの表記法に倣って、「国民」という語に斜線を引いておくべきだろう。国民女優になることのできなかった、朝鮮の偉大なる女優という意味である。皮肉なことに彼女は解放後ピョンヤンに渡り、北朝鮮最初のフィルム『わが故郷』（一九四九）を皮切りに『パルチザンの少女』（一九五四）まで、新国家建設時に六年間にわたって主役を務めている。彼女が真の意味で国民女優であった時期があったとすれば、まさにこの時期だろう。そしてそれは、皇民化運動期の朝鮮映画と同様、国家権力のイデオロギーをみごとに体現するプロパガンダ映画であった。

本書は日本統治下に文藝峰が出演したフィルムを、制作者や監督の観点からではなく、もっぱら女優としての彼女の演技に特化して分析している。彼女が日本語で執筆した日記を手掛かりに、クロースアップにおける彼女の表情の曖昧さが、繊細な意識のもとに形成されたものであると説いている。日本語の会話が覚束なかった文藝峰がどうして日本語で内面の悩みを吐露する文章を遺しえたのか、疑問がないわけではないが、それはひとまず措くことにしよう。新派劇的な大仰な演技が支配的であった映画界にあって、彼女の静的な表情はしばしば「無表情」だと批判されてきた。だがそれがトーキー映画という新メディアの特質を充分に自覚していた文藝峰の聡明さの現れであると、著者は説いている。

『志願兵』（一九四一）の結末部で文藝峰が突然に見せる半眼微笑の表情は、これまで少なからぬ研究家にとって躓きの石であった。わたしや李英載（イヨンジェ）はそこに、被植民者に特有の恒常的心理状態であるメランコリアと、そこから親日派へと転向し、みずからプロパガンダ映画の「志願兵」たろうとした映画制作スタッフに対する、女優の側からのアイロニカルな眼差しを読み取った。この曖昧な微笑は、『志願兵』というフィルムの物語全体に対し、文藝峰が見せた批評ではないかという解釈である。本書の著者はこうしたテクストの構造に内在する政治性に、あまり関心がないようだ。問題を女優個人の演技の特質という次元に留めて論じている。このことは、本書の参考文献として李英載の『帝国日本の朝鮮映画』（三元社、二〇一三）が排除されていることとともに、筆者には少し気になったと記しておきたい。

書評者は今から三〇年前、一九九三年にピョンヤンで『春香伝』のリサーチをしていたとき、文藝峰に会うことができた。当時はまだ日本統治時代の出演作が発見されていなかったこともあり、『春香伝』を含め、日本統治時代のフィルムについて尋ねることができず、それが心残りとなった。とはいえもしわたしがそれを尋ねたとしても、すでに金日成体制のプロパガンダ・マシーンと化した彼女は、「親日派時代」の映画経歴について、おいそれと口を開こうとはしなかっただろう。七六歳の文藝峰はまだ現役の女優であり、わたしに向かって、金正日が幼少時にすでに天才的な才覚を示していたという話ばかりをした。

李香蘭は日本敗戦の直後、上海で漢奸裁判にかけられ、軍国主義の傀儡であった自分に直面することを強いられた。文藝峰は解放後、ただちに左派の朝鮮映画同盟の中央執行委員の座に就いた。本書はただその事実を素っ気なく記しているだけだが、その前後の微妙な事情を知りたいと思うのは筆者だけではないだろう。

＊　李英恩『朝鮮国民女優・文藝峰の誕生——日本植民地下の女優形成史』青弓社、二〇二三年。

（二〇二三）

映画日誌

ソウル　1979

ソウルに到着して二週間目。

満員バスに乗りながら外の看板のハングルを読むという練習を続け、ようやくバスの速度に合わせて読めるようになった。この町には『ぴあ』も『シティロード』もないから、映画の情報は街角の壁や電信柱に貼られたポスターに頼るしかない。もっとも少し散歩をすれば、市内の繁華街ばかりでなく、商店街のちょっと脇にかならず二番館、三番館がある。

華陽（ファヤン）劇場。東（トン）ソウル劇場。千戸（チョノ）劇場。どれも歩いていける距離だ。ほとんどの劇場は画面が暗く、音声が割れている。三番館ともなればフィルムはひどく傷んでいて、平然と切れていたりする。観客は疎らだ。

場内が暗くなる。もっともスクリーンの脇にある「反共（パンゴン）」と「禁煙（クミョン）」のハングル表示だけは別で、上映中も光り続ける。「愛国歌」が流れ出すと、観客は全員起立しなければならない。昇ろうとしている朝日。菜の花が咲き乱れる野原で、のどやかに草を食んでいる馬。コスモスと槿（むくげ）の花の傍らにいる若い娘たち。こうした映像がスクリーンに映し出され音楽が終わると、次は文化ニュースとなる。貧相で陰気な顔をした大統領が、世界各国の首脳とにこやかに歓談したり、復元された水原の長城を訪れ、農民たちと握手をしているといった内容だ。これらすべてが儀礼的に終わって、ようやく本編の上映が開始される。

華陽劇場のロビーには、埃で汚れたオードリー・ヘップバーンのパネルが掲げられている。隅に小さくカタカナで「スクリーン」とあった。

若い頃の岸恵子を思わせる女がパーティーで著名な建築家と出会う。女は高層マンションに住んでいるが、粗暴な夫との間はすでに冷え切っている。建築家の妻は精神病院で療養中だ。二人はたちまち恋に陥るが、そこには何の未来もない。目を閉じて恍惚としているヒロインの顔に、甘美きわまりない旋律が流れる。観客席のどこかから、「ターッ」とか、「チャーッ」といった歓声が漏れる。（李敬泰『都市の狩人』一九七九）

ひとりの女が、父親が交通事故で死んで以来、精神に強い不安を感じるようになる。婚約者の両親はそれを懸念して結婚に反対する。女は父親の思い出に促されるまま、つい発作的に駅のキオスクから笛を万引きしてしまう。彼女は喫茶店で見知らぬヤクザのような男に無理やり拉致され、男のアパートで犯される。だがその結果、男の粗暴さの裏にある童心を発見し、彼に情を感じるようになる。

男は女のかつての婚約者を脅迫し、その新しい恋人を犯してしまう。彼は悪行を重ねたあげく、列車のなかで乗客の鞄を強奪し逮捕されかかる。男は激しい格闘の末、列車から下の泥沼に向かって飛び降

りる。そして這い上がりながら、女の名前を懸命に叫ぶ。（金応天（キムウンチョン）『木馬の上の女』一九七九）

深夜、走行中の車から、一人の少女が放り出される。彼女は運よく富裕な中年男に救われるが、事件の衝撃のせいで記憶を喪失している。男は彼女の貞淑な印象と言葉遣いに魅せられ、やがて二人は結ばれることになる。あるとき一群の不良少年少女が出現し、少女を付近の空地へ連れ込んで暴行する。彼女は自分がかつて彼らと同じく不良少女であり、車を用いた疑似売春グループの一員であったという記憶を取り戻す。今や派手な服装をし、下品な言葉遣いに戻った少女は、ふたたび犯罪に身を染めるようになる。

富裕な紳士は懸命になって彼女を探索する。だが彼はその途上で少女の罠に嵌ってしまう。もっとも少女は改心し、わが身の悲惨を恥じる。紳士と少女は結婚への道を歩みだすが、そこにまたしても不良グループが出現し、彼女を脅迫する。少女は思い余って殺人を犯し、夜明け方、警察に連行される。彼女は最後に中年男の家に立ち寄り、別れを告げる。（鄭素影（チョンソヨン）『わたしが捨てた男』一九七九）

「ヨジャ・イヤギ」とは、直訳するならば「女の物語」という意味である。いったい何本あるのだろう。夥しい数のメロドラマが制作され、いたるところの映画館で上映されている。富裕な家に生まれようとも、のどやかな田舎に生まれようとも、女性はかならず転落する。ホステスになり、妓生（キーセン）になり、売春婦になる。彼女たちは一度は父性的な雰囲気の男性に救出されるが、最後にはやはり破滅する。犯罪者として警察に連行されたり、父親の墓の前で自害したりする。多くのメロドラマにあってヒロインが死せる父親の眼差しに脅え、わが身を恥じて死を遂げるというのは、習俗と化した儒教によるものだろう。

韓国人の映画評論家が教えてくれる。こうしたヨジャ・イヤギの粗製濫造の原因は、韓国映画の興行におけるロータリー制にある。映画会社はどこも、韓国映画とは比較にならない制作費で創られる外国映画を配給して、高い利益を挙げたいと考えている。だが政府は自国産業の保護育成を理由に、それにさまざまな制限を課している。韓国映画を一定の本数、制作しないかぎり、外国映画の輸入配給は認められないという方針である。

今、外国映画と書いたが、日本映画は「民族的感情を鑑みて」という理由から上映が禁止されているし、ヨーロッパの芸術映画は一般的な支持を得られないから、実際にはハリウッド映画のことである。反共を国是とする社会において、アメリカ文化は圧倒的な力をもっている。何が何でもハリウッド映画を配給しなければならない。

結果として映画会社は、いかにもステレオタイプだらけの「新派」映画を、短期間早撮りで制作することになる。日本のように巨大な映画撮影所をもっている会社はない。どの会社も自転車操業である。女優の数も男優の数も少ないから、どのフィルムにも似たような俳優がたらい回しで出演する。だからその作品も似通ってくる。

映画を企画したとしても、文教部による検閲が待っている。脚本の時点で一回、完成したフィルムの時点でさらにもう一回。共産主義を鼓舞するものが許可されないばかりではない。あらゆる意味で現政権の説く「維新革命」に疑義を唱えたり、反体制的な場面や科白のあるフィルムは、容赦なくカットされる。女性の裸も禁止。一九七〇年代には志ある監督たちが映画に訣別を宣言したり、マリファナを吸飲したという理由から、映画界を追放された。

一九六五年に日本との国交が正常化する直前から、野心的な監督と制作者は、次々と東京へ短期の旅行を試みた。彼らは当座のヒット作を見まくって帰国すると、韓国版の翻案を創るべく脚本を練った。岸恵子の『雪国』も、小林旭の『渡り鳥』シリーズも、ただちに韓国ヴァージョンが制作された。最大のヒットとなったのは、吉永小百合の『泥だらけの純情』が『裸足の青春』と名を変えて、一九六四年にリメイクされたものである。このフィルムがそれ以後の韓国の青春メロドラマ映画に与えた影響には、決定的なものがあった。

何本か観ていて、これは面白い、めちゃくちゃに面白いというフィルムにようやく出会った。李斗鏞(イドゥヨン)の『お兄ちゃんがいる』(一九七八)だ。もっともこれはソウル劇場の封切りだから、八〇〇ウォン。原題は有名な歌謡曲らしい。教鞭を執っている建国大学校の学生に尋ねたら、♪オッパ・ガ・イッタアーと、即座にメロディーをつけて歌いだした。ポスターには「新派映画(シンパヨンファ)」と銘打たれ、「女の涙を呑んだことがあるかしら。あなたが今、口にしている杯は、女の涙でいっぱいなのよ」と、惹句が書かれている。韓国でも日本と同じく、新派はシンパなのだ。

冒頭はスターリン髭を生やした憲兵隊の村田参謀のクロースアップ。日本が韓国を植民地統治していた時代の話である。彼は兵士たちを率いて夜ごとに韓国人の邸宅を急襲し、虐殺を行なっている。日本が三六年間韓国を支配していたとはいえ、いくら何でもこんな無茶はありえなかったはずだ。いきなりこうした荒唐無稽なステレオタイプから、映画が堂々と始まっていくところがすごい。だがそうしたなかで、主人公の京城帝大生（「兄（オッパ）」）と妹の梨真（イチン）は仲睦まじくキャンパスを歩いている。

二人は富裕な家の子弟である。その傍らには、梨真が秘かに思いを寄せている苦学生の魯（ノ）がいる。三人は鐘路（チョンノ）にある和信（ファシン）百貨店の喫茶部に入る。日本の歌謡曲が流れている。帝大生の兄は給仕に命じ、西洋のクラシックのSPに変更させる。日本人の女学生がそれをふたたび歌謡曲に戻す。兄がまたクラシックに変える。ここに東京帝国大学の秀吉という巨漢の学生が出現し、あっという間に兄との間で大乱闘となる。「秀吉」という名前が振るっている。朝鮮王朝を二度にわたって侵略した日本の将軍の名前は、この国では悪い日本人の典型として知られているからだ。ここに大乱闘をこっそりと見ていたチョビ髭の日本人がいて、ただちに村田参謀に報告に向かう。スターリン髭といい、このヒトラーのようなチョビ髭といい、登場する日本人はすべて滑稽に戯画化されている。

兄と妹は帰宅する。いかにもどこかの博物館でロケをしましたといった感じの、豪邸である。彼らが父親に喫茶部での出来事を報告すると、父親は二人を叱るどころか、その民族主義に溢れた行為を賞讃する。安心した兄は自室でギターを弾き、妹と夕暮れのひと時を過ごす（クラシック音楽といい、ギターといい、モダンで西洋的なものが、野蛮な日本的なものに対立している）。一方、魯は火の気のない下宿で蒲団に包まりながら、懸命に勉強をしている。

月夜の晩である。兄と妹が愉（たの）しげに散歩をしていると、魯の下宿のほうで火の手が上がっている。慌てて駆けつけてみると、村田参謀と秀吉一味が下宿に侵入し、ガソリンをまいて火を放ったことがわかる。そこで魯を救出し、三人で帰宅すると、父親は愛用の安楽椅子に逆さまになって殺害されている。

怒りに狂った兄は魯に妹を託し、みずからは腹にダイナマイトを巻きつけると、憲兵隊本部に突入する。彼は村田参謀の口にダイナマイトを咥えさせ、みごとに復讐を遂げる。父の死を知り、心痛で休んでいた妹は、窓の向こうで爆音がし、空が赤く燃えているのを知る。憲兵隊本部で爆発が起きたのだ。駆け戻ってきた魯が、兄の最期を報告する。妹は悲痛のあまり、パジャマのまま崩れるように倒れてしまう。

ここで画面はいつしか、妹が葬礼の白衣を着て、父親の墓参りをしている姿に重なってゆく。帰宅してみるとすでに邸宅はチョビ髭の日本人に接収されている。魯は富裕な親日家の車に拉致され、その家の入り婿となることを強要されてしまう。雪が降りしきるなか、妹は蹴り倒されて路上に倒れ伏す……と、そこに秀吉とは別の東京帝大生、山口が登場する。山口は妹を雪の中から救出する。家族をすべて失い、孤児となった妹は、生活の方便（たつき）のため、妓生（キーセン）となる道を選ぶ。彼女は名を「梨花（イファ）」と改め、立ったまま膝をついて座るという妓生の座り方を練習し、呑み慣れぬ酒を呑む訓練を強いられる。

梨花は酒席でチョビ髭に執拗に迫られる。そこに競争相手の中国人のタコ坊主が現れ、チョビ髭はあっけなく追い払われてしまう。タコ坊主がいよいよ梨花に迫ろうとしたとき、物陰から山口が現れ、梨花を救う。彼は梨花に結婚を申し込む。だが魯が親日家の娘と婚約を交わし留学すると知った梨花は、悲嘆のあまり、とうてい山口の申し出を受け入れることができない。彼女は京城から行方を暗（くら）ましてしまう。

ここでフィルムは第二部となる。実は壮烈な爆死を遂げたはずの兄は、死んではいなかった。彼はマドロスとして釜山港に戻ってくる。ここで昔懐かしの歌謡曲が流れる。♪「お兄ちゃんがいる（オッパガイッタ）……お兄ちゃんがいる……」。

兄は懸命になって妹の行方を探し、京城から遠く離れた港町まで来て、船員相手の酒場でついに彼女を発見する。汚れたガラス窓の外から見る妹は、生活に疲れて痩せ衰え、酔客から歌を歌えと絡まれている。妹は歌う。♪「お兄ちゃんがいる……泣いちゃいけない……お兄ちゃんがいる……」。兄は悲しみのあまり、酒場の窓を押し開けて妹に対面する。妹は死んだはずの兄を前に言葉を失い、みずからの境遇を恥じて奥の小部屋に閉じこもってしまう。翌朝、二人は汽車で京城に戻り、父親の墓参りをする。だが妹は墓の前で薬を飲んで自殺してしまう。

夜になる。大雨が降るなか、兄は妹の遺体を抱きかかえながら、かつての親友、魯のもとを訪れる。魯は今では親日家のエリート学者として、豪華な邸宅暮らしをしている。兄は魯の裏切りを詰り、日本刀を持ち出してきた魯との間に決闘が行なわれる。だが憔悴しきった兄は無惨にも斬りつけられ、妹の遺体とともに、激しい雨の降る路上に放り捨てられる。彼はなんとか妹の軀に手を差し伸べようとするのだが、満身創痍の身とあっては自由が利かない。そこで、以前憲兵であった日本人が到来する。彼はなぜか乞食に身を落としているのだが、宿敵である兄をずっと追跡してきたのだった。この乞食憲兵は兄に留目の一撃を加えようとするが、その瞬間に倒れる。実は妹を恋い慕っていた東京帝大生山口が、背後から彼に斬りつけたのだった。

山口から日本刀を渡された兄は、はっしと立ち上がると、ふたたび魯に対決を挑む。土砂降りの雨のなかで激しい功夫合戦が行なわれる。最後に兄は魯に打ち勝つと、彼に向かって妹の死に顔をよく見ろと命じる。フラッシュバックで、彼ら三人が青春を謳歌していた幸福な時代の情景が現れる。魯が誤りを認め、兄が魯を赦したところで、フィルムは終わる。

これはソウルに来てから、初めて完璧に面白いと思ったフィルムだった。アクション、コメディ、メロドラマ……ないのはホラーだけで、Ｂ級娯楽映画のすべての要素が緊密に結びついて、ステレオタイプを通り抜けた面白さに達している。兄を演じているのは韓小龍（ハンソリョン）という、帝大生を演じるにはちょっとトウの立ったアクション俳優だ。名前がいい。韓国の李小龍（ブルース・リー）ということなのだろうか。

調べてみると李斗鏞は、恐るべき数のフィルムを撮っている。『ムルドリドン』（一九七九）や『避幕（ピマク）』（一九八〇）といった、朝鮮時代のシャーマニズムやフォークロアを素材としたものもあれば、『警察官』（一九七八）のように現代もののアクションもある。『アメリカ訪問客』（一九七六）は韓国の武道家がアメリカに渡り、日本人、中国人、メキシコ人、黒人の悪役を次々と破って、最後に暗黒街のボスと対決したところ、むかしいっしょに修業をした韓国人の仲間だったという話で、李小龍の『死亡遊戯』を明らかに踏まえている。『ニューヨーク44番街』（一九七六）のように、朝鮮戦争で孤児となった少年がアメリカで暗黒街のボスの養子となり、元ＦＢＩの人物の娘と熱愛に陥ってしまうという、荒唐無稽のメロドラマもある。『追憶の橋』（一九七五）は親日家を父親にもつ少年が林檎売りの少女と仲良くなったところ、彼女の兄は独立運動で入獄中。少年は功夫合戦を重ね、ついにこの兄の救出に成功するのだが、一命を失ってしまう。いかにもご都合主義なのだが、一応は反日映画になっている。

日本でなんとか李斗鏞の一挙上映ができないものだろうか。

河吉鍾（一九四一—一九七九）の遺稿集『白馬に乗ったトト』を鐘路の書店で買う。さあ、これから、一語一語を辞書で調べながら読み通すのだ。今のわたしの韓国語の力では一日に二、三頁が限度かもしれない。しかし絶対に読まなければならない。そう心に堅く誓う。

河吉鍾はわたしがソウルに到着するひと月前に亡くなった。憤死である。長髪狩り。維新憲法。文教部による愚劣な検閲。社会の絶望的な貧しさ。彼はあらゆるものに怒っていた。そして何本かのフィルムを遺すと、向こう側の世界へ旅立ってしまった。多忙な人生を送ったが、同時代のアメリカ映画を紹介したいという情熱を抱いていて、一九七二年には『カッコーの巣の上で』の翻訳を刊行している。スカラ劇場では遺作『炳泰と英子』が封切られたばかりで、連日大入り満員が続いていた。

河吉鍾は一九六〇年に李承晩政権を倒した世代の、ソウル大学校の学生たちの一人だった。学生時代にすでに『胎をめぐる過去分詞』という詩集を刊行し、ダダイズムの詩人李箱の再来ではないかといわれた。大学ではフランス文学を専攻し、アラゴンで卒論を書くと、新聞社の特派員としてただちにパリに移った。ヌーヴェルヴァーグが本格的に頭角を示しだした時期である。

パリで映画の洗礼を受けた河はアメリカ西海岸に移り、リーフェンシュタールの研究でUCLAの修士号を得た。同級にフランシス・コッポラがいた。実験映画『兵士の祭典』を監督し、MGMの学生映画賞を受賞。大学の講師としてアメリカに留まることを期待されたが、彼は帰国を選んだ。金芝河が脚本を書き彼が監督をするという、学生時代からの約束を果たすためであった。一九七〇年のことである。七年の不在の間に韓国はすっかり変貌していた。李承晩政権を倒した学生たちの、栄光に満ちた四月の記憶は、すでに過去のものと化していた。翌年、軍事クーデターで権力を握った朴正熙は、その後憲法を改正し、強固な軍事独裁政権を築き上げていた。大学では学生たちの反対にもかかわらず軍事教練が行なわれ、兵士たちは次々とヴェトナムへ送られていった。金芝河は諷刺詩『五賊』を執筆したかどで反共法違反に問われ、獄中にあった。映画界は絶望的に立ち遅れていた。女性観客を相手に通俗的なお涙頂戴新派映画を量産し、自転車操業を繰り返しているばかりで、アメリカ・ニューシネマの洗礼を受けた留学生の説く理想主義を聞き入れる耳をもたなかった。

河吉鍾は絶望的な状況のなかで処女作『花粉』（一九七二）を監督した。それは検閲によって、原型を留めないばかりに鋏を入れられた。次の作品も、その次の作品も……。一九七八年から七九年にかけて、彼は『続・星たちの故郷』と『炳泰と英子』を撮り上げると、疲労と精神的消耗のあまり、三七年の生涯を閉じた。

『白馬に乗ったトト』の表題となったエッセイを、わたしは蝸牛のごとき速度で読み解いていった。それは次のような内容だった。

李承晩政権を倒してからおよそ一年の間、学生たちは精神の高揚状態にあった。だが翌年、五・一六軍事クーデターが起きると、民主主義の夢は泡と消えた。怖ろしい挫折感が彼らを襲った。河吉鍾は山に籠った。友人には自殺をする者もいたし、故郷に帰ったきり音信不通の者もいた。真っ先に休学届を出したのが、トトという綽名の級友だった。

トトは仲間うちでは剽軽者として通っていた。「俺はこれから東豆川の米軍基地の近くに娼館をブッ建てるのだ。パンパン屋の親父になって大儲けをしてやるんだ」と、彼は豪語した。

学生たちは誰もが日本とアメリカに対し、複雑な感情を抱いていた。日本はあまりに近かった。それは憎むべき宿敵であったが、同時に世代によってはノスタルジアの対象だった。アメリカには朝鮮戦争で恩義があったが、「行政協定」（米韓相互防衛条約）を締結するにあたって韓国政府が示したあまりの卑屈さを考えると、素直に迎え入れることができなかった。誰もがアメリカに憧れてはいたが、アメリカはあまりに遠く、アメリカのことを考えるたびに自分たちの卑小さが思いやられるのだった。

学生たちは、「白い馬に乗る」という表現を好んで使った。白人女性と寝るという意味である。白い馬に乗った後、その馬を乗り捨ててやる。それがわれら「檀君の子孫」の心意気ではないか。アメリカに留学に行く者たちの間では、「白い馬」に馬鹿にされないように、留学前の包茎手術が流行した。

そうした笑うに笑えない風潮のなかで、トトはあえて基地村の娼館の親分になると口にし、それをみごとに実行した。彼はやがてソウルに戻ってくると労働運動に関わり、行政協定改定のため、熱心に署名運動を始めた。それから行方がわからなくなった。

ＵＣＬＡに留学していた頃、河吉鍾はトトがアメリカにいるという噂を聞いたことがあった。だがその頃、彼はジョナス・メカスの実験映画に夢中であり、かつてのクラスメイトにしても留学先の大学で学位を取るのに懸命で、「白馬」どころか「韓馬」に乗ることすらなかった。トトは最初から学位取得などどうでもよかったようだ。彼はみごとに「白馬」に乗ることに成功し、「白馬」を連れて故国に凱旋した。「白馬」はジェニーといって、巨大なデパート・トト・チェーンの管理職の娘だった。トトは彼女に韓服を着せ、韓国式礼儀作法を仕込み、完璧な韓国女性に仕立て上げると、故郷の老母の前に連れていった。彼は宿願を果たしたのだ。トトを知る者はジェニーに好感を抱き、彼はスゴいと見直した。もっともトトもジェニーも幸福にはなれなかった。トトの一族がジェニーを見つめる眼差しは、かつて米軍基地の住宅に住んでいたアメリカ人が、子供だった頃のトトを眺める眼差しにそっくりだったからである。

「あいつは白馬に乗りにいったのに白馬に食われてしまい、結局は白馬になって戻ってきただけじゃないか」。河吉鍾はそう考えてみた。しかし、それがどうだというのだ。トトだけではない。トトと同じ野望を抱いて渡米した韓国のインテリは、帰国して以来、誰もがトトと同じ道を歩んでいる。つまるところ韓国は、相変わらず過去と同じ道を歩んでいるだけではないか。

　これがエッセイ集の表題となった、『白馬に乗ったトト』というエッセイの内容である。

「白馬」という言葉はわたしにもうひとつの意味を連想させる。朴正熙政権がヴェトナムに派兵したときの師団名が「白馬（ペンマ）」と「猛虎（メンホ）」「青龍（チョンニョン）」だった。彼らはアメリカ兵がやろうとしない危険で汚れた軍事作戦に携わり、米ドルを祖国へ持ち帰った。虐殺に手を染め、現地の女性たちのもとに多くの混血児を残し帰国した。もっとも彼らがヴェトナムで何をしたかを問い糺すことは禁忌とされた。帰還兵のうち少なからぬ者たちはアメリカに渡り、優先的にグリーンカードを配給された。金綺泳（キムギヨン）の『水女（スニョ）』（一九七九）は、こうした帰還兵が片足を失って農村に戻ってくる話である。

　河吉鍾夫人の田彩麟（チョンチェリン）から電話がかかってくる。「義弟があなたに会いたいというので、会ってくださらない？」という。「義弟って、ひょっとして河明中（ハミョンジュン）のこと？」「そうよ、すぐに電話させるから」。

河明中といえば、わたしが散々付き合わされてきたヨジャ・イヤギで、ヒロインたちを次々と誘惑していたスター俳優だ。甘いマスクの二枚目である。何のことかまったくわからない。しばらくして本人から電話がかかってくる。片言の韓国語と片言の日本語を繋ぎ合わせての対話。日本語会話の個人教授の依頼だった。日本の大学に留学をした時、講義を聞き取れて質問ができる程度まで会話を鍛えてほしいという。

河明中とは江南(カンナム)の、彼の経営するレストランで会った。白いブレザーにサングラスという格好のこの人物は、いかにも売れっ子のスターという雰囲気を漂わせている。わたしは彼の家庭教師を引き受ける。週に二度、レストランに近い、彼の瀟洒な自宅を訪れることになる。バス停を降りて古墳公園をめぐり、静かな住宅地を少し歩くと、まもなく家に着いた。玄関にはいつも本人が立っていて、わたしを迎えてくれた。

河明中とは会話のレッスンということで、いろいろな話をした。幼くして両親に相次いで死なれ、兄の河吉鍾とともに孤児となったこと。自分で自分の生活を切り開く必要があり、子役として映画界に入ったこと。一九五〇年代の終わり、韓国映画が全盛期を迎えていた時期である。一時は香港のショウ・ブラザーズのもとで、下積みのチョイ役を続けていたこともあった。あの時は寂しくて、心細かったなあと、彼はいう。自分の未来がまったく見えない。言葉もわからない世界で自分がこのまま埋もれてしまうのではないか。そう思うと、耐えられなくなるときがあった。

彼の兄、河吉鍾は一九七〇年代の初め、アメリカから帰国した。これから韓国で映画を撮ることにしたと彼はいい、弟に主役を演じるよう求めた。もっとも最初のフィルム『花粉』は大統領官邸を諷刺しているという風評が流れ、検閲でズタズタに切られてしまった。河明中は『わたしとわたし』（李元世（イウォンセ）、一九七四）というフィルムの中で、自分が日本人なのか韓国人なのか、わからなくなってしまう在日韓国人青年を演じた。これが今までで一番の自信作だから、機会があったらぜひ観てほしいという。「注文があればメロドラマに出演することは厭わないが、自分としてやはり映画はアートだと考えている。そのため日本の大学で正式に映画の演出と制作について学びたい」。兄の遺志を継いで監督になりたいという気持ちに、彼は突き動かされていた。

もっとも困難がないわけではない。トップスターとしての河明中は恐ろしく多忙で、緻密なスケジュールのなかで暮らしている。週に二回、彼の自宅でレッスンをするとしても、日時をいかに設定するかが問題となる。わたしたちがレッスンをしている間にも、頻繁に電話がかかってくる。

あるとき河明中は、これからすぐに出かけなければならないという。チャン・フンの映画がいよいよ完成し、本人がたった今、日本から到着した。さっそく歓迎パーティだというので、あまり行く気がしないのだが、これから顔を出さなければならないという。彼はわたしを気軽に誘う。わたしがチャン・フンという人物を知らないというと、河明中は「ハリモト」といった。『張り裂けんばかりの、この胸を』という彼の伝記映画が、これからソウルで公開になるということだった。

退渓路（テゲロ）にある大韓（テーハン）劇場は、先週までロードショーをしていたルルーシュの『男と女』の大看板が外され、後楽園球場を背にバットを構えている張本勲に差し替わっていた。ポスターにはハングルで、「貧困、孤独、蔑視。不遇にもめげぬ男の血と汗と涙のすべて!」と記されている。わたしが到着したとき、観客席はすでに中学生で満員だった。

ファーストシーンは巨人対中日のナイターが行なわれている後楽園球場である。おそらく日本のＴＶからの引用だろう。割れんばかりの歓声のなかで、張本が本塁を踏む。打者としての記録を大きく更新した、決定的瞬間であるようだ。ここでカメラは広島に住む彼の老母と家族を映し出す。母親は息子の栄光の瞬間をＴＶで眺めている。

長嶋茂雄と王貞治が「最大の友にして好敵手」である張本について語る。もちろん声は吹替なのだが、この二人が流暢な韓国語を話しているというのが、日本人である観客のわたしには奇妙な感じがする。張本が東京都心の高速道路に車を走らせているショット。彼は無人の球場の客席に独り座り、これまでの人生を振り返ってみせる。老いたる母親の声がどこからともなく聞こえてくる。

ここで画面は一転し、荒々しい粒子のニュース映画が挿入される。広島の原爆投下の瞬間を捉えた、アメリカ軍による映像である。瓦礫と化した広島の街角を、若い朝鮮人の女性が半狂乱になって走っている。彼女は息子を探している。息子は崩壊した建物のそばに、血だらけになって倒れている。懸命になって息子を介抱する母親の前を、兵士が通り過ぎてゆく。

『張り裂けんばかりの、この胸を』（李尚彦（イサンオン）、一九七九）はこのようにして始まる。張本が少年時代に体験した朝鮮人差別の挿話が、次々と語られていく。憧れの浪華商業の野球部に入部を許されたものの、日本人ではないという理由から甲子園への出場は許されない。その年、早稲田実業の王貞治は甲子園で優秀投手として最初の栄光に輝いている。自宅のラジオでそれを知った張本は、庭にある大木に向かって、バットを叩きつける。やがて彼は実力が認められ、東映フライヤーズに入団が決まる。自宅である慎ましいホルモン料理店の前は、手に手に太極旗をもった朝鮮人横丁の人々でいっぱいとなる。涙にかき曇る母親の顔。

九月一二日、「コリア・ヘラルド」を読んでいて、ジーン・セバーグの死を知る。詳細は記されていない。『勝手にしやがれ』の彼女はシャンゼリゼで、アメリカの観光客相手に「ヘラルド・トリビューン」を売っていた。同じヘラルドなのは、何かの偶然だろうか。

一〇月二六日深夜、朴正熙大統領が暗殺され、ただちに全国に非常戒厳令が宣告される。

ガラス窓が凍てつくような冬のある晩、わたしは安柄燮（アンビョンソプ）教授からの電話を受ける。河吉鍾の二冊目の遺稿集を刊行することになったから、その巻末に解説を書いてほしいと、教授はいう。書物の題名は「映画、人間救済のメッセージ」だ。

わたしは躊躇する。韓国に滞在してまだ一年にもならず、韓国語も覚束ない外国人に、はたしてそんなことができるだろうか。河吉鍾は韓国の若者に重く圧（の）しかかる徴兵制を映画の主題として取り上げ、度重なる検閲に怒り、文字通り憤死した監督だ。軍隊のことを真剣に考えたこともなく、韓国映画の発展の歴史についてもほとんど何の知識もない自分には、それは大役すぎて務まりそうにもない。

安教授はいう。

「アンドレ・バザンというフランスの映画批評家を知ってますか。わたしは彼の本の翻訳者です。彼は書いています。映画を好きな者に国境はない。誰もが映画という共和国に住んでいるだけなのですと」。

結局のところわたしは説得され、安教授の申し出を受けることになる。わたしは河吉鍾とともに、自分が「映画の共和国」の住民であることを確認しようと努める。その共和国には、主演を務めたことのある河明中はもちろんのこと、彼のフィルムに登場したあらゆる人物が住んでいる。彼らの一挙一動に拍手を送った韓国のすべての映画観客も、たまたま街角のポスターを見て映画館に迷い込んだわたしのような外国人も、誰もが平等に住んでいる。わたしは「河吉鍾の肖像」という原稿を執筆し、一部を安教授に手渡す。もう一部は東京にいる映画仲間のもとに送る。彼らはそれを同人誌『シネマグラ』に掲載してくれるだろう。

ピョンヤン　1992

北京を発ったソ連機は、二時間ほどで平壌（ピョンヤン）に到着しようとしている。午後四時。窓の外は雲ばかりで、夕陽が美しい。

跆拳道（テコンドー）の世界選手権が開催されるというので、機内にはカナダや南アフリカの選手たちが乗り込んでいる。タレントの原田大二郎が、ＴＶのクルーといっしょに乗っている。機内食には半分に切った茹で卵とコッペパンが出た。

藁半紙のような紙に印刷された税関申告書が配られる。ロシア語、中国語、韓国語で、質問が記されている。いや、これからは朝鮮語といわなければならないだろう。わたしがかつて住んでいた韓国は「南朝鮮」なのだ。

あなたは以前に朝鮮に住んでいたことがありますか。

わたしは申告書の質問にどう答えるべきなのか。「是」と答えたならば、ひょっとして空港で面倒なことが起きるかもしれない。だが「不是」の欄に○をつけてみて、本当に大丈夫だろうかという気がしないでもない。

平壌空港には飛行機の姿がほとんどない。正面に金日成（キムイルソン）の巨大な肖像を掲げた建物があるだけで、広大な敷地はがらんとしている。

われわれ五人は朝日映画人友好団として平壌国際映画祭に招待された。わたしのほかには、映画配給会社の社長、週刊誌の記者、カメラマン、北朝鮮映画愛好家の四人だ。配給会社の社長は在日朝鮮人だが、他の四人は日本人である。

タラップを降りたところで二〇人ほどに囲まれる。一人の少女が前に現れ、わたしに赤いダリアの花を渡す。彼女は真剣な顔でわたしを見つめている。ただちにカメラのフラッシュが焚かれ、ヴィデオカメラが撮影を始める。わたしに花が渡されたのは、五人のうちで最年長なので形式的に団長を引き受けたからだろう。これからの一〇日間にわたり案内を務めてくれるキムさんとオさんから、挨拶を受けた。入国審査は、入口がひどく狭いのと能率が悪いのとで、ひどく混んでいる。

空港から平壌市内へはバスで移動。途中で兵士たちを満載した、何十台ものトラックとすれ違う。道路脇の子供たちはバスを見ると、ただちに夢中になって手を振り始める。自転車やオートバイの姿はない。やがて市内に入る。ビルには「朝鮮はひとつだ」と大書したネオンサインがあった。バスの窓からは、凱旋門と金日成広場が見える。エッフェル塔からルーブルあたりまでの、パリそっくりに作られている。

バスはある高層ビルの前で停まる。外国人専用のホテルである。部屋まで荷物を運んでくれた初老のボーイが、わたしにアメリカ人かと尋ねる。違うと答えると、「なんだ、総連かぁ」と、気のなさそうにいう。

二人の案内人との打ち合わせ。どこに行きたいのですかと、彼らは尋ねてくる。羅津(ナジン)にあるという羅雲奎(ナウンギュ)の墓に行けるでしょうか。わたしが希望を出す。一九二六年に伝説的な抗日映画『アリラン』を監督し主演した大俳優である。北部のひどく辺鄙な場所だから何日もかかりますよと、やんわり却下される。

「文藝峰(ムンイエボン)にインタヴューはできますか。」

「それは大丈夫です。」

「平壌では二本、『春香伝(チュニャンジョン)』が制作されているのですが、ヴィデオでコピーしてもらえますか。」

「はい、日本円で一本、三千円で可能です。他にも観たい作品があったらコピーしますから、いってください。」

「公開処刑は見ることができますか。」

「ついこないだ、あったのですが、残念ですねえ。また次の機会を待たないと。」

案内人はごく当然のことのように返答する。

平壌国際映画祭は二年に一度、九月に開催される。今回が三回目だ。海外からの参加国は、中国、インド、カンボジア、ヴェトナム、キューバ、ユーゴスラビア、ハンガリー、ポーランド、ダホメ、スイスなど。四一か国の九八本のフィルムが上映される。今回はないが、日本映画や日朝合作映画も上映されることがあった。
ホテルのロビーで凌子風監督を見かけたので話しかける。満映を接収して設けられた東北電影で、一九四九年に『中華女児』を撮った監督だ。作家の藤枝静男に似た風貌をしている。わたしは彼が老舎原作で撮った『駱駝祥子』(『駱駝の祥子』、一九八二)が好きだった。今回は『狂』という新作をもってきたという。

到着の翌日は朝早くに起こされ、海外から来ている他の映画祭参加者たちとともにバスに乗せられ、万景台にある金日成の生家跡見学に駆り出される。バスの左側の窓からは、大同江の悠々とした流れがいつまでも見える。右側は建設現場で、大勢の人々が煉瓦を運んでいる。幼い子供も働いている。万景台に着くと、若い女性が金日成の家系と少年時代について、朝鮮語でよどみない説明をする。外国人客に付いている案内人たちが、それをそれぞれの言葉に通訳してゆく。一九一〇年、この地で金日成が生誕したこと。一家は貧しく、地主の家の墓守だったこと。一五歳で父親とともに満洲に移ったこと、などなど。

丘を登りきったところに沢山の人々がいて、われわれを待っている。朝鮮映画界の俳優たちだ。どうやら今回の国際映画祭のために動員されてきたらしい。そのなかにホームドラマ『わが家の問題』シリーズで一家の嫁の役を演じている女優を発見する。話しかけてみると、気さくに応じてくれた。ああいった、意地の悪い、人に嫌われる悪い嫁をずっと演じてきたおかげで、街角を歩いていても面と向かって悪口をいわれたり、ひどいこともあるんですよ、という。ひょっとして北朝鮮の観客たちは、俳優本人とその演じている役柄を区別できないのだろうか。まさか、そんなことはないとは思うのだが。

国際映画祭が開幕となる。二千人を収容できる巨大なホール。副首相が登壇し、儀礼的な挨拶をする。その後にも別の人物が、同じく儀礼的な挨拶。その後も……。

民族衣装を着た女性が舞台の端に現れ、恐ろしい速さで、何回も同じ言葉を連呼する。何かに憑かれたかのような気迫だ。何回目かになって、ようやくそれが「チョソンミンチュチュイインミンコンファグク・ピョンヤンククチェヨンファチュクチョン」、つまり「朝鮮民主主義人民共和国平壌国際映画祝典」のことだと判明する。

大スクリーンには、海外からの参加作品の予告編が次々と上映される。その後に文化ニュース。昨日の夕方、空港で少女からダリアの花束を受け取っているわたしの姿が映し出される。偉大なる首領様の厚い温情によって招待された世界の各国の映画人が、ここ平壌に駆け付け……と、ナレーションは語っている。

キューバ映画『こんにちは、ヘミングウェイ』を観る。キューバ革命の直前、ハバナ郊外にあるヘミングウェイの邸宅のプールにこっそり忍び込んで泳いでいた中学生の少女が、ひどく孤独な初老作家の姿を見てしまう。彼女は上の学校に進みたいのだが、庶子という身分のため、官僚的な女性教師に差別される。もっとも外国映画はすべて朝鮮語に吹き替えられている。英語のイアホンガイドを渡されるが、音声が聴き取りづらく、不便なことこの上ない。

われらが案内人のキムさんはこのフィルムに流れている♪「ヤアッヤーヤ、ヤヤヤヤ」という旋律を聞いて、「懐かしいなあ。弘田三枝子の歌ですね」という。彼は子供の頃に東京から「帰国船」に乗って、北朝鮮にやって来た。日本の記憶は一九六〇年代前半で途切れている。

ヴェトナム映画『子どもたち』。ホーチミンの街角に自転車が氾濫しているさまを観て、観客席から騒めきが生じる。平壌では自転車を入手する許可を得ることが大変なのだ。もっとも画面に女性の乳房が登場したときには歓声はなし。誰もが固唾を呑んで観ているという雰囲気。

キムさんに、朝鮮の映画では女性の裸はないのですかと尋ねると、人権の問題ですからという答えが戻ってきた。

『民族と運命』は一九九二年の時点でおよそ一〇時間分、第七部まで制作されている。もっともこの先、何部まで撮られるのかは未定である。現在の北朝鮮でもっとも話題を呼び、近い将来に国際映画祭でグランプリを獲得することが期待されているシリーズ映画だからだ。脚本（「映画文学」という）の担当者たちはいずれも金日成賞を受賞し、「人民芸術家」の称号を与えられている。何人もの名前が監督として掲げられているが、それが合議制の集団制作なのか、各部ごとに別の監督が担当しているのかはわからない。わたしは第四部までを通して観ることができた。

主人公のチェ・ヒョンドクは、一見マーロン・ブランドをアジア人風にしたような雰囲気の人物が演じている。押し出しの強い、二枚目の中年俳優である。彼は第二次世界大戦中、中国で国民党軍に参加し、抗日運動に従事してきた。祖国解放後はソウルで結成されたばかりの韓国軍に入隊するが、かつての宿敵であった日本軍出身の韓国人たちが、自分よりも高いポストを宛がわれているのを知って、深い挫折感に襲われる。

朝鮮戦争が勃発する。主人公は人民解放軍側に就いたかつての親友と対決するという、壮絶な体験をする。だが戦功を立てたことから朴正熙（パクチョンヒ）の信頼を得、一九六〇年代には韓国大使として西ドイツに駐在するまでに出世する。やがて金大中（キムデジュン）や現代音楽作曲家尹伊桑（ユンイサン）の拉致事件が起き、彼は南朝鮮の諸悪の根源に朴正熙がいるという認識を抱くようになる。第一部の終わりでは、彼は荒野を徘徊し、朴正熙を打倒することを誓う。

第二部では舞台はニューヨークに移っている。チェ・ヒョンドクは朝鮮がすばらしい発展を遂げていることを、弟の口から知らされる。北に行って金日成将軍の偉大さを目の当たりにしたい。彼はそう熱望するが、かつて朝鮮戦争で南側に就き軍功を立てた自分が渡北すればただちに処刑が待っているだろうと推測し躊躇している。だが彼は死を覚悟しながら、第三部で平壌に渡る。思いもよらなかったことだが、彼は大きな歓迎を受け、宿敵と信じてきた人たちと和解をとり結ぶことになる。第四部では彼はとうとう故郷の村を訪れ、父親の墓の前で祈る。朝鮮戦争時に北で殺害されていたと信じてきた父親は、実はつい最近まで達者に暮らしていて、金日成主席の拝謁まで許された身であったと判明する。

第一部から第三部まで、物語はダンテの『神曲』のように展開する。南朝鮮が地獄、ニューヨークが煉獄、平壌が天国である。だがひとたび天国に到達してしまうと、それから先に物語を進めるわけにはいかない。第五部は尹伊桑の伝記物語、第六部、第七部では朴正熙の悪行の数々が描かれるという風に、物語はどんどん分岐して拡がってゆく。どの部をとっても、冒頭のタイトルバックは同じだ。極寒の凍河を渡り、北の地へ逃避行を続ける人々の映像である。下敷きとなっているのは、明らかにモーゼの出エジプトの物語である。脚本家たちは朝鮮民族の受難と解放を、イスラエルの民の流浪と建国の物語に重ね合わせている。

映画館の正面の広場では、外国からのゲストが愉しげに話している。三人の大学生らしき若者と言葉を交わす。彼らは読み古して表紙が取れかかった、英語の初等文法書を手にしている。記念写真を撮ろうとしたところ、ただちに「市民からの警報」を聞きつけて、警備員が撮影禁止をいい渡しにくる。

映画館の裏側の、陽の当たらない広場に足を運ぶと、白いワイシャツ姿の若者が何十人も、すでに行列をして待っている。ユーゴスラビア映画『鋼鉄はいかに鍛えられたか』がお目当てなのだ。しかし上映までは、まだ二時間以上もある。

映画館はどの上映も満員である。観客は何列にも並び、黙って入場の順番を待つと、ひどく狭い裏口から劇場に入る。金日成親子の壁画の掲げられた正面入口は要人と外国人ゲストには開放されていても、一般観客には接近が禁止されているからだ。わたしは上映中、見えない観客たちの熱気をいつも感じていた。

国際映画祭は彼らにとって映画を観ることができるだけではない。見知らぬ外国の情報に接することのできる、数少ない機会なのだと思い知る。

『鋼鉄はいかに鍛えられたか』はオストロフスキーの有名な革命小説から題名をパロディ的に借りただけのブラックコメディであった。一人の男が精力絶倫になるため、一生懸命にペニスを鍛錬するという物語である。ひょっとして女性の裸体がスクリーンに登場するという噂が伝わって、観客は行列をしたのだろうか。

わたしは一九三〇年代の京城の繁華街に立っている。映画館には『忠次旅日記』と『続宮本武蔵』、それに無声映画『第七天国』の大きな看板絵が掲げられている。チャップリンを描いた看板もある。映画館の向かいには森下仁丹の看板。角を曲がると中華街。それが途切れたところでいきなり長白山脈の村落、仏教寺院となる。現在のソウルのブルジョワの邸宅、延世（ヨンセ）大学校、梨花（イファ）女子大学校の校舎がそれに続く。

われわれは平壌芸術映画撮影所にいた。広さは百万平方メートル。ここにあるのは、朝鮮映画にたびたび登場することになる植民地時代の朝鮮と現在の「南朝鮮」の都市のセットだ。

ハリウッドはきっと土地代が高いのじゃないですか。案内人がいう。アメリカの連中は映画を撮るたびにセットを作っては壊し、作っては壊している。うちの国は利口だから、一度しっかりしたものを作っておけば、もう大丈夫。何十回だって使えると、彼は自慢する。

撮影所見学は金日成生家見学と同じように、どうやらこの国を訪問する外国人がかならず行なわねばならない儀礼となっているらしい。われわれを乗せたバスが入口に到着すると、何十人もの俳優が胸の前で両手を合わせ、独特の拍手をしながら、われわれを迎えてくれる。ここでも俳優たちが動員されている。忍者アクション映画『ホンギルドン』で主役を演じた男優の姿もある。彼らがいっせいに拍手する。金日成と『花を売る乙女』の少女の巨大な像の下で、まず記念撮影。次に博物館に案内され、金正日が映画界全体にいかに卓越した指導を行なったかというレクチャーを受ける。「この広大なセットを最初に計画したとき、京城の大通りはまっすぐに設計されていました。金正日同志がそれでは風景が単調になってしまうと異議を唱えたので、ジグザグに変えたのです」。

南朝鮮の女子大生、林秀卿（リムスギョン）を描いた映像。

彼女の姿を一目見ようと、平壌の大通りに人々が押し寄せている。彼女は最初、世界の核廃絶を訴えていたが、そのうちに主張は民族統一だけに単純化されてゆく。最後に彼女は文奎鉉（ムンギュヒョン）神父と手を取りながら、板門店の軍事境界線を渡って、南の地へ向かう。

在日韓国人で韓国留学中にスパイ容疑で逮捕され、獄中で拷問を受けた徐兄弟の母親を描いたフィルムもあり。平壌滞在中には観る時間がないので、六〇年代の著名な作品といっしょに、ヴィデオにコピーして持ち帰ることにする。

金正日が著したという『映画芸術論』を書店で入手する。信じられないことに、このそれなりに厚さをもった書物には、個人の映画監督の名前も、映画史上の名作の名前も、一つとして登場していない。

渋谷のシードホールで一九九一年に朝鮮映画祭が開催されたとき、来日した数人の朝鮮人監督と話をする機会があった。彼らは夜の食事の席ではタルコフスキーが好きだとか、南の監督では林権澤（イムグォンテク）はなかなかの腕だとか、気さくに話していた。だが翌日の公開シンポジウムの席では、「偉大なる将軍様のおかげで朝鮮映画は発展した」といった、型通りの言辞しか口にしようとしなかった。観客席の最前列に朝鮮総連の記者ばかりか、韓国の新聞記者やカメラマンがいて、写真撮影をしていたこともあって、彼らは公式的な発言に終始したのだろう。

念願が叶って、ホテルの四四階のスカイラウンジで、文藝峰にインタヴューできることになる。彼女は七五歳で、ベージュの淡い色のスーツを着ている。上品な微笑を絶やさず、今でも女優としての威厳を保っている。

文藝峰は一時は「朝鮮のデートリッヒ」と喧伝された人気女優だった。一六歳のとき、『アリラン』でデビュー。「父が羅雲奎と親しかったからです。お前は声がイマイチだから芝居は駄目だ。映画に出ろと、いわれました」。とはいうものの、朝鮮で最初のトーキー映画『春香伝』（李明雨（イミョンウ）、一九三五）でもみごとに悲恋のヒロインを演じ、観客に紅涙を絞らせた。一九三〇年代末から四〇年代にかけては、『軍用列車』（徐光霽（ソグァンジェ）、一九三八）や『志願兵』（安夕影（アンソキョン）、一九四一）、『君と僕』（日夏英太郎、一九四一）といった皇民化運動のためのフィルムに主演し、朝鮮人の鉄道員や志願兵を励ます朝鮮人の清純な乙女を演じた。やがて彼女は引退を宣言したが、朝鮮半島が解放を迎えると、女優としての活躍を再開した。

米軍統治下のソウルで左翼系の劇団に参加していた彼女には、ほどなくして逮捕状が出た。地下に潜ったものの、人目に知れ渡った大女優だったので、北に脱出することは困難を極めた。一九四八年三月のことだった。顔を黒く塗り、頬に綿を含み、眼帯まで付けた。ソウルから開城（ケソン）まで夜行列車に乗り、そこで子供と合流する予定になっていたが、あまりに変装が巧みだったので、子供が母親だと見分けることができず、泣きだした。逃避行は無事に成功した。

こうして彼女は、北朝鮮最初のフィルム『わが故郷』（カン・ホンシク、一九四九）に出演することができた。抗日パルチザンとして故郷を出奔した婚約者をいつまでも待ち続ける、貞淑な女性の役である。風そよぐ陽光の下、白い雲を背景に微笑する白衣の少女の映像は、かつてわたしを強く印象付けた。

「解放直後からソウルでは映画を作り始めたが、平壌には何の設備もありませんでしたね。録音室もなく、わずかにアイモの撮影機が一台あっただけ。それで『わが故郷』を撮ったんです。わが国の撮影所が今のように発展できたのは、偉大なる将軍様が励ましの言葉をかけてくださったからです」。

「平壌で初めての記録映画『三八度線』が完成したときのことでした。わたしは将軍様といっしょに試写を観ました。朝鮮人民が次々と日帝によって虐殺されていく場面になったとき、突然かたわらにいた子供が立ち上がって、「面白くな〜い！」と叫んだのです。この子供は何回も何回も、同じことを口にしました。金正淑（キムジョンスク）女史が「そんなことをいってはいけません」と諭したのですが、将軍様は「面白くないときは面白くないと、はっきりいうのがいいんだ」と子供を庇いました。わたしはその時、この子は天才だと信じたのです」。

その後、彼女は、『パルチザンの乙女』（ユン・リョンギュ、一九五四）、『金剛山の処女』（ジュ・ヨンソプ、一九五八）といった抗日映画に始まり、数多くのフィルムに出演。現在も祖母役で活躍している。

わたしは皇民化運動時の文藝峰と『わが故郷』の文藝峰の微笑を比べてみたいと思う。イデオロギーが正反対のものとなったとき、清純な乙女の表象はどのように変化するのか。あるいはしないのか。戦時下の原節子は少年兵を励ます年長のお姉さんであり、戦後はただちに獄死した反戦運動家の妻を演じ、民主主義の女神として神話化された。文藝峰と原節子を比較することは可能だろうか。

「資本主義社会では俳優はたかだか商品にすぎません。笑ったり、泣いたり、喋ったりするだけの商品です。だから年を取ってくると価値が下がってきます。うちの国ではそんなことは絶対にありません。偉大なる首領様は俳優をきちんと人間として扱い、社会的な尊敬を与えてくださいました。俳優は人間精神の技師だとまで、おっしゃってくださいました」。

別れしなに文藝峰はいう。「今の映画は困ったものね。早撮りをしすぎて、何もかも雑になってしまった」。

一九七九年、今から一三年前に一年間滞在したソウルとの比較。

ソウルではいたるところに独裁者朴正熙の肖像写真と太極旗があった。映画館で最初に上映されるニュース映画のなかで、彼は世界各国の首脳と親しげに語り合い、植樹をし、演説をしていた。街角にはセマウル運動や間諜通報の標語が掲げられていた。

平壌でもいたるところに金日成の銅像があった。巨大な壁画のなかでは金正日が人々を指導していた。「わたしたちは幸福です」「朝鮮はひとつだ」という巨大な垂れ幕が、建築物の壁に掲げられていた。

韓国人は機会あるたびに、「韓国のことは韓国人にしかわからないのです」と主張した。朝鮮人は、彼らの首領様の哲学である「チュチェ思想」は、世界中の人民にとって普遍的な真実であると信じていた。

平壌の朝鮮革命博物館にある抗日運動のレリーフは、ソウルのパゴダ公園にある三・一独立運動の受難を描いたレリーフに比べ、規模においてはるかに大きく、より抽象化され、様式化された手法によって造られている。

韓国人も朝鮮人も、外国人がカメラを向けることに病的な警戒心を抱いている。なぜわざわざこんな汚いところを写真に撮るのですかと、彼らは抗議する。その度合いは、平壌においてより甚だしい。一般人が芝生に横になって寛いでいるところも、伝統的な民家の屋根に西瓜がなっているところも、撮影は禁止されている。映像は規範を逸脱してはならないのだ。「敵に利用されますから」というのが、その理由である。

ソウルの映画好きの若者たちはハリウッド映画を圧倒的に好み、自国のメロドラマ映画を観ようとしない。ドイツやフランスの文化センターでときおりヨーロッパのアートフィルムが上映されるという情報を得ると、ただちに駆け出してゆく。

平壌では誰が映画ファンであるのか。あまりに短い滞在なので、それを識別することがうまくできない。しかし長く滞在すればできるのかといえば、それもわからない。この地の人々にとって、国際映画祭は映画以前に、国外の世界を知る数少ない機会である。その一方で、自国の家族ものシリーズのフィルムは、職場や学校で全員が観た上で討議をすることが義務付けられている。

だがこうした環境のなかで、わたしは映画館の裏の広場で長時間にわたって上映を待ち続ける、ワイシャツ姿の若者に強く印象付けられた。彼らのなかから今後、どのような映画人が生まれてくるのだろうと、漠然と考えながら。

テルアヴィヴ／パレスチナ西岸　2004

夕方、タクシーでテルアヴィヴ・シネマテックに向から。いつもはバスなのだが、ひょっとして今日は何か起きるかもしれないなという予感がしたからタクシーにした。自爆攻撃は年中起きるものではなく、何かの記念日や歴史的に意味のある日を選んで行なわれることが多い。テルアヴィヴの住民は経験的に雰囲気を察知するのに長けている。

会場は満席。ヤコブ・ラズ教授がわたしを紹介した後で、わたしが北野武について講演し、『花火』と『ドールズ』を上映。後者については、熱心な質疑応答が一時間ほど続いた。

「歩くという行為がこのフィルムの根底にあると思ったが、宗教的意味はあるのだろうか。罪の贖いのための巡礼だと解釈できるだろうか。」

「日本人の死の観念は、ユダヤ人のそれとどう違うのか。」

「このフィルムのどこまでが文楽に依拠していて、どこからが創作なのか。」

「自分で自分の眼を潰すことは何を意味しているのか。」

聴衆のなかにズィヴ・ネヴォ・クルマン氏がいて、エルサレムのスピルバーグ・ジューウィッシュ・

フィルム・アーカイヴを紹介してくれるという約束になる。文化担当官として東京のイスラエル大使館に勤務していたことのある人だ。

アインシュタイン通りの宿舎までは、シネマテックの館長アーロンが車で送ってくれた。自分は一九四八年、祖国（エレツ）イスラエルと同じ年に生まれたのだと、彼はいう。

イスラエルにも武装蜂起して国家を転覆させようとする動きがあったらしい。一九七〇年代初めのことだ。主体となったのはパレスチナ人ではなく、アラブ諸国から移民として到来してきた最下層のユダヤ人の子弟だった。彼らは自分たちをアメリカ合衆国における黒人に喩え、「ブラック・パンサー」を自称した。そのドキュメンタリーフィルムが存在しているはずなのだが、誰に聞いても入手の手立てがないという。

アーロンから聞いた、ラシッド・マシュラウィの『シェルター』（一九八九）を上映したときの話。これはイスラエル国内で最初に上映されたパレスチナ映画であり、ガザから来た不法滞在のパレスチナ人が廃墟の地下室に住み着き、そこから工事現場に通って肉体労働をするという物語である。マシュラウィ本人がガザで生まれ育ち、独学で映画作りを学んだ人だ。

当局は上映を阻止しようとして、当日にシネマテックの全電源を遮断した。観客たちは冷房のきかなくなった暗黒の館内で、説明も与えられないままいつまでも待たされた。不満が頂点に達したとき、突然、暗闇のなかで誰かが「キレイは汚い。汚いはキレイだ」という言葉を大声で発した。『マクベス』

の冒頭、三人の魔女がマクベスに投げかける科白だった。声はその後も朗々たる口調で、悲劇の科白を独りで語り続けた。観客たちは驚いたが、やがて真剣に科白に耳を傾けるようになった。しばらくして館内の照明が復活し、上映が可能となったというアナウンスが流れた。声の主は判明した。『シェルター』で主演を務めたモハメッド・バクリだった。

モハメッド・バクリが撮った『ジェニン・ジェニン』（二〇〇三）をようやく観ることができた。二年前の二〇〇二年にヨルダン河西岸のジェニンでイスラエル軍が行なった大規模な虐殺と破壊を描いた、一時間ほどのドキュメンタリーである。

虐殺の報せを受けたバクリはただちにすべての予定をキャンセルし、厳重な警戒のなかを掻い潜って現場に向かった。迂回に迂回を重ね、ようやく九日後にジェニンに到達することができた。すべてが破壊された状況にあって、彼とカメラマン、録音技師の三人は野宿同然の形で三日間撮影を行ない、危険を察してイスラエル領内に逃げ帰った。完成したフィルムはあらゆる場所で公開を禁止され、一般観客の目に触れることがないまま、現在にいたっている。

徹底的に破壊された街角と住居。傷ついた子供を看護できず、無力感に立ち尽くす親。両手の指をすべて切り取られ、殺害された子供。父親はどこかと尋ねられ、無言で墓を指さす子供。ビニール製の急ごしらえのテントの中に、苦心して乳母車を入れようとする若い母親。「われわれは鷲の誇りをもち、獅子のように立ち上がる」と、険しい口調で語る少女。

「撮影などやめてくれ。なすすべのない現状を撮って、いったい何の役に立つのだ」と抗議する老人。

「全世界がわれわれを見ているというのに、われわれは誰からも見捨てられている。そのことで、われわれはいっそう傷ついているのだ」と、言葉を続ける若者。

テルアヴィヴ大学芸術学科の映像担当主任リヴィウは、バクリは俳優としては悪くないが、監督としては最低のプロパガンダ作家だと、口を極めて罵った。イスラエル国歌「ハティクバ」の起源を探るドキュメンタリー作家ヘッケルは、『ジェニン・ジェニン』は凡庸なヴィデオクリップにすぎないと、わたしに語った。ただ一人、アーロンだけが冷静にこの作品を判断し、自分のシネマテックで上映した。アーロンはいう。「バクリは思ってもみなかった反発の大きさに驚いていた。そこでそれをめぐり、現在、新しいドキュメンタリーを準備している。自分もインタヴューされたから、いずれ画面に登場することになるだろう」。

「ハアレツ」紙を読むと、ジェニンで「イスラム・ジハード」団の五人が逮捕され、逃げようとした六人目が射殺された。二人の少女が自爆攻撃の容疑で逮捕された。自爆攻撃はこれまで宣言されたものの七二件が失敗し、一〇件が成功している。二〇〇二年と二〇〇三年がピークで、今年は少し大人しくなったらしい。

ハイファ大学にラムズィ・スレイマン教授を訪問する。穏やかな表情をした、白髪の紳士。日本でも作品が知られているエリア・スレイマンの兄であるが、弟のキートン顔とは少しも似ていない。ハイファはイスラエル国内では、ユダヤ人とパレスチナ人が比較的平和的に共存し、通婚も行なわれていた都市だ。スレイマンは心理学の教授で、何人かのアラブ系大学人とともに『パレスチナ・レヴュー』という雑誌を編集刊行している。

スレイマン教授は語る。

「パレスチナ人はあらゆる場所において分断されている。ヨルダン河西岸のパレスチナ自治区に住む者たちは、われわれ、イスラエル国内に住むアラブ人をパレスチナ人としてではなく、イスラエル人だと見なしてきた。一方、イスラエルの多数派であるユダヤ人はわれわれを、自分たちの内側に住むアラブ人だと見なしている。イスラエル政府は長い間、「パレスチナ人」という呼称を、公式的に用いようとはしなかった。一九六〇年代の終わりにＰＬＯ（パレスチナ解放機構）が抵抗運動を開始したとき、イスラエル・アラブのなかにもパレスチナ人としての自覚が台頭してきた。今ではパレスチナ側も、シャロン政権の側も、イスラエル・アラブのことを率先して「パレスチナ人」と呼びたがっている。イスラエル政府のこの態度は、われわれをなんとか国外へ追放しようという暗黙の姿勢の現れである。

イスラエル国内に住むアラブ人において忘れてはならないのは、occupied soul 魂が占拠されているという状況だ。われわれは二重に周縁的な存在である。イスラエル国内にあっても、パレスチナ社会にあっても周縁に置かれている。一九四八年における国家イスラエルの成立とインド・パキスタンの分離、南北朝鮮の分断、さらにイスラエルと北朝鮮への「帰国」運動を比較できないだろうか」。

教授は弟のエリア・スレイマンが『Ｄ．Ｉ．』（二〇〇二）を撮ったとき、父親の役で出演している。このフィルムはカンヌ国際映画祭でパルムドールを取れず、審査員賞に留まったが、イスラエルでの公開にあたっては、モハメッド・バクリが新聞で批判したらしい。ずっと国外にいて現実のパレスチナの屈辱と苦痛を知りもしない人間が、今さら何を撮っているのだという論旨だった。バクリはまず俳優としてユダヤ人社会で認められ、それからアラブ系が彼を受け入れた。イスラエル・アラブの俳優の受容は、いつもこの順序でなされる。そのなかでもっとも過激なスタンスにあるのはジュリアーノ・メールだろう。彼はアラブ系の父親とユダヤ系の母親の間に生まれ、青春映画で郷ひろみっぽいイメージの役を演じていたが、監督として『アルナの子供たち』（二〇〇三）を撮った。母親の伝記映画だ。

日本ではアモス・ギタイの作品が映画祭でよく上映されているというと、教授は、アモスにはギド・ギタイという兄がいてねえ、と話を始める。えっ、知らないのか？

「ギドは写真家として有名だが、ドキュメンタリー映画も二本撮っている。その夫人であるライジャ・プネメカはフィンランド出身の精神科医で、占領地ガザにおける心的ストレスの治療と研究に長い間携わってきた。政治的暴力がもたらすトラウマの問題だ。

アモス・ギタイのドキュメンタリー『ワジ』に登場する漁師は、個人的にもよく知っていた。魔神（ジン）の話とか、妖精の話とか、面白い話をいくらでもしてくれて、テープに録音してあるから、いつか本に纏めておきたいと思っている。彼が亡くなった時には新聞に追悼文を書いたよ。その妻はルーマニア系ユダヤ人で、ハイファ大学の清掃員をしていた。『ワジ』で夫が乗っている漁船は、実はうちの父親の持ち船なんだよ」。

スレイマン教授に教えられたジュリアーノ・メールについて知りたいと思い、彼の主演作『バー51』（アモス・グットマン、一九八五）を観る。イスラエル・フィルムセンターからその年のベスト・フィルム賞を与えられた作品だ。

母親が死んで取り残された兄と妹がテルアヴィヴに出てくる。兄は苦労したあげくにキャバレーで皿洗いの職を得、妹を高校に通わせる。だがそのおかげで彼は悪夢の世界を垣間見ることになる。二人は懸命になって生き延びる。妹を庇いつつ健気に生きている兄。なんだか七〇年代松竹映画の郷ひろみと秋吉久美子のようだ。

もっとも、シネマテックで彼自身が監督した『アルナの子供たち』を観、上映の後で少し言葉を交わした後では印象が変わった。頭を剃っていて、郷ひろみとは似ても似つかぬ雰囲気だった。

アルナとはメールの母親のユダヤ人で、パレスチナ人男性と結婚した女性である。二人はともに熱心な共産党員で、民族を超えた結婚がイスラエル社会の統合に寄与するという理念を抱いていた。『アルナの子供たち』は彼女がパレスチナの象徴であるカフィーヤを首に巻き、西岸のジェニン近くにある検問所の前で、「不当な占領を停止せよ」というスローガンを記した紙を翳し、通行中の車両に訴えているショットから始まる。撮影当時、彼女はすでに末期癌に侵され、ほとんどの頭髪を失っている。その日も病院からこっそりと抜け出して、示威活動に参加していたのだった。

アルナは一九八七年、最初のインティファーダが勃発したとき、ジェニンの難民キャンプの子供たちのためにヴォランティア活動を始めた。瓦礫の山に立ち尽くす少年少女に紙と鉛筆を与え、絵画を描くことを教えた。当初は「ユダヤ人のくせに」と警戒されたが、やがて子供たちから受け入れられ、母親のように慕われることになった。息子のジュリアーノは演劇の指導をした。六年後、アルナはスウェーデンの財団からライト・ライブリフッド賞を受けると、賞金で劇場を建て、子供たちの芝居を上演した。

だが彼女が癌で病死してしまうと、主唱者を失った上演活動はそれきりとなる。二〇〇二年にジェニンではイスラエル軍による大虐殺が起きる。その翌年、ひさしぶりにジェニンを訪れたジュリアーノは、かつての劇場が廃墟となり、子供たちの少なからぬ者がイスラエル軍によって殺害されていたことを知る。牢獄に繋がれている者もいる。またイスラエル領に渡って民間人に銃を乱射し、「殉教」を果たした者もいる。フィルムは、彼らの足跡を辿るため遺族や友人を訪れるジュリアーノと、一〇年前の彼らの映像を交互に登場させながら進行していく。

演劇グループのなかで一番のお調子者で、いつもみんなを笑わせていたユセフ少年が、なぜ自爆攻撃に走ったのか。死を決意した彼がひどく緊張した面持ちでこちらを見つめている映像が引用される。友人たちの証言から明らかになるのは、ユセフはパレスチナ警察に勤務していたが、イスラエル兵たちが小学校を急襲し、狙撃された少女を病院まで運んだときに「殉教」を決意した。ジュリアーノはもう一度、ユセフが最後に残したヴィデオ映像をチェックする。よく見ると、彼の背後の壁にその少女のポスターが貼られていた。

『アルナの子供たち』はこうして、一人ひとりの少年たちのその後の死を検証していく悲痛きわまりないドキュメンタリーである。

（筆者註：その後、ジュリアーノ・メールは二〇一一年、ジェニンにて覆面をした暗殺者に狙撃され、五二年の生涯を閉じた。犯人はいまだに不明である。）

携帯電話の番号を教えてもらったので、思い切ってモハメッド・バクリに電話をしてみる。今はローマで撮影中で、来週はナザレに戻るから、テルアヴィヴのカフェで会おうということになる。映画のときと同じく、ドスのきいた声だった。

「ハアレツ」紙を読んでいると、ゴダールが『われらの音楽』という新作をカンヌで発表したという記事があった。ラマッラーに住む詩人、マフムード・ダルウィーシュをはじめ、「ハアレツ」のパリ特派員も登場するらしい。JLGは宣言する。

「一九四八年のイスラエル建国は、イスラエル人を劇映画の主人公にし、パレスチナ人をドキュメンタリーの主人公とした」。

アモス・ギタイの仕事部屋は、ラシ通り三七番地のアパートにある。一面の白い壁。CDはたくさんあるが、本はわずかしかない。彼は九四歳の母親を亡くしたばかりだ。

「イスラエルは気狂いの国だよ。消滅するとは思わないが、ユートピアと黙示録の間をいつも行ったり来たりしている。ようやく解決の出口が見えかけたかと思うと、次の瞬間にたちまちそれが崩されてしまう。

『エステル』を撮ったとき、バクリには王様の役で出てもらった。僕が全編をシークェンスショットで処理したので、彼は驚いたみたいだったな。どうしてクロースアップがないんだと、妙に常識的な映画観をもっていて、文句をいったものだ。『エステル』はシネマテックで一回きり上映されただけだ。最後に大虐殺の場面があるのだが、予想していた通り、観客たちは騒ぎだした。そこであらかじめ準備していた反論をいってやったのだ。聖書の『エステル記』の最後を読んでみろよ。ユダヤ人たちは自分たちを憎む七万五千人を殺したと、ちゃんと書いてあるじゃないかって。

シオニズムの主唱者だったヘルツルは、最初にフォト・モンタージュを試みた者の一人だったし、イスラエルの初代首相ベン＝グリオンは自分のオフィスに上映室を設けていた。シオニズムはいつも視覚に重きを置いているんだな」。

テルアヴィヴは昨年〔二〇〇三年〕、バウハウス建築の都市として世界遺産に登録された。今から美術館でバウハウス展のレセプションがあるから、いっしょに行かないかと誘われる。ウリ・クラインの元夫人、イルマを紹介してやるという。

エルサレムからカランディアの検問所(マフスーン)を通って、パレスチナ自治区のヨルダン河西岸地区に入る。もう目の前まで分離壁が迫っている。高さ五メートル以上ある、コンクリートの威圧的な壁だ。検問所の周囲には市場ができている。アイスキャンディー。ジュース。パン。サングラス。人形。Tシャツ。スリッパ。造花。書物。ありとあらゆる日常用品が路上に並べられている。売り子の多くは子供だ。黒衣の女が赤ん坊を膝に乗せながら、物乞いをしている。

ラマッラーの街角は人でいっぱいだ。ナイキの帽子を被り、アメリカの大学のロゴ入りTシャツを着ている若者もいれば、顔全体をすっぽりと被りもので隠した、伝統的な衣装の女性もいる。アル・マナーラ広場では、若者たちがすることもなく屯(たむろ)っている。想像を絶する失業率が社会全体を覆っているのだ。建物の壁という壁にはアラビア文字で落書きがなされている。解放闘争の大義を叫ぶポスター、自爆攻撃で「殉教」した青年の写真を大きくあしらったポスターが、いたるところに貼られている。アル・カサバ劇場は、広場から八方に分岐する繁華街の一本を、五分ほど歩いたところにある。一階が映画館。地下が劇場。それぞれ客席は三〇〇ほどである。詩の朗読会も開かれれば、シンポジウムも行なわれる。ロビーと階段には、これまで上演した芝居の写真が飾られている。

ここはガザと西岸を含め、パレスチナ自治区で生き残った唯一の劇場である。二年前にイスラエル軍が侵攻してきたときには、扉から音響装置までことごとくを破壊され、コンピュータを窓から放り投げられもしたのだが、今はその痕跡は残っていない。来月は「ヨーロッパ映画祭」が開催されると、予告の掲示があった。

「いいところに来てくれた。ちょっと手伝ってくれ」と、館主にして演出家のジョージ・イブラヒムがいう。彼とはこの二月、イスラエルに出発する直前、東京三軒茶屋の劇場で、短い時間ではあったが言葉を交わしたことがあった。

イブラヒムは水煙管を銜（くわ）え、鼻から愉しげに煙を吐き出しながら、わたしの前に日本の新聞と雑誌の束をドカンと置いてみせる。「こないだ東京で上演した芝居の劇評なんだ。悪いけど、日本語が読めないから、ちょっと英語にしてくれないだろうか」と彼はいう。

作業はほぼ半時間で終わった。イブラヒムは機嫌がいい。東京で芝居を打つとき心配だったのは、いったい主催者側がどのくらいパブリシティを真面目にしているのか、わからなかったことだ、と彼。わたしは理由を尋ねる。

「だって、いかなる上映阻止運動も事前に起きなかったからさ。アメリカでもフランスでも、われわれパレスチナの劇団が公演するときには、かならずユダヤ系が動員をかけ、「テロリストの芝居を許すな」というプラカードを手に妨害をするからだよ。行列をして入場を待っている客の一人ひとりにそうした内容のビラを配ったりしてね。ところが日本では一度もそうした妨害が起きなかった。それで、ひょっとして広報活動は大丈夫なのかなって心配をしてたわけだ」。

「日本の観客はどうでした?」「うん、とても真面目な観客だった。真剣に見てくれてるということはよくわかった。でも、誰も笑わなかったね。ここ、現地でやったときには、お客さんは俳優の一挙一動に大笑いしてたんだけど」。

アル・カサバ劇場から外に出たところで、いきなり「ラスト・サムライ!」と声をかけられた。「ブルース・リー!」という声がそれに続いた。驚いて振り返る。そのときようやく、わたしが後にしたばかりの劇場では今、ハリウッド映画『ラスト・サムライ』がロードショーの最中だと知った。

路上にはさまざまなDVDやVCDが並べられている。イスラエルの情報機関モサドを描いたスピルバーグの『ミュンヘン』も、イスラエル国内では反ユダヤ主義だというキャンペーンが張られ、上映禁止となったメル・ギブソンの『パッション』も、ブルース・リーやジャッキー・チェンの隣に並んでいる。もちろん海賊版である。上映館にこっそりヴィデオ撮影機を持ち込んで、盗撮したのだろう。野坂昭如原作の『火垂るの墓』もあった。

東京の高坂和彦さんから連絡が来る。『ジェニン、ジェニン』の上映会をこの夏、東京で開きたいとのこと。そこでジェニンに実際に足を向けたときの感想とバクリの印象を報告する。高坂さんはフランス文学者で、セリーヌの反ユダヤ文書の翻訳者である。

イルマ・クラインとの対話。話が弾んで、一時間のつもりが、二時間半も話し込んでしまった。以下に彼女の話を要約。

イスラエルは高度消費社会が到来するのがひどく遅れた。なにしろ国家成立時から休みなく臨戦状態であったのだ。TVの普及はアラブ系の家庭のほうが先だった。彼らはエジプトやシリアの番組を自由に愉しむことができたが、ユダヤ系には退屈な国営放送しか選択肢がない時代が続いたからだ。もっともユダヤ人でもスファラディーム（地中海世界出身）やミズラヒーム（中東マグレブのイスラム世界出身）といった下層階級の多くはアラブ圏に出自をもち、アラブ文化に親しみを感じていたから、積極的にTVを購入していた。

TVは六〇年代末に到来し、一九六七年の六日間戦争が初めて実況中継された戦争となった。

六〇年代にはフランスのヌーヴェルヴァーグが到来し、それに刺激されて、ウリ・ゾハールが『月に空いた穴』（一九六四）を撮り、「夏の映画」という運動を立ち上げようとした。しかし誰もゴダールを理解できずにいた。彼が批判する大衆消費社会がイスラエルではまだ実現されていなかったためである。

イスラエル社会はユダヤ人の理想的映像を築き上げるのに失敗している。最初は脆弱な被害者としてのユダヤ人のイメージ。それが強い、マッチョなユダヤ人のイメージに転換するのだが、うまくいかないでいる。

映画産業ということでいうと、世界的にTVの普及によって映画は斜陽を余儀なくされたというが、イスラエルにかぎってそれはなかった。視聴覚文化がロクにないところにTVが導入されたら何が起きるだろうか。今でも正統派のユダヤ教徒のなかには、TVや映画の見方がまったくわからない人が存在している。

イスラエルの映画はユダヤ人の社会階層に対応している。アシュケナージム（ドイツを中心とする西洋社会出身）はアート映画を好み、ヨーロッパの芸術映画を観る。スファラディームとミズラヒームはインド映画が大好きだ。イスラエルでも彼らのために「ブレカス映画」という大衆娯楽映画のジャンルが七〇年代に成立している。ブレカスというのはオットマン帝国時代から庶民が好んだ「お焼き」で、アシュケナージムはけっしてブレカスを食べないし、ブレカス映画を観ない。映画人の大多数はアシュケナージムだ。知識人も、アーティストも、政治家も、金融業者もみんなそう。しかしアシュケナージムだけを見ていては、イスラエル社会を理解することはできない。

テルアヴィヴで最初に建てられた映画館、エデン・シネマの前で、ヨシ・マドモニと待ち合わせる。彼は数少ないスファラディームの映画監督だ。「新聞では「映画監督」と紹介されることがない。いつも「スファラディームの映画監督」と書かれるのだ」と、諦めきった調子でいう。「アシュケナージムは俺たちのことを、いつも海岸でバーベキューばかりしている奴らとしか見ていないんだ」。マドモニはその偏見を逆手に取って、コメディ『バーベキュー・ピープル』を撮った。話をしていて、いきなり彼の口からOkinawa peopleという言葉が出てきたので驚く。

大学の映画学科の教授から「絶対に観ないでくれ、イスラエルの恥だから」と念を押されていたフィルムを、教授の外国出張中に研究室のヴィデオブースでこっそり観る。助手が、「ボクが見せたなんて教授には黙っててくださいよお」と、心細そうにいう。『楽しいイスラエル』という作品で、建国以来、最大の興行収益を上げたフィルムなのだが、おそらく国外の映画祭や映画館で上映されたことは一度もないだろう。

ガソリンスタンドに高級車が停まる。持ち主は「ちょっと用があって」といい、車を後にして出て行ってしまう。スタンドのスタッフがガソリンを入れ終わっても、彼は戻ってこない。車のトランクから叫び声がする。誰かが閉じ込められているのだ。苦心してトランクを開けてみると、中から全裸の女が飛び出してくる。

街角の八百屋で、果物取り放題大会が開かれている。両手に持てるだけはタダだというので、人々がなりふり構わず殺到している。

郊外の道路で警察がこっそりと交通違反を取り締まっている。自転車に乗っていた若い女性が運悪く捕まってしまった。彼女は野原に設けられた簡易裁判所に連行される。イスラエル国旗が何本も棚引き、制服の警官や検事、裁判官が厳粛な顔で彼女を待っている。裁判を受けるにはまず視力検査をしなければいけないと、裁判官がいう。女性は目隠しをされ、被告席に立たされる。いつまで経っても何も言葉をかけられないので、彼女が目隠しを取ると、野原には誰もいなくなっている。もちろん国旗もない。

有名な喜劇俳優の夫妻が趣味のプライベート機を運転していたところ、悪天候で見知らぬ空港に不時着してしまう。彼らはがらんとした部屋に連行され、取り調べを受ける。言葉がまったく通じない。彼らは知らずと国境を通り越し、シリアの空港に機を着けてしまったのだ。

『楽しいイスラエル』ではこうした話が次々と語られていく。要するに『どっきりカメラ』である。まったく何も知らない素人をいきなり荒唐無稽な虚構世界に拉致し、その当惑ぶりを眺めて面白がる。この人騒がせな趣向は最初、アメリカのTV番組で考案され、七〇年代にあっという間に世界的に飛び火した。日本でも宍戸錠や野呂圭介が最後にプラカードを持って登場する番組として、それなりに視聴率を獲得していた。

イルマ・クラインのいった言葉が思い出された。イスラエルではTVの出現がひどく遅れた。そのため『どっきりカメラ』はTVではなく映画として制作され、大ヒットを飛ばしていたのだった。

「本編の後、続編、続々編もあるのですが、どうしますか」と助手が尋ねてくる。わたしは苦笑しながら断ってみせる。

ようやくモハメッド・バクリにシェンキン通りのカフェで会うことができた。彼はローマから帰国し、故郷のナザレに荷物を置くと、翌日、二時間をかけてテルアヴィヴに来た。

「パレスチナ人は疲れ切っているんだ。不安と屈辱、逃げ場のない閉塞感のうちにある。ユダヤ人は絶望的なまでに無感動に陥っている」。バクリはそういった。「わたしはイスラエルという国が成立した後に生まれたアラブ人だ。つまりイスラエル人であり、パレスチナ人なのだ」。

バクリはテルアヴィヴ大学の演劇学科に学んだ、最初のパレスチナ人だった。そしてパレスチナ人としてイスラエル社会で活躍した最初の職業俳優であり、最初の国際的俳優だった。彼はコスタ゠ガヴラスやタヴィアーニ兄弟の作品に出演し、ギタイをはじめとするユダヤ人監督の作品に出演し、マシュラウィが最初にパレスチナ人監督としてデビューしたとき、主演を務めた。ユダヤ人の女性観客は彼の美貌にうっとりとし、パレスチナ人観客、とりわけ血気盛んな映画青年たちは彼をカリスマのように感じていた。バクリの後に続け、というわけである。

わたしたちは、彼の代表的な独り芝居、『ムタシャーイル』を東京で上演するにはどうすればいいのかという話をした。まずエミール・ハビービーの原作を日本語に翻訳し、次に脚本。舞台を制作するためには気の遠くなる準備が必要だ。

バクリの顔にはどこかで見おぼえがあると思った。しばらくして、彼がパゾリーニに似ていることに気が付いた。「イタリアにいると、パゾリーニの伝記映画で主演しないかと、何回も誘われたことがあったね」と、彼は語った。

いよいよテルアヴィヴを発つ日が近づいてきた。大学のゼミで使用した日本映画のヴィデオをすべてシネマテックに寄贈することにし、アーロンのオフィスに運ぶ。若松孝二と足立正生の『赤軍―PFLP世界戦争宣言』をテルアヴィヴの観客たちはどのように観るだろうか。

パリに到着する。四か月のテルアヴィヴ滞在が終わったとき、目に見えない緊張から解放された気になった。もはやボディーチェックも、荷物チェックもされることなく、レストランや博物館に入ることができる。剝き出しにされた憎しみを眼にしなくともいい。

明日からＩＭＡ（アラブ世界研究所）でアラブ映画祭が始まる。プレスパスを申請しに訪問したところで石坂健治さんにばったりと会う。一階の書店に入る。イスラエルではいくら探しても入手できなかった、ブラック・パンサーのドキュメンタリーのヴィデオが売られていた。パレスチナやエジプト、レバノンのＣＤがズラリと並んでいる。途端に解放感を感じ、抱えきれないばかりに買ってしまう。

ハバナ　2014

1

二月にキューバのハバナ大学に招かれ、日本映画について集中講義を行なってきた。また、キューバ映画芸術産業庁（ＩＣＡＩＣ）を通して若いインディーズ系の映画作家たちに集まってもらい、彼らの短編作品を次々と観ながら討議するということをしてきた。どちらもとても新鮮な体験だった。

ちなみに、大学の招聘といえば聞こえがいいが、キューバは一九五九年の革命以来、隣国アメリカから強い経済制裁を受けており、外国人の学者を迎え入れる予算などあるはずがない。すべての費用はこちら持ち、いうなればヴォランティアである。そこで国際交流基金に申請して航空券代を助成してもらい、滞在費と教材制作準備費はわたしが個人的に負担することで講義は成立した。「なぜそこまでして？」と人に尋ねられたが、キューバという国にはそれだけの魅力があるのだとしか答えようがない。これは一度でも彼の地に足を運んだことのある人なら、容易に理解してくださるだろう。

ハバナに滞在するのは一六年ぶりである。前回は一九九八年で、東欧の社会主義国がいっせいに崩壊してしばらく後のことであった。共産党独裁を相変わらず続けているキューバは、ソ連からの安価な石油が輸入できなくなり、食糧は払底、気分的にもひどく陰鬱な時期を迎えていた。わたしのような外国人は現地通貨ペソを所有することが許されず、タクシーから食堂の勘定まで、ほとんどの買い物を米ドルですませなければならなかった。そのため何をするにも、現地人の二四倍の費用がかかった。わたしはこの最初の滞在のとき、ＩＣＡＩＣで黒澤明の死を知らされた。

今回の滞在では米ドルを目にすることも、要求されることもなかった。米ドルを受け取った者には一〇パーセントの税金が課せられることになったためである。そのかわり、外国人にも現地通貨の所持使用が許可されるようになった。食糧事情は相対的に改善され、街角には肥満した女性たちを少なからず見かけることになった。もっともこれは肉と豆ご飯を主食とする習慣によるところが大きいのかもしれない。

街角でもうひとつ気付いたのは、観光客の増加である。国交のないアメリカ人が観光に消極的な分だけ、カナダ人とドイツ人の姿が目立った。世界遺産に登録されたことも手伝ってか、ハバナの旧市街には観光主義が蔓延していた。ここで皮肉な現象をわたしは目にした。以前にはあれほどまでに目立ったチェ・ゲバラの肖像の壁画や、「愛国か、死か」といった革命的標語を、ほとんど見かけなくなったのである。ゲバラの映像を求めるには、外国人観光客が訪れるお土産店のＴシャツ売場に行くしかなかった。こうした街角の変化は、もはや直接に革命の興奮を知り、生活の困難に耐えうる世代が社会の第一線から後退し、より新しい世代が台頭してきたことを示している。

残念なことにわたしが前回に知り合い、再会を期待していた人物は、三人が三人ともすでに国外に亡命していた。詩人と、学者と、美術家である。彼らはいずれもアメリカ合衆国はフロリダ半島の南端、キューバ島からわずか二〇〇キロしか離れていないマイアミに居を移していたのだった。かつてカストロ首相はこうした亡命者を「蛆虫（うじむし）」と呼んで罵倒した。だがいつしか彼らは「マイアミのキューバ難民」と見なされ、今では単に「マイアミのキューバ人」と呼ばれるようになっている。彼らは人口一〇〇万を超えるコロニーを形成し、なかには故郷に住む家族たちに会うため、一年に一度、里帰りをする者も少なくない。

ではこのハバナに滞在しながらわたしが誰と対話し、どのような印象をもったのかを、これから書いておきたいと思う。

2

わたしが前回訪れた一九九八年には、キューバ映画界はまさにどん底にあった。ソ連の崩壊がじわじわと響いてきたおかげで、年間制作本数はせいぜい一本か二本。それも西ヨーロッパとの合作といったありさまであった。だが今回の滞在では、一六年の間に大きな状況の変化が起きたことが如実に感じられた。

これまで長期にわたってキューバ映画の制作と配給、そして輸出までを一手に引き受けてきたＩＣＡＩＣの一元的体制が揺るぎだし、国家とも体制とも無関係なところで、個人が低予算で自由に映画を制作することがけっして不可能ではなくなった。世界的なデジタル化の波は、ハバナにも押し寄せていた。

二〇一〇年あたりにはインディーズが出現し、キューバ映画が多様化の道を歩むことが少しずつ確実となってきた。

映画受容という点でも、前回と今回の滞在では状況に大きな違いが生じていた。冷戦体制の崩壊からしばらくするとアメリカ映画の乱入が始まり、ハリウッド映画ばかりを観て育った世代が出現するようになった。もちろん著作権や上映権などはおかまいなしである。若者たちはUSBを片手に、『スター・ウォーズ』でもディズニーでも見まくっている。

大学生たちと話していると、burn、つまり英語で「焼く」という言葉が頻繁に登場する。互いに所有している映画のデータを複写して与え合うという意味である。せっかく映画を制作したものの、上映する場所もなければ、その費用もない。そうした場合、作品はデータの形で、人から人へと伝播していくことになる。DVDもVCDも、焼かれることによって個人的に伝わり広まっていく。映像を共有することは無償の行為であり、farándula、つまり「とってもなかよし」になる最初の行為でもある。

映画学校ISAで四〇人の学生を前に話す。大島渚から三池崇史まで、日本映画が暴力的なセックスを描くのはなぜなのか。日本のホラー映画はどんな風なのか。アニメにおいて過去の回想をフラッシュバックとして、どのように処理しているのか。さまざまな質問が飛び交う。

いい機会なので、二年生が撮った8ミリの短編作品を何本か見せてもらう。

＊いかにもお金持ちそうなフランス人の観光客が、路傍でお腹を空かせている子供を見つけ、レストランに連れていく。二人は豪勢に食事をしコーラを飲む。フランス人は子供を置き去りにして、出

て行ってしまう。レストランの側は何も事情がわからない子供を放免するしかない。自由になった子供は、外でフランス人に会う。実は二人は親子で、すべてはあらかじめ計画された無銭飲食だったのだ。冒頭と結末に子供が空き缶を放り投げるショットがあり、なんとなくおかしい。

＊子供が映画撮影の真似ごとをして遊んでいると、いつの間にかその「作品」がリュミエールやメリエスのフィルムのなかに紛れ込んで、あたかも本物の映画のようになってしまう。

＊カトリックの尼僧が画家のもとを訪れ、アルバイトでヌードモデルをする。彼女は報酬を乞食に与える。題名は『神の名において』。

＊少女が嫌々ながらヴァイオリンの稽古をしている。母親の命令なのだ。彼女は本番のコンサートで曲が弾けず、思わず泣きだしてしまう。トイレに引き籠っていると、母親がケーキをもって入ってくる。

一本一本にコメントを述べると、お礼にTシャツをもらった。海岸通りを歩いて帰る。恐ろしく高い波が打ち寄せている。壮大な夕焼け。

ピエドラ教授に案内されて、ICAICを訪問する。一六年前にわたし一人のために、サンドラ・ラモスをはじめとして、さまざまなフィルムを上映してくれたところだ。わたしに黒澤明の死を知らせてくれた当時の所長、マリア・ドゥーグラスさんとも再会する。昔と変わらぬ優雅で倹しげな人だった。

若手監督の短編を何本か見せてもらう。

＊バレリーナとその付き人が諍いごとを起こし、ともにプールに転落してしまう。どうやら二人は水

のなかでおしっこをしてしまい、それがきっかけとなって和解する。汚れた水のなかでも生き延びるのがキューバ人であるというメッセージが込められていると、監督はいう。

＊タクシー運転手が誤って妻を階段で突き落とし、死なせてしまった。彼はこの苦い記憶を携えながら、空港で娘に会う。娘はキューバを脱出するところだ。

＊煙草売りの老女の回想。彼女は両足を失い、寝台に横たわっているが、ラジオから聴こえてくる音楽に、微かに軀を揺すらせている。

キューバ映画のポスターはすべて手作りのデザインで、オリジナルである。一六年前にもＩＣＡＩＣの売店で何枚か買ったが、今回もまた買ってしまう。三枚で一〇クックだった。もっとも評判のいいものはとうに売り切れてしまっている。とはいえ『苺とチョコレート』（一九九三）のポスターが入手できたのは収穫。

一九六八年、黒木和雄と津川雅彦はキューバに渡った。革命一〇周年を記念して、日玖合作で映画を撮るためである。竹中労の肝いりだった。企画は翌年、『キューバの恋人』というセミドキュメンタリータッチの劇映画として結実し、ＡＴＧで公開された。

アキラという日本人船員が、ハバナに逗留する。彼は下町でマルシアに出会い、たちまち恋に陥る。片言のスペイン語を駆使して、懸命に彼女を口説く（このあたりは脚本に沿ったというより、どうも『狂った果実』の俳優津川の地が出ているような印象あり）。マルシアはサトウキビ工場で働く、真面目な混血女性だ。彼女は突然、アキラの前から姿を消してしまう。アキラは懸命に彼女の行方を探し求め、ついにゲリラ部隊の根拠地で再会する。マルシアは祖国のためには死も厭わない勇敢なる民兵で、国際的な武装闘争を夢見ていた。彼女は愛よりも革命が大切だと語り、アキラを冷たく突き放す。

　これが『キューバの恋人』のあらすじである。折しも日本は大学闘争のさなかであり、いたるところで政治的高揚が漲っていた。フィルムは話題を呼んだ。革命後のハバナの街角を見て興奮する者もいれば、主人公の態度が軟弱だと批判する者もいた。もっともキューバではそれは上映されず、長い間、忘れられたままになっていた。わたしは晩年の黒木監督と何回か話をする機会があったが、学生時代に山村工作隊に参加し挫折した体験をもつ黒木が、マルシアの説く国際的武装闘争をどのように考えていたかを尋ねておくべきであった。それが悔やまれる。

　『キューバの恋人』から半世紀近くの歳月が流れ、その存在を知ったハバナ大学の映画研究家、マリオ・ピエドラ＝ロドリゲス教授と日本の寺島佐和子さんの情熱的な努力によって、本格的な調査が開始された。ピエドラ教授は当時のハバナの光景をドキュメンタリータッチで描いたこのフィルムを絶讃し、やがてそれはキューバのTVで放映された。教授の教え子であるマリアン・ガルシアが、すべてを検証するドキュメンタリー『アキラの恋人』を二〇一二年に監督した。彼女は祖父の代にレバノンから移住してきた、混血の女性である。

　『アキラの恋人』では、黒木のフィルムに関わったキューバ側のスタッフやキャストが次々と登場して、当時の思い出を語る。とりわけ興味深いのが、マルシアを演じたオブドゥリア・プラセンシアへのインタヴューだ。『キューバの恋人』が撮影されたとき、彼女は一六歳で、現実にサトウキビ工場で働いていた。マリアンの申し出に驚いた彼女は、最初頑強に出演を拒んだが、やがてインタヴューに応じた。彼女はすでに高齢ではあったが、日本から来たマサヒコのことははっきりと記憶していた。あの時は革命のほうが愛よりも大切だといってアキラを拒んだが、もし今だったら同じ答えをするとは思えないと語る。なるほど、そうなのだろう。ゲバラがボリビアでのゲリラ戦で戦死して以来、キューバ政府は革命の輸出という路線から遠ざかってしまった。それから半世紀にわたって、国民は革命の名のもとに深刻な窮乏生活を強いられてきたのだ。

マリアンはこの一〇月に、ひょっとしたらマサヒコ・ツガワがハバナを再訪するかもしれないと聞いて、期待に胸をときめかせている。彼女の夢は、キューバにおける中東移民の歴史について、ドキュを撮ることだ。

サンドラ・ラモスの家を訪れる。高級住宅地ミラマールの一角にその家はあった。

サンドラはわたしがもっとも愛着を覚えるキューバの美術家だ。もっとも彼女はもはやハバナにはいない。マイアミに工房を設け、旺盛な創作活動を続けている。家には母親と姉がいて、いろいろと作品を見せてくれた。

短編アニメーション。サンドラらしき少女と二人の男が、海の上に一本だけ伸びている椰子の樹にしがみついている。男は痩せた役人と太った庶民で、まるでローレルとハーディのようだ。

海の水位が高くなり、椰子は見る見るうちに沈んでいく。三人は必死になって幹を這い上り、より高いところへ移ろうとする。二人の男が力尽きて沈んでいく。少女だけが最後まで残るが、やはり海中に沈んでいく。後にはもはや葉だけになった椰子が取り残される。これがキューバの現実なのだと、サンドラは主張したいかのようだ。

ミゲル・コユーラを訪れる。彼はキューバ映画のもっとも若い世代のインディーズの監督で、『発展過剰国の記憶』（*Memorias de Desarrollo* 二〇一〇）という作品を五年がかりで完成させた。この題名は、六〇年代キューバ映画を代表するともいえる『低開発国の記憶』（*Memorias del Subdesarrollo* 一九六八）を捩ったものである。ミゲルはコンピュータを駆使して、自分の映画制作の手法を説明する。日本のアニメのことは相当に詳しそうで、『エースをねらえ！』の特訓場面を画面に出して話してくれる。

『低開発国の記憶』はエドムンド・デスノスの同名小説（かつて小田実が多忙の日々のなかで翻訳した）をもとに、トマス・グティエレス・アレアが撮ったフィルムである。主人公のセルジオは、家族のほとんどがマイアミに亡命してしまった後、ただ一人ハバナに残り、なすすべもなく毎日を過ごしている。彼は本来が政治に関心のない人間であり、革命後に推奨されている「新しい知識人」というものにどうしても馴染むことができない。若い娘を誘惑したというとるに足らない廉で糾弾され、自己嫌悪のあまり、エロティックな空想に耽っている。

キューバ危機の後では、もはや旧世界に戻るわけにはいかない。だからといって新世界建設に血と汗を流すつもりもない。こうしたセルジオの中途半端な気持ちは、まさに六〇年代中頃のキューバの知識人の疲弊と幻滅を物語っている。

『発展過剰国の記憶』では、主人公セルジオの設定がちょうど正反対に設定されている。

彼はすでにアメリカに永住権をもつキューバ人で、ニューヨークの大学のラテンアメリカ学科で革命史の教鞭を執っている。キューバでの過去の一切と訣別し、表向きは気楽な独身暮らしなのだが、実はいつまで経ってもアメリカ〈合衆国〉の文化に馴染むことができず、そこに真正なものを発見できずにいる。英語で話していると、自分が道化師になったような気持ちさえしてくる。こうしたセルジオの独白に対応するかのように、画面にはポルノショップから髑髏のサンタクロースまで、アメリカの大衆文化のさまざまな側面が、グロテスクな相のもとに登場する。だが、その一方でセルジオは、世界のすべては自分の脳髄の内側で生起する出来事にすぎないという信念をも抱いている。彼はアメリカの消費社会に流通している映像を丹念に鋏で切り抜くと、ゲバラやカストロの映像と組み合わせ、コンピュータを用いて奇怪なコラージュを創作している。ちなみに〈敵〉の映像を用いたコラージュは、ニコラス・ギシェン・ランドリアン以来、キューバ映画が得意としてきた手法である。

セルジオのゼミの学生たちは、キューバ革命に心酔している。彼はディードルという女子大生と懇意となる。だがこのビジネスライクなアメリカ娘とベッドをともにしても、落ち着いた気持ちにはなれない。やがて彼は大学の学部長から自分が撮影したディードルのヌード写真を突きつけられ、あっさりと大学を馘首される。それから二年にわたり、定職もないままにニューヨークに滞在。スペイン語が遠くなるとともに、故郷の島のことが抽象的に思えてくる。自分は負け組だ。敗北と堕落という屈辱的快楽を味わっているのだと、自嘲的に考えるようになる。脳裡を廻るのは、キューバ時代に捨てていったクラウディアのことだ。

学会出席のためパリに赴いたセルジオは、初めてキューバに行ったという女子大生から、革命四〇周年だというので行ってみたけれど、誰も革命に身を捧げている人なんていやしないじゃないのと、感想を告げられる。そうなんだ、革命は失敗だった。俺はドン・キホーテだ。スペイン語を話す奴隷どもの本性など、みんなそのようなものだ。彼はそう述懐し、ひとたびハバナに戻る。

だがハバナもまた居心地がよくない。キューバにおけるゲバラの位置は、アメリカにおけるスーパーマンと同じだという発言が問題となり、彼はこの国を去ることになる。たしか弟のパブロがロンドンで映画を撮っていたはずだ。それを思い出してロンドンに行くが、弟は消息不明である。

世界のどこに行っても仕方がないと覚悟したセルジオは、ふたたびニューヨークに戻ってくる。ポルノショプやストリップショーを覗いていると、自分の存在感がどんどん希薄となって、ほとんど透明になったような気がしてくる。彼はかつての女友達から暴力行為で訴えられ、公判からの帰り道で、9・11の惨事を目の当たりにする。もうこれからは、かつて起こりようのなかったことでも、平気で起きるようになるのだ。だから全てが終わりを迎えることだけが唯一の希望だと、彼は確信する。グランドキャニオンを思わせる荒涼とした風景のなかで、彼が宇宙飛行士のような格好の研究所所員と会話をするところで、このフィルムは唐突に終わっている。

『キューバの恋人』から『アキラの恋人』までがほぼ半世紀であるように、『低開発国の記憶』から『発展過剰国の記憶』までも、ほぼそれに近い歳月が経過している。その間に世界では大きな変動が生じた。ソ連の崩壊とともに「第二世界」、すなわち社会主義陣営の国々が軒並み民主革命を体験した。社会主義は地上からほとんど消滅し、わずかにキューバと北朝鮮、中国において、余命を長らえているにすぎない。『アキラの恋人』と『発展過剰国の記憶』から読み取れるのは、二〇世紀を震撼させたこの巨大なイデオロギーがすでに残骸となり、路上に見捨てられたままとなっている現状である。革命の高揚は消滅し、後には喪失感と未決定感だけが残った。ニヒリズムの大波に呑み込まれずに生きるには、どのようにすればよいのか。二〇一〇年代のキューバ映画が向かい合っているのは、こうした問いに他ならない。

3

キューバには、一部の特権階級の家を別にすれば、インターネットというものがない。あったとしても、恐ろしく時間をかけてメイル通信ができればいいほうで、ネットでの検索は禁じられている。クレジットカードもキャッシング・マシンも、ごく一部の観光地を別にすれば存在していない。郵便事情はおそらく世界で最低クラスで、葉書や手紙を国外に出そうとする者はいない。おのずからすべての支払いはキャッシュのみ、手紙や荷物は外国に向かう外国人に託して、運んでもらうことになる。わたしはこの社会のあり方に最初は当惑したが、まもなくそれに馴れた。二週間にわたりコンピュータの画面を覗かずにすむことが、いかに精神に健康を取り戻すためにいいかを、身をもって知ったのである。わたしがここに挙げたテクノロジーの悪夢とは、たかだかこの二〇年か三〇年の間に世界に普及したものにすぎない。よくいえば、キューバはただそれを免れているのだ。わたしは自分が後にした世界が便利さの亡霊に憑依されていることを、距離をもって見つめ直すことができた。

わたしがハバナ大学で行なった四回の講義の内容は、以下の通りである。

黒澤明の映画。日本のメロドラマ映画における盲目のもつ意味。ピンク映画から大島渚の『愛のコリーダ』まで、日本映画におけるエロティシズムの描かれ方。そして最後に、沖縄と日本映画の関係について。講義の聴衆のなかには、中国とインド、日本の区別も充分につかない大学生もいれば、かつてソ連との友好時代にモスクワに留学した体験をもつTVマンもいて、千差万別であった。だが彼らは一様に日本映画の世界に心ときめかせ、わたしが選んだいずれのテーマにも強い関心を見せた。とりわけ最終講義としてわたしが選んだ「沖縄と映画」と題する主題に、深い反応を示してくれた。

わたしは今井正による最初の『ひめゆりの塔』と崔洋一の『Aサインデイズ』を、DVDで部分的に上映した。前者は戦争末期、洞窟に避難した沖縄の女学生たちが、敵前逃亡を許さぬ日本兵によって射殺され、その後にアメリカ軍の一斉射撃を受けてほとんどが死亡するという、傷ましい物語である。後者はヴェトナム戦争が苛烈さを増した一九六八年を舞台に、基地の街コザで荒くれた兵隊相手に演奏するロックバンドの青春を描いた、在日韓国人監督の作品である。

次に沖縄の歴史と文化について簡単に説明をした後、琉球芝居の『運玉義留（うんたまぎるー）と油喰坊主（あんだけーぼーじゃ）』の録画と、高嶺剛による翻案フィルム『ウンタマギルー』、さらに彼の実験作品『つるヘンリー』を部分的にDVDで上映した。このときには思いがけない反応が起きた。

キューバは革命後二〇年の間に、なんと一四三本もの日本映画を配給公開してきた。世界でも有数の、日本映画愛好国である。カストロが黒澤明の『七人の侍』を激賞した話は有名ではあるが、勝新太郎の『座頭市』シリーズも、小林正樹の『切腹』も、若山富三郎の『子連れ狼』も公開されて、圧倒的な人気を誇っている。ハリウッド映画が長らく上映されなかったこともあるが、日本のアクション・ヒーローへの関心は強い。とりわけサムライのもつ禁欲的な道徳性は、多くの人が賞讃するところであり、日本の侍が太平洋を渡り、キューバで悪漢と戦うという連続TVアニメが、独自に制作されているほどである。

そうしたキューバ人が沖縄芝居の『運玉義留』を観て驚いたのは、そこで薩摩の侍が、沖縄人を武力で支配する、悪しき侵略者として描かれていることであった。沖縄から眺めたとき、日本と日本映画が誇りとしてきたサムライがどのように見えるのかを、彼らは知ったのである。現在の日本社会が、けっして単一の頑強な歴史観を共有する社会などではないことを、わたしは理解してもらいたかったのだ。

ハバナ大学のわたしの講義の教室には、わずか五〇ほどの椅子しかなかった。最終講義で沖縄表象について話をすると予告したところ、情報が伝わってたちまち立ち見が続出した。電力不足から冷房装置などない場所で、映写効果のためドアというドアを締めきり、黒いカーテンで窓を覆いながら一時間半にわたって上演と講義を繰り返す。この作業は、正直にいって大変なものだった。二月とはいえ、外は三〇度近い気温である。満員の会場に立ち込める熱気はただごとではない。だがそれにもまして、聴衆である学生と映画人は、強い熱意のもとに上映作品に見入っていた。恐るべきことに、講義の後に設けられた質疑応答は、二時間にもわたって続いたのである。以下にスペイン語でなされた質問と意見の内容を、要約しておきたい。

「一九七〇年代にキューバで岡本喜八監督の『沖縄決戦』という映画が公開され、強い印象を受けた。あのフィルムについて、沖縄と日本とで受け取り方が異なったということはあったか?」

「キューバ本島の近くに、沖縄人だけが一〇〇人ほど住んでいる小さな島がある。自分はそこの出身であるマタヨシという人物と話したことがある。自分は日本人と簡単に呼ばれたくないと彼が語ったことが、印象に残っている」。

「キューバはカリブ海の中心にして最大の島であり、軍事上きわめて重要な拠点となりうる。沖縄も中国に面しているという点で同様であり、アメリカ軍の極東の拠点である。だがアメリカのキューバ支配はもっぱら経済的収奪が中心であった。沖縄の場合はどうなのか?」

「沖縄の多くの場所がアメリカ軍に接収されていることは、残念なことだ。実はわが国にもグワンタナモという場所があって、アメリカの軍事基地が長きにわたって置かれている。もっとも、先ほど映像で見せてもらったような、コザ暴動のような事件は起きたことがない。グワンタナモにはキューバ人が一人も住んでおらず、基地は完全に隔離されているからだ」。

「アメリカはいつまでもキューバをダンスと音楽の国としか認識せず、見下している。全世界がそれを踏襲している。革命前はそこに、セックスの国という要素が加わっていた。アメリカはキューバの知識人や芸術家の、世界に対する影響力のことなど、考えたこともない。日本人が沖縄を陽気で音楽好きの人々の住む、ビーチの美しい場所としてしか認識していないとすれば、キューバと沖縄の間にはある種の類縁性が横たわっているのではないか」。

『Aサインデイズ』の冒頭、アメリカ人が好き放題に振る舞う盛り場の場面を見て、おそらく革命前のハバナもこうであったと想像した。わが国は長い民族主義の伝統があったため、一九世紀の終わりに独立を果たした。残念なことに、独立後に権力者が国をアメリカに売り飛ばしたので、半世紀後に革命が起きた。どうして沖縄では、独立も革命も起きていないのか。しかし仮にそれが起きた場合、過去にソ連がキューバに急接近したように、中国が沖縄に覇権を振るうという事態が起こりうると思うか？」

「沖縄には沖縄固有の言語と日本語という言語的対立があるというのは、蔑ろにできないことだと思う。キューバはスペイン語一辺倒なので、そのようなものはない。沖縄には沖縄映画固有の制作所があるのだろうか。もしないとすれば、それは残念だとしかいいようがない」。

こうした調子で、講義参加者との討議は延々と続いた。わたしは暑さと酸欠で疲労の極にあったが、彼らの熱意に圧倒された。キューバに沖縄のことを伝えにきた甲斐があったと実感した。

最終講義の翌日、国営TV放送は、わたしの連続講義が無事に終了したことを報道した。わたしが宿泊している民宿のマダムがそれを見ていたらしい。あなたは偉い人なのねと、彼女はいった。

わたしはなんとか機会を見つけ、今回の講義の続きをまたハバナ大学で行ないたいものだと思う。今度はいつキューバに行くことができるだろうか。

アンタナナリヴォ　2015

マダガスカルに着いてしばらくして気が付いたのは、会う人の姓名がひどく長いことと、多くの地名が「ア」で始まることである。アンツィラナナ、アンチラベ、アンブブンベ……。首都の名前も例外ではなく、アンタナナリヴォという。もっとも現地の人はあっさりと「タナ」と呼んでいる。きっと親しい間柄では、名前もまた短くして呼んでいるのだろう。

そのタナに一週間滞在した。土埃と排気ガスがひどく、道は坂道ばかりで凸凹。マダガスカルがアフリカでも極貧国の一つだとは聞いていたが、タナはおよそ観光には似つかわしくない町であった。

二〇一五年六月にアンタナナリヴォに赴いたのは、日本大使館が日本映画の連続上映を企画したからである。黒澤明の『七人の侍』と吉田喜重の『秋津温泉』、宮崎駿の『天空の城ラピュタ』を上映するから、解説をしてほしいとの依頼だった。どうしてこんなプログラムかといえば、たぶんこれまで日本映画がほとんど上映されたことがなかったからだろう。しかし『秋津温泉』が入っているところが、なんだかおかしい。理由を尋ねてみると、大使が岡田茉莉子の大ファンで、自分の娘に『秋津温泉』のヒロインに倣って、新子という名前を付けているからだと判明した。だいたい親とはこの程度の理由で子供を命名するものなのだ。

アンタナナリヴォには映画館が一つも残っていない。人々は市場で、また路上でDVDやVCDを買って見ることを映画体験としている。権利問題がどうなっているのかはわからない。とはいえ映画上映にはスクリーンが必要だ。大使館が懸命になって探し回り、「仏マ会館」（とでも訳すのか、アンスティチュ・フランセのこと）とアンタナナリヴォ大学を借りて、なんとか上映会を行なった。いずれも一時間前から行列ができた。大学では一般の教室で、黒板に白い紙をセロテープで貼り付け、即製のスクリーンを作成しなければならなかった。

とはいえ満席での上映というものは、見ていて気持ちのいいものである。わたしはそれぞれのフィルム（といってもパリで入手した、フランス語字幕入りのDVDであるが）の上映に先立って簡単な説明をし、上映後の質問に備えた。

観客の反応は日本とはまったく異なっていた。とにかくよく笑う。『ラピュタ』にお笑いがあるのは不思議でも何でもないが、『七人の侍』で三船敏郎演じる菊千代が死ぬときにも、彼らはためらわず笑った。『秋津温泉』で岡田茉莉子が自殺を試みるときには大爆笑だった。映画を観るさいの基本的なエチケットを知らないのか、それともこれは文化の違いからか。わたしは当惑したが、日本文化のコードの外側にいる観客の反応を判断するさいに、日本人の行動様式だけを基準にしてはならないと思い直した。ひょっとしてあまりに厳粛なる場面を前にしたときに、マダガスカル人の内面では、無意識のうちに心理的防御が作動してしまうのではないだろうか。

質疑応答の時間になると、『七人の侍』はとりわけ反応がよかった。米を主食とするという点でマダガスカルと日本が同じだという感想を述べた人がいた。マダガスカルでは今でも山間部に山賊が出没して農村を襲うことがあるが、侍のような存在がいないのが残念だといった人もいた。わたしが「この作品の主題は勝利を祝うことではなく、戦死者、とりわけ同胞の死者を追悼することだ」と語ったからだろうか、一人の年配の男性が発言をした。マダガスカル人は第二次大戦中、フランス兵として戦った。ところが独立をしようとしたときには、逆にセネガル人たちがフランス兵として到来し、島民の間に多くの犠牲者が出た。そのことを知っておいていただきたいと、その人物はいった。この発言はわたしに強い印象を与えたが、それは数日後にあるフィルムを観たことでさらに強いものとなった。わたしはマダガスカル人の心的外傷を垣間見る機会を得たのだった。

映画上映が機会となって、文化芸術省で映画振興事業を担当するリジャ・ハシナ・ラハリンドラント氏に紹介されて、三人の監督と話をすることができた。彼らから教えられたマダガスカルの映画事情をここに簡単に記しておきたい。ちなみにハシナ氏はメリナ族の王家の出身で、祖父の代までが王であったという。監督の一人は、北京電影学院の出身者であった。

マダガスカルは一年に一五本ほど、ローカルなフィルムを制作している。大きな撮影所はなく、家内工業的な制作が旧態依然として続いている。一本の制作費はおよそ九〇〇万アルアリ、つまり四五万円ほどである。先に記したように、現在のところ映画を上映できる映画館はない。創られた作品は、一枚五〇〇〇アルアリ程度のＤＶＤとなって、市場で販売される。

インターネットで「マダガスカル」を検索すると、きまって何本かのアメリカのアニメ映画しか出てこない。まるでこの島には生身の人間は住んでおらず、ただ動物の楽園だけがあるという感じだ。マダガスカルの映画人はなんとかこの島には人間が存在し、人間のドラマが日夜生まれていることを、全世界に向けてアピールしたいと考えている。だが、具体的にどのようなチャレンジをしていいのかがわからない。

ローカル映画を撮っている多くの監督は、独学で映画を学んだ。少数だが特権的な監督だけは欧米の映画学校で学ぶことができた。ライモンド・デジャオナリヴェロはパリの映画学校で学び、カンヌ国際映画祭に自作を出品することができた。今でもパリに住んでいる。ハミニマイナ・ウトヴォアリヴァリはシカゴに在住で、彼も故国には戻ってこない。彼らはローカル映画とはまったく異なった、芸術志向の強い作品を監督するために、ときおり故国にロケに戻って来るだけである。

ここで、現地で観る機会を得た一本のフィルムについて、少し長めに書いておくことにしよう。もっともこれは市場で売られているＤＶＤ映画ではなく、「作家」の映画の方である。

先に名を挙げたライモンド・デジャオナリヴェロは、一九六〇年にマダガスカルが独立を果たした後に生まれ、パリの映画学校に学んだ最初の世代である。一九八九年に最初の長編『タバタバ』を監督し、これはカンヌ映画祭で上映された最初のマダガスカル映画となった。その後も『星が海と出会うとき』（一九九六）で高く評価された。現在はパリ在住ではあるが、マミハシナ・ラミノソアやランドリアンボロロニリナ・ロヴァとともに、現代マダガスカルを代表する監督の一人であるといわれている。

『タバタバ』の背景となっているのは、一九四七年に東部の海岸地域で起きた、反植民地主義者による武装蜂起である。議会制民主主義の実現を目指すMDRM（マダガスカル改革民主運動）に対して、直接の武装闘争を主張する一派がフランス軍と戦闘行為に入り、三万人とも九万人ともいわれる住民が犠牲となった。この時期に統治者であるフランス側がセネガル兵を先導して行なった残虐行為は、長らく不問のままにされていたが、二〇〇五年にシラク大統領がアンタナナリヴォを訪れ、遺憾であったと発言。半世紀後にようやく公式的に認められたという事情がある。こうした歴史的背景を踏まえてみると、デジャオナリヴェロが処女作を監督するにあたって、台湾や済州島で同時代に生じた虐殺を主題とした、『悲情城市』（侯孝賢）や『チスル』（オ・ミヨル）に匹敵するほどの覚悟を抱いていたと推測できる。これは植民地であったマダガスカルが独立を勝ち取るために体験した、〈原初の殺人〉をめぐるフィルムなのである。

冒頭、美しい山野の風景が描かれ、次の言葉が流れる。「葉群れの立てる音を聴け。滝の音を聴け。伐られた樹はもはや同じ高さではなく、人の豊かさもそれと同じ」。

東マダガスカルの小さな村に、背広にネクタイ姿の余所者が到来する。屋外で子供たちにアルファベットを教えていた、村でただ一人のインテリである教師ラオムビが報告を受け、その男の話を聞く。男はMDRMの党員で、指導者の命を受けて宣伝工作に来たのであった。彼は夜に開かれた集会の席で村人に向かい、選挙権を確立し、自分たちもパリに議員を送ろうではないかと提案する。だが村には別に急進派の青年たちがいて、フランス人がそうやすやすとわれわれに土地を返却してくれるわけがないと、党への不信感を表明する。彼らは武装闘争あるのみと主張する。やがて党員が木の舟に乗って川を下っていくと、血気盛んな青年たちの一人レヒディも、闘争のために森のなかへ入っていく。彼らはいざとなればアメリカ軍が武器を与え、力になってくれるものと信じて疑わない。

「タバタバ」という言葉が最初に口にされるのは、夜の集会のときである。この語はそもそもマラガシ語で、噂、風評、厄介ごと、不安や動揺の種といった、複数の意味をもっているが、そこでは村長が村人たちに向けた、「みんな、タバタバに惑わされてはいけない」という科白のなかに登場している。

これ以後、フィルムはもっぱらレヒディの弟、ソロの視点を借りて語られることになる。ソロはまだ独自の考えを抱くには幼いのだが、兄が英雄として村に帰還する日を待ち望むようになる。彼には老いたる祖母がいる。祖母は村の記憶をそのまま体現しているともいうべき存在で、いつも広場に面した通りに時代物の椅子を出し、そこを動こうとしない。目の前で生起する一切の出来事に、無言のもとに立ち会うというのが、彼女の勤めなのである。

フランス人が選挙のために到来する。第二次大戦でフランス兵として戦った功績でもって、マダガスカル人はフランスの国政に参加できる権利を与えられたのだ。だが現地人による通訳の行き違いから、村人は彼に不信感を抱き、選挙を拒否したラオムビは拘留されてしまう。ゲリラ戦を戦うレヒディ一統はラオムビ奪還を試みるが、彼は凶弾に倒れて死ぬ。レヒディは命からがら村から逃げ出す。

やがてソロは、兄のレヒディが将軍になったという噂を聞く。しかし隣の村がセネガル兵によって焼き尽くされたのを知った村人たちは、村を捨てて森に避難する。ただ一人、ソロの祖母だけが残る。彼女は十年一日のごとし、いつもの椅子に腰かけたまま動かない。やがてフランス軍が村に侵攻する。彼らは老婆が椅子の上で、そのまま絶命していることを知る。ラオムビの家が焼かれる。一方、森に逃れた村人たちは飢えに苛まれ、帰村を決意する。そこにレヒディの死が伝えられる。村人たちはフランス兵から米を与えられるが、この侵略者に抵抗した他の村人たちの一家が拷問を受け、広場で屈辱的な晒し者となっている姿を見る。一人の少女が長い竹筒に水を入れ、縛られたままの一家の者に水を与える。やがてフランス兵はセネガル兵とともに去ってゆく。ソロは最後まで無言のまま、生起する一切を眺めている。広場にはかつて祖母が愛用した椅子が置かれているばかりだ。すると村の中年女がそこまでスタスタと歩いていって、あたかも祖母に成り代わり、彼女を継承するかのように、無言のまま椅子に腰かける。

『タバタバ』は優れたフィルムであると思う。村人たちはそもそも政治的意識などこれまで抱いたことがなかった。彼らは前衛党の楽観主義にも、青年たちの武装蜂起にもそれぞれ動揺し、あげくの果てにアメリカ軍が大量の武器を横流ししてくれるはずだという、何の根拠もない噂に翻弄され、どんどん墓穴を掘っていく。デジャオナリヴェロ監督はそうした風評にけっして惑わされない不動の存在として、ソロの祖母の像をわれわれに差し出している。たとえ彼女が死んでも、かならず彼女と同じ位置を継承する女性が現れるものだと主張している。フィルムのなかでほとんど言葉を発することこそないが、生起するすべての事件に立ち会っている少年ソロは、来るべきマダガスカルの未来の姿だろう。

どの国家にも、国家の起源を物語る神話的フィルムというものが存在している。それはアメリカでは（その黒人差別的な表象も含めて）『国民の創生』であり、フィリピンでは『ノリ・メ・タンヘレ』、北朝鮮では『わが故郷』である。私見では『タバタバ』は、独立国マダガスカルの起源を語る〈国民的映画〉である。だが同時にそれはマダガスカル人にとって、触れれば血の噴出するような心的外傷を物語るフィルムでもある。わたしはこの作品に接したとき、つい数日前の『七人の侍』上映後の質疑応答のことを思い出した。観客の一人が黒澤映画への感動のあまり、歴史的なトラウマに言及する瞬間にわたしは立ち会っていたのだった。映画が別の映画を喚起するように、虚構の表象が思いもよらぬ形で、時空の異なる別の歴史的記憶を誘発するということがありうるのだ。

わたしは市場に出た。市場は際限もなく広大で、群衆でごった返していた。何十もの笊に果物が並べられ、干した魚が山のように積み上げられていた。電化製品を扱う一角を抜け、黒い油で汚れた壁を辿って行った先に、DVDを扱っている小さな店があった。とりあえず三枚を買ってみた。ホテルに戻って人に尋ねると、『恐怖か恥か』というシリーズものだと判明した。わたしの知っているかぎりではナイジェリアの怪奇映画に似ているような感じだったが、細かな差異を見分けることは、この社会にわずか一週間しか滞在していない自分には、残念ながらまだ無理だとも思った。

ワガドゥグー　2017

空港はひどく暗い。持てるかぎりの荷物を機内に持ち込んだ乗客たちが、押し合いへし合いしながら、入国審査を待っている。狭い部屋が三つに区分され、本国人とチャド人、ＥＵ加盟国国民、その他の外国人に振り当てられ、審査を受ける。荷物を受け取り税関を潜ると、わっと人々が押し寄せてくる。タクシー運転手たちだ。値段の交渉をした後で、その一人の車に乗る。空港の外では、暗闇のなかに赤や白の灯が点灯しているばかりだ。夜だというのにひどく暑い。乾季だというので、土埃が舞い上がる。ほどなくして車は市内に入るが、高い建築物はほとんどない。

こうしてわたしはブルキナファソのワガドゥグーに到着した。この人口一五〇〇万の首都において二年に一度、全アフリカから新作映画を募って開催されるＦＥＳＰＡＣＯ（Festival panafricain du cinéma et de la télévision de Ouagadougou，ワガドゥグー汎アフリカ映画テレビ祭）に参加するためである。これから一〇日間ほどにわたって、劇映画とドキュメンタリーを問わず、長編短編を合わせ、一〇〇本近い映像作品が上映される。いうまでもなく、日本では上映の可能性などまず期待できないものばかりだ。ついに来たぞという気持ちが、心のなかに湧き上がってくる。映画研究家としてのわたしには、体力の続くかぎりそれを観ておきたいという強い欲求があった。

ブルキナファソはサハラ砂漠の南、国土の大方がサバンナで覆われた内陸国である。隣国ニジェールとは違い、ウランのような鉱物資源に恵まれているわけでもなければ、コートジボワールのアビジャンのように、西アフリカのニューヨークと呼ばれる高層ビル街を誇っているわけでもない。どちらかといえば貧しく地味な国である。マリと国境を接する北部で若干の武装勢力が跳梁していることを別とすれば、治安はまずまず安定している。とはいえこの国は、映画研究家にとっては特別の意味をもっている。アフリカ映画をアフリカ人のために上映し、アフリカ人が評価し、アフリカ人のために直接に配給しようという姿勢のもとに、ほぼ半世紀、二四回にわたって、独自の映画祭を続けてきたのである。

とはいえFESPACOは最初から、このような大規模な映画祭であったわけではない。一九六九年、それは最初、「フランス・ヴォルタ文化センター」の映画クラブが主催する、小規模な上映会にすぎなかった（ヴォルタとはガーナに流れ込む河川の名称で、ブルキナファソは一九六〇年にフランスから独立して以来、「オート・ヴォルタ」（ヴォルタ川上流）と呼ばれ、八四年に現在の国名に変更された）。これが思いがけず反響を呼んだため、七二年にFESPACOと改称。国家が制度として採り入れ、文化政策の一環として積極的に促進することになった。それ以後、政治的な変動がなかったわけではないが、この国際映画祭はブルキナファソ政府の重要な外交政策となり、過去の植民地政策によって分断されたアフリカ大陸において、新しい文化的統合意識を醸成するのに少なからぬ役割を果たしてきた。映画人ばかりか、知識人・芸術家の全般の次元において、国境を越えた共同体意識を育むことに貢献してきたといえる。八三年には映画祭全体として、ナイジェリア国内での民族迫害に対し反対声明を唱えている。またアパルトヘイト時代の南アフリカに対しても、参加国にボイコットを長く呼びかけてきた。

映画祭は国家から財政的な支援を受けてはいても、時の政府に従属しているわけではない。とはいえ、ブルキナファソ社会に対して、きわめて根源的な象徴的儀礼として機能しているともいえる。この件に関しては、本稿の後半で少し立ち入って書いておきたいと思う。


わたしが参加した現実の映画祭はというと、これは混沌そのものというべきであった。ヴェネツィアのような大規模な国際映画祭から、山形やアゾロといった、かなりアカデミックな方向性の強い映画祭まで、わたしは少なからぬ映画祭を廻ってきたが、今回だけはまったく勝手が違い、しばしば当惑の境地に立たされることがあった。

摂氏三八度の炎天下、長蛇の列の最後尾に並び、身体と所持品をめぐる厳重な検査を経たのちにようやく到着できた映画祭本部には、カタログどころかプログラム表すら準備されていなかった。狭い回廊に大勢の人々が犇めき合い、口々に何かを叫んでいるのだが、フランス語で尋ねようにも、誰も映画祭資料について正確な情報を所有していなかった。いや、わたしの印象をより正確にいうならば、彼らは自分たちがそこにいる理由を把握していたようには見えなかった。わたしが映画祭の基本資料であるカタログを入手できたのは、映画祭三日目のことだった。にもかかわらず映画祭本部の周辺には、すでに何十軒にわたってテント張りの簡易食堂や日用品販売の露店が並んでおり、みごとに市場が成立していた。人々は、ここでは映画上映が行なわれていないにもかかわらず、大挙して市場に押しかけ、焼き鳥とビールを口にしたり、買い物を愉しんだりしていた。国民の半分近くがイスラム教徒であるにもかかわらず、平然と豚料理が店頭に並んでいた。

上映館の中心は旧市街にあるシネ・ブルキナとフランス会館である。もっとも後者は夕方以降の、屋外の上映に限られている。残念なことに、いずれの上映場所においても機材の故障が多く、物語が大きく盛り上がったときに突然に上映が中断され、その日はそれでお仕舞いという事態が起きたこともあった。一般の映画祭では考えられないような、上映をめぐる配慮不足が目立った。ドキュメンタリー上映のためには別に会場が設けられていたが、そこは役所の会議室であり、いかなる会場設営もなされていなかった。作品上映が開始されても、天井の照明はいっこうに暗くなることがなく、会議用の小さなスクリーンには朧げ（おぼろげ）な映像が映し出されるばかりであった。これは国際映画祭では考えられないことであり、映像作家にも観客にも非礼きわまりない事態である。半世紀にわたる経験をもち、高邁な理念を抱いてきた映画祭が、どうしてその蓄積を生かしえず、かかる杜撰な事態を招いているのか、わたしには最後まで納得がいかなかった。

だが映画祭そのものについての評言はここまでにしておこう。わたしが書いておきたいのは、ここに集められた、もっとも新しいアフリカ映画のありようである。アフリカの文化そのものがマグレブとサハラ以南、エチオピア、東アフリカ、南アフリカと、きわめて豊かな多様性をもっているため、「アフリカ映画」と一括りにすることに、わたしは若干の躊躇がないわけではない。とはいえFESPACOがイデオロギーとしての「アフリカ映画」を掲げている以上、今回はそれに敬意を払って踏襲し、論を進めておきたいと思う。

FESPACOに参加するアフリカ映画は、マグレブ圏のものと、サハラ以南のブラック・アフリカのものに大別される。その技術的洗練度において、また欧米の映画作品との隣接性において、前者は圧倒的に後者を引き離している。今回わたしが観たなかでも、二本のチュニジア映画には抑制された文体と複雑な人物造型が感じられた。モハメッド・ツランの『チュニジアの娘、リリアン』は、ルイス・ブニュエルに霊感を得て撮られた、エロティックなブラックユーモアに満ちていたし、ロフティ・アシュールの『夜明けの明日』は、〈アラブの春〉の混乱のなかで警官の暴行を受け、それが契機でテロリズムを目指す少年の傷ましい運命を二人の女性の視点から描き、強い説得力をもっていた。ところが目をブラック・アフリカに転じると、そこにはまったく対照的な世界が拡がっていた。さしあたって二つの特徴を指摘しておきたい。

ひとつは少なからぬフィルムのなかで、強姦と拷問が執拗に描かれることである。富裕な階級の、あるいは名誉ある旧家の女性が複数の男たちによって強姦され、悲惨な死を遂げる。この事件が発端となって作品全体の語りが始動する。こうした設定のフィルムがあまりに多いので、フィルムの冒頭に深夜の女性の独り歩きの場面が出てくると、きっとレイプだなと勘が働くようになった。だがこのステレオタイプを着火点として、個々の監督はそれぞれ別の方向に物語を進めている。いくつかの例を比較してみよう。

クアメ・コナンとK・M・コジョヴィ（コートジボワール）の『にもかかわらず無罪』では、大臣の娘が深夜に無人の市場を過ぎようとして、三人組の若者に強姦され殺害される。近くで塵埃を片付けていた青年が彼女を助けようとして、誤って逮捕される。事件はただちにTV報道され、折からの水不足もあって苛立っていた庶民は、権力者への鬱憤が晴れたという受け取り方をする。大臣は腹心の女性警察部長に、とにかく徹底した拷問を青年に施すように命じる。青年は水責め、焼き鏝、ガラス責めと、ありとあらゆる拷問を受け、頭の皮まで剝がされてしまう。制作国の検閲基準はどうなっているのかと、つい疑いたくなるような残酷描写が続く。にもかかわらず、青年は自分は無実だと主張し、イエスに祈り続ける。

あるときから警察部長は青年の拷問に懐疑的になり、悪夢に苛まれる夜が続く。奇妙なことに彼女の息子もまた、母親に射殺される悪夢に苦しんでいる。実は強姦の真犯人はこの息子だったのだ。それを知った警察部長は町外れの処刑場へと急ぐが、時すでに遅く、青年は絞首刑にされている。警察部長は息子を射殺し、絶望の果てに逮捕される。

キンフェ・バンブ（エチオピア）の『フレ』では、妻を亡くし、娘と二人でブルジョワ的な暮らしをしている父親が主人公である。娘は不良少女に騙され、三人組の若者に強姦されて重傷を負う。警察は次々と容疑者たちを連行し、死に瀕した娘に首実検を強要する。娘は出血多量で死ぬ。父親は犯人たちを確定するが、あえて警察に届け出ず、一人ひとりに個人的な復讐を与えることを誓う。二人が殺害され、一人は失明する。父親は懲役二三年の刑に服し、赤ん坊を連れた女友だちの面会を晴れやかな表情で受け入れる。

シャンド・オマール（タンザニア）の『アイシャ』は、『にもかかわらず無罪』や『フレ』とは異なり、都会から遠く離れた田舎で起きた惨劇を描いている。アイシャは故郷を離れ、ダルエスサラームで学び、都会派の医師と結婚した薬剤師である。彼女は田舎に留まっている妹を呼び寄せ、上級の学校へ通わせたいと望んでいる。ところが妹は、兄の借財が原因で、村の富裕な有力者の息子と結婚させられることになる。アイシャは憤り帰郷するが、そこでかつての男友だちに誘惑され、それを拒絶したため、彼を含む三人の男によって強姦される。

アイシャの災難は旧家にとって醜聞と見なされる。兄は彼女を病院に送ることを躊躇い、警察沙汰にならないように駆け回る。だが事件は村中の噂となり、妹は婚家から追放されてしまう。駆け付けてきた夫はアイシャの「不貞」を難詰し、離婚を要求する。後には見捨てられた姉妹だけが残される。

ブラック・アフリカの映画において、どうやら強姦とは物語を始動させるための記号的装置であるようだ。これは推理小説の冒頭に殺人が置かれていることに似た、約束事であるのかもしれない。監督たちはこれを着火点として、自分が抱えている主題を展開させることになる。『にもかかわらず無罪』では、罪障意識と贖罪。『フレ』では法律と個人の復讐心との相克。『アイシャ』では近代的に自立した都会の個人と、その行く手を阻む前近代的な村落共同体の対立が、それぞれフィルムのなかで論じられることになる。

ブラック・アフリカの映画の第二の特徴とは、権力とメディア操作の問題にきわめて自覚的であり、にもかかわらず、最終的には勧善懲悪の世界観が勝利を収めるという構造である。

アダム・ロアンバ（ブルキナファソ）の『ニオロの森』では、豊かな自然資源に恵まれた森が開発事業によって破壊されることを危惧した環境運動家が、ジャーナリストの夫と組み、メディアを通して破壊阻止の運動に従事する。だが元鉱山相が運動を弾圧し、夫を拷問死に至らしめる。妻は悲嘆と怒りのあまり元鉱山相の邸宅へ向かい、あっけなく射殺される。だが彼女を支持する女性たちが群れをなして後に続き、歌いながら機動隊を蹴散らしてしまう。

シルヴェストル・アムッス（ベナン）の『アフリカのオレンジ』では、トンガラ共和国の大統領（なんとなく田中角栄に似ている）が突然、あらゆる自然資源の国有化を宣言する。メディアは賛否両論で高揚し、これまで莫大な利権を得ていたフランス人たちは鳩首協議。そのなかでとりわけ老獪な老婦人が悪計を思いつく。彼女は大金を投じて偽の軍隊を作り、ある村で虐殺を起こさせる。この事件ゆえにトンガラは国際的孤立に追い込まれ、大統領は苦境に陥る。だがすべてが仕組まれた罠だと判明し、フランス人女性は逮捕。大統領は群衆に囲まれ、意気揚々と政権演説をする。

いずれの作品も上映中から拍手が続き、観客は大いに興奮していた。『アフリカのオレンジ』が終映し、監督が壇上に上がると、小さな国旗を手にしたベナン人たちが周りを取り囲み、国歌を歌い出すという光景が見られた。わたしはこの興奮こそ映画が本来携えていたものだと感じ入り、アフリカではまだ観客が健全で映画に強い期待を抱いているという印象をもった。だが一方で、この善玉悪玉路線はいささか単純すぎるのではないかという危惧も抱いた。真の問題は、国民の間に民族主義的熱狂を呼び覚ました大統領が、その後に独裁者に転じたときに生じるのではないか。アフリカはそうした不幸を、これまでいくたびも体験してきたはずではないか、という感想を抱いたのである。

総じてわたしが今回のアフリカ映画祭から受けた印象とは、山本薩夫の社会的主題を根本敬の漫画のタッチで描いた作品が多いというものである。では、なぜにかくもアフリカの監督たちは社会的矛盾を主題として描くことに拘泥するのだろうか。今日の日本映画が「純愛」や「ノスタルジア」や「優しさ」を「かわいい」路線で描いて、巨大な配収を得ているとき、アフリカ映画はなぜ、ポスト植民地主義の大きな枠組みのなかで、女性の社会的抑圧や田舎に残存する前近代性、軍隊と警察の権力に対抗するメディアといった主題を率先して取り上げようとするのだろうか。この映画祭の期間中にウスマン・センベーヌをめぐるドキュメンタリーがなんと三本も上映されたことを考えてみたとき、問題を理解する鍵が与えられたような気がした。

センベーヌ（一九二三―二〇〇七）はセネガルの漁師町に生れ、マルセイユで肉体労働をしながらフランス語を学び、小説家となった人物である。彼はのちにモスクワで映画術を学び、帰国後はウォロフ語で自作の小説の映画化に情熱を注いだ。フランス語で書いているかぎり、民衆に接近することができないと判断したためである。イスラム教の普及による現地の信仰の破壊。大統領と高級閣僚の腐敗。女子割礼……。彼はつねにセネガル社会における禁忌を映画の主題とし、そのためにサンゴール大統領と対立して入獄することも恐れなかった。『チェド』や『母たちの村』といった主だった作品は、日本でも岩波ホールなどで上映されていたから、記憶されている人も少なくないだろう。現在のアフリカ映画は、センベーヌを巨大な背景として成立しているといって過言ではない。監督たちが競い合うかのように社会的矛盾の表象に向かうのは、彼が困難にもめげず築き上げた範例を、敬意をもって継承したいと考えているからであろう。だが現実に制作されるフィルムがステレオタイプに堕さず、センベーヌの水準に到達しているかというのは、また別の問題であろう。

映画祭の最終日は授賞式と閉会の祝典であった。

国立競技場に駆けつけてみると、すでに観客席はほとんど満員で、恐るべき熱気が立ち込めている。

やがて大統領夫妻が到来し、隣国コートジボワールの大統領夫妻が貴賓として登場すると、会場は全員が起立をして敬意を表した。何十もの打楽器が高らかに打ち鳴らされ、功績のある映画人をめぐって新しい銅像の建立が宣言される。映画祭出品者のなかから二〇人近い人物の受賞が発表されるのだが、一人ひとりの発表のたびごとに背後で歌と太鼓の演奏がなされる。先に述べた『アフリカのオレンジ』のアムッス監督は銀賞を獲得し、壇上でトロフィーを受け取るや、大喜びで競技場のグラウンド全体を走り廻り、拍手喝采を浴びていた。グランプリはセネガルの監督アラン・フォルモズ・ゴミスの『わたしは、幸福（フェリシテ）』だった。

グランプリの受賞のときには、興味深い演出が行なわれた。受賞者の周囲に煙幕が生じ、壇上から四方八方へと花火が飛んだ。モシ王国建国の祖とされるイェネンガの衣装を身に着けた女性が、ギリシャ神話のアルテミスよろしく弓矢をもって出現し、受賞者に黄金の騎士像を与えた。観客の興奮は絶頂に達し、そこに巨大な四体の人形が登場して、儀礼の場が一気に祝祭へと転じた。ブルキナファソの国旗に因んで赤・黄・緑の衣装をつけた踊り子たちが大挙して現れ、目にも止まらぬ速さで舞踏を開始した。それはモシ王国に遡る国家顕彰行為の頂点であり、その厳粛なる儀礼が立ちどころにして祝祭へと切り替わる瞬間であった。

そうか、こういうことだったのか。わたしは納得がいった。イェネンガの出現によって、国際映画祭は現在の出来事であることを離れ、一気にブルキナファソの建国神話の次元に移行するのである。神話をパフォーマティヴに演じることは、始源の時間に遡行し、国家と社会の神聖なるアイデンティティに、より力強い再生の契機をもたらすことである。ＦＥＳＰＡＣＯとは、アフリカ中に呼びかけて新作映画を供え物として運ばせ、最優秀者に栄光を与えることを通して、ブルキナファソ国家の神話的礎石を再確認する試みなのである。

このように考えてみたとき、政治的変転にもかかわらず、この映画祭が半世紀近くにわたり継続されてきた原因のひとつを理解できたように思えた。

映画が死に瀕して久しいとは、西欧と日本でしばしば口にされてきたことであった。だがこうした言説は、二一世紀の現在にあってナイジェリアが年間に一五〇〇本近いフィルムを制作し、世界で第一位の映画大国であるという基本的な知識もないままに口にされた認識にすぎない。アフリカの映画人たちは、今からが出番だという意気込みのもとに、映画を制作している。FESPACOはわたしにその事実を強く印象付けた。

にもかかわらず、日本ではアフリカ映画のみならず、アフリカの現代文化が紹介される機会がほとんど存在していない。一部の音楽ジャンルを除けば、文化産業に携わる者がアフリカに積極的な関心をもつことはまずありえない。要するに目先のことに忙殺され、文明史的な広い視点に立って現下の文化現象を判断するための修練を怠っているということである。わたしは生前の白石顕二と一九九〇年代にこのことを嘆き合った記憶があるが、氏が一〇年ほど前に逝去してしまうと、アフリカについて語る日本人は人類学者と動物学者だけになってしまった感がある。一時はカンヌ映画祭経由で配給されていた、アート系のアフリカ映画の上映も、途切れてしまって久しい。アフリカが近い将来に享受するはずの文化発展に接近する可能性を、日本社会は当初から放棄してしまっているといわざるをえない。これはいかにも遺憾な事態ではないだろうか。

山形　1989–2023

1989

一〇月一〇日から一五日にかけて開催された第一回山形国際ドキュメンタリー映画祭（YIDFF）に、わたしは参加していない。日本で最初のドキュメンタリーの映画祭というので興味は強くあったのだが、大学の講義と会議であまりに多忙すぎて、東京を離れることができなかったのである。

第一回のコンペの審査委員は勅使河原宏とセルジュ・ダネイ、如月小春だった。なぜ如月のような映画の素人が審査員なのかと、テッシーの秘書が怒っていたことを記憶している。小川紳介はまだ五三歳で存命していた。山形に行けばみんなに会えると期待していたのに、行ってみると誰もいなかったじゃないと、台湾のペギー（焦雄屏）に後で責められた（?）ことを記憶している。

記録を確かめてみると、この時期わたしは来日したジム・ジャームッシュにインタヴューをしたり、自宅に侯孝賢を招いてパーティを開いたりしている。飯村隆彦からジャック・スミスがエイズで死亡していたと電話で告げられたのも、この時であった。無理をしてでも山形に行くべきであったと、今では後悔している。

1991（1）

一〇月一一日。山形の国際ドキュメンタリー映画祭のため、彼地のグランドホテルに泊まって四日目。ヴェトナム系アメリカ人のドキュメンタリー作家トリン・T・ミンハと朝に二時間ほど話す。

話題は彼女が撮り上げたばかりの、中国を主題としたフィルム『核心を撃て』のことが中心だった。実は昨夜、その世界プレミアが山形で行なわれたわけだが、すっかりトリンを中国人だと思い込んでいた観客の一人がトンチンカンな質問をしたので、あれは苦笑ものだったよね、という話となる。中国人だけが中国人の玄妙なる真実を語ることができるはずだというステレオタイプの確信と、日本人が見るかぎりヴェトナム人も中国人も容姿においてはほとんど区別がつかないという事情が重なって、ああいう質問になったのだろう、とわたしがいうと、彼女は答えていわく、「ある特定の国に生まれ育った人間にしかその国を語る資格がないというのは、どこか世界の見えない中心に、すべての知識を握った存在があって、知識の割りふりを行なっているというのと同じことだ。その場に対して異邦人である人物でしか知ることができない知識というものも存在しているはずだ。そこでは知識も現象も水のように流れ、それを知る者は自在にある場所から別の場所へ移り変わってゆくことができる。一か所に定住している者は、なるほどその場所を深く知ることはできても、そこを自在に離れることができない。おのずから知識にも制限としがらみがまとわりつくだけだろう」。

トリンは小柄で花車な軀つきの女性だが、いうことの一つひとつにドスが利いている。彼女は一七歳で祖国を捨て、フィリピン、アメリカ、フランスで教育を受けた。セネガル音楽学院で三年間教鞭を執りつつ、ドキュメンタリーフィルムのカメラを廻した。フランス語で詩集と現代芸術論集を出し、英語でフェミニズムと人類学についての論集を出す。いやはや大変な才能の持ち主だ。世界中を飛びまわり、どこをも故郷と定めないという彼女の生き方に羨望を感じた。

トリン・T・ミンハのTというのはどういう意味?と尋ねると、ヴェトナムでは女性を示す記号なのだ、といわれた。フィリピンのキドラット・タヒミックの作品が好きだというので、ああ、あいつなら一〇年ほど前に東京へ初めて来たとき会ったよ、「アジアのゴダール」なんて渾名をわたしがつけちゃったものだから、いろいろなところでゴダールについて喋らされる羽目になっちゃったとかいう話だ、と答えた。話し終わってホテルのエレベーターに乗ろうとした瞬間、当のタヒミックが出てきたので驚く。おお、永遠なるタヒミック！　ショボショボの髪にどんぐりまなこの彼は少しも変わっていない。

1991（2）

一九九一年一〇月に山形で開催された国際ドキュメンタリー映画祭では、個人的にいくつかの忘れ難い収穫があった。ヴェトナム系アメリカ人の人類学者トリン・T・ミンハが中国を主題に撮った新作

『核心を撃て』を観て、彼女と直接何時間も話をする機会があった。その対話のなかでひょっこりキドラット・タヒミックが話題になったことを面白く思いながらホテルのロビーを歩いていると、ちょうど今着いたばかりだという表情をしたタヒミック本人に出会ってしまうといった風で、国際映画祭というものが地方都市でこそ開催されなければいけない理由のひとつが了解できたような気がした。少なくとも渋谷の再開発の方便として開かれた東京国際映画祭などでは、こうした映画人どうしの、親密にして偶然の遭遇という事態は絶対に生じないことである。

もっとも旧知の映画人との邂逅を求めて山形へ赴いたわけではない。狙いのひとつは三日間にわたって行なわれた「日米映画戦」という特別連続上映を観ることであって、予定に若干の変更はあったが、本数にして三十数本のフィルムを観ることができた。その中心は第二次大戦をめぐって日本とアメリカが戦意昂揚を目的として制作した作品で、わたしはさながら『時計じかけのオレンジ』の主人公のように、椅子に縛りつけられながら次々と戦争の映像を見せられたことになる。わたしだけではない。生井英考も、鶴見俊輔も、山田和夫も、上野昂志も、またアメリカから駆けつけた映画史研究家たちも、同様の体験をしたのである。

上映されたフィルムは実にさまざまであった。南の平和な島を襲うミッキーマウス一味に対して、これを迎え撃つ桃太郎の活躍を描いたアニメ（『絵本一九三六年』JOスタジオ制作）もあれば、その逆にスーパーマンが日本人に乗っ取られた最新巨大爆撃機を無事に取り戻すというアニメもあった。日系人強制収容をキリスト教精神のもとに正当化するアメリカ政府側のニューズリールと、収容所内に秘密裡に持ち込まれた8ミリで撮影された家族映画が同時に上映された。ジョン・フォードの『一二月七日』やジョン・ヒューストンの『そこに光を』といった、ハリウッドの名監督に軍が依頼したドキュメンタリーがそれに続いた。もっとも後者は戦場で精神障害を起こした兵士たちの治療の悲惨さを描いて、ワイラーの『我等の生涯の最良の年』の顔色をなからしめるドキュメンタリーであり、日本の亀井文夫の『戦ふ兵隊』がそうであったように、厭戦気分を煽るという理由から公開禁止の処分を受けたものである。今回の企画では日本とアメリカの作品が「銃後の生活」「敵のイメージ」「ヒロシマ・ナガサキ」といったふうに主題別に、しかもほぼ交互に上映される仕組みになっていて、最終日には湾岸戦争のメディアウォーズとの比較を踏まえたシンポジウムが粉川哲夫らによって行なわれた。これによって単なる映画史的回顧の次元を超えた、アクチュアルな視点が導入された。

三十数本のフィルムのなかでとりわけ印象深かったものの一本に、一九四三年、日本占領下のマニラで「日比合作」を謳って撮らされた『あの旗を撃て』（フィリピンでは『自由の夜明け』なる英語題名にて公開）があった。軍の肝いりで制作され、阿部豊を内地より呼び寄せ、地元のトップ監督ヘラルド・デ・レオンと組ませて撮った作品であり、日本降伏直後にカメラの宮島義勇が証拠隠滅のためネガを燃やしてしまったという曰く付きの挿話がある。もちろん戦後、日本で上映されるのは今回が最初となった。完全なヴァージョンではない。途中でまったく関係のないフィリピンのミュージカルフィルムが一巻分挿入されていたりする。だが、こうしたテクスト状態の悪さがまさにこの作品の辿った奇妙な宿命を語っているように思われる。

『あの旗を撃て』の物語は、アメリカ軍がマニラから撤退する一九四二年に始まる。一人のフィリピン人中佐が母親と幼い弟にいましも別れを告げようとしている。彼らはアメリカ風の瀟洒な家に住んでいる。中佐は弟に敵のヘルメットを持ち帰ることを約束する。この場面は舞台美術といい、照明といい、また全体に漂っている甘く夢幻的な雰囲気といい、まさに三〇年代ハリウッド映画を思わせる。翌日、弟はアメリカ軍のトラックに轢かれて、重傷を負う。

日本軍が進駐する。彼らの勇敢にして規律正しい行動はたちまちマニラの子供たちの憧れるところとなり、彼らは兵士たちを遠巻きにしながらも心躍らせる（似たような光景が香港で梁普智（レオン・ポーチ）が撮った『風の輝く朝に』にも登場していた）。一人の日本人伍長が先に重傷を負った少年を病院に見舞い、輸血を申し出る。彼は母親に向かって巧みな英語で、いかに日本軍が誠実であるかを説明し、その共感を獲得する。伍長が退院した少年を郊外へ連れてゆき、歩行練習をさせる場面は、典型的な根性物語となっている。

一方、アメリカ軍に伴って戦地を転々とするフィリピン兵の間には動揺と不満が溜まっている。中佐はアメリカ兵たちの非人道的な態度に強い疑問を抱き、そのために森中で彼らの凶弾に倒れる。先に日本側についた戦友がマイクを通して投降を呼びかける声を遠くに聞きながら、彼が渓流の脇で息絶えるあたりは、ロマン主義の流れを汲むファシズム美学の優れた表現といえるだろう。

コレヒドールの激戦が終わり、日本軍とアメリカ軍の間で講和の話し合いがなされる。大河内傳次郎演じる将校が、アメリカ軍将校に向かって「無条件降伏」を強い語調で要求する（アメリカ側の出演者は当時捕虜であり、のちにこの出演強制は虐待行為と見なされた）。かくして平和が回復される。少年は無事退院し、兄が出征時に約束した「敵のヘルメット」を受け取る。それは日本軍のものではなく、アメリカ軍のものであった。教会で『海行かば』が合唱され、フィリピン独立が告げられる。

飯島正はこのフィルムの公開時に評を書いて、「構成には難あり。（……）はじめの部分のフィリピン人の描写が念入りなのは当然かも知れないが、些か独立。日本軍がでてから大分よくなる」（『戦中映画史・私記』エムジー出版、一九八四）と記している。この人はのちに世界一たくさん映画の本を書いたというだけで有名になるが、イデオロギーが評論家の目を曇らせてしまういい例だ。わたしはまったく正反対の印象をもった。『あの旗を撃て』では、冒頭に描かれるマニラの家庭での団欒と別れがメロドラマとして甘やかな完成を見せ、画面もそれにふさわしく夢幻的な調子に整えられているのに比べ、中盤で日本軍が進攻してきたあたりからは文体が一変し、二、三の場面を除けば、号令と敬礼が飛び交うだけ、俳優の演技もおざなりという印象をもった。日本側とフィリピン側のイデオロギーの差を別としても、この水準の落差はいったい何に起因しているのだろうか。

フィリピン人たちがタガログ語で対話をする場面を主にデ・レオンが監督し、日本兵中心の場面を阿部が担当したことは知られている。少将待遇で現地に乗り込んだ阿部は、意気揚々と、しかも勝手の違う外地にとまどいながら仕事をした。デ・レオンは、心中では日本軍の敗色が濃いことを知りながらも、使い馴れたるマニラのスタジオにセットを組み、嫌々ながら作業を続けた。この画面を見て感じるのは、二人のハリウッド映画体験の違いである。

阿部豊は一九一〇年代に早川雪洲に兄事してハリウッドの門を叩き、俳優として一時脚光を浴びた。帰国後は日活でルビッチ風の軽妙なセックスコメディを演出し、話題を呼んだ。戦時色が強くなると軽薄喜劇の出番を失い、戦意昂揚映画に転じて第二の花を咲かせた。『あの旗を撃て』がその路線の上にあることはいうまでもない。

一方、デ・レオンを映画人として育んだマニラは、アメリカ領土であったことも働いて、長きにわたってハリウッドの影響をより直接的に受けた。三〇年代にはスタジオシステムによる制作が採用され、ミュージカルとメロドラマの全盛時代が到来した。寺見元恵の論文「日本占領下のフィリピン映画」（『講座日本映画』第四巻、岩波書店、一九八六）によれば、マニラに進駐した日本軍は二八七六本のアメリカ映画を接収したという。かつて「ハリウッド帰り」の名をほしいままにした阿部が軍の御用監督に成り下がっていたとき、デ・レオンは国際映画都市マニラで堂々とハリウッド風のフィルムを撮っていた。『あの旗を撃て』を観て感じるのは、阿部が若き日に手にしたと信じえたはずのメロドラマ映画体験というものがいかに皮相で貧弱なものであったか、という慷慨である。この呪われたフィルムをめぐって語るべきことはあまりに多いが、とりあえずこの点だけを指摘しておきたい。東アジア映画にハリウッドが与えた影響の諸相を語る、興味深い挿話であるためである。

1993

一〇月七日。第三回山形国際ドキュメンタリー映画祭の三日目の会場で北京の呉文光（ウーウェングアン）、香港の黄愛玲（ウォン・アイリン）、台北の焦雄屏（ペギー・チャオ）や張昌彦（ジャンチャンイエン）と会う。東京国際映画祭では滅多に人に会わないのに、山形ではいつも多くの人に出会うことになるのはなぜだろう。

今夜驚くべきことがあったとしたら、それは原將人が幻の大作『初国知所之天皇』の新しいヴァージヨンを発表したことだ。ダブルスクリーンで二時間弱にまとめられたこの作品のなかでは、語りの吃音性、映像の微妙なズレ、穏やかな移動のなかでの観念の解体が以前以上に生々しく感じられた。最初にこのフィルムが8ミリで撮られてから、すでに二〇年以上の歳月が流れているが、いまだに何もかもがヴィヴィッドである。六〇年代後半のフォーク文化に拘泥しているという点で、原将人に似ているのは『アイデン&ティティ』のみうらじゅんだろう。

一三年ぶりに会った原将人は、痩せて頭を丸坊主にしていて、若い和尚さんという雰囲気だった。フィルムの終わりごろ、高千穂の空にたなびく日の丸が登場する。観客席からの質問に、今でもあのときの日の丸を美しく思うと彼が答えたのが面白かった。わたしが考えているのは、北海道から鹿児島まで8ミリカメラを片手に日本を横断した原将人が、もしそのまま南下して沖縄へ、さらに台湾へ下りていったとしたら、どのように『初国知所之天皇』という作品が変化しただろうかということだ。わたしにとって興味深いのは、目ひとつの神となって日本の神話的物語の原像を拵(こしら)えることよりも、なし崩し的に日本という神話的観念を自己解体へと追い込むことだからだ。

一〇月九日。長い間観たいと思っていた宮島義勇の北朝鮮ドキュメンタリー『千里馬(チョンリマ)』を、山形で観る。六三年に撮られたこのフィルムは、北朝鮮において重工業がめざましく発展し、地上の天国がまさに実現されようとしているという興奮した口調で統一されている。日本から「帰国」した朝鮮人たちが海辺の避暑地で、いかに母国が素晴らしいか礼讃しているシーンが何回も登場する。この作品を観ていて気付いたのは、金日成の神格化は六三年当時はまだそれほどでもなかったこと。休戦後一〇年目のピヨンヤンの街角に高い建築物が見当たらないこと。スタッフのなかにおそらく朝鮮語を解する者が一人もいなかったこと、などである。もちろんここに描かれている「地上の天国」の多くが撮影用に準備された虚偽のものであったことは、すでにその後の歴史が証明している。

宮島義勇は四三年にマニラで戦争捕虜を強制的に出演させた『あの旗を撃て』に関わり、日本降伏直後に証拠隠滅のためそのネガを燃やしてしまったという人物である。戦後は一貫して進歩派を自称し、沖縄、原爆、安保闘争についてのドキュを撮り続けた。『千里馬』はその延長上にある。日本の戦後左翼映画家において、イデオロギーというものがいかに卑少で脆弱なものであったかが、彼の履歴を眺めているとよくわかる。日本の国策映画に加担し、証拠隠滅を計った人物が、北朝鮮礼讃映画を撮り、多くの在日朝鮮人、日本人に甘やかな幻想を与えた。これが日本の戦後映画史なのだ。

日本のドキュメンタリーの回顧上映では、他にも六〇年代アヴァンギャルド監督の初期の短編ドキュが次々と上映された。休み時間に休憩室に出ると、撮った本人たちがずらりとベンチに座っていて、いやあ三〇年前のことだから、何を撮ってたのか、すっかり忘れちゃってたよ、と話している。松本俊夫も飯村隆彦も元気そうだ。ただ寺山修司だけがここにいない。

京都在住のチュプチセコルと言葉を交わす。彼は日本映画に登場するアイヌ人の紋切型の映像の系譜を綿密に辿っている。五〇―六〇年代の日本映画でアイヌはなぜいつも裸馬に乗って出現するのか、という指摘。アイヌ人は野性的で、性的に奔放であり、野蛮であるという先入観が、西部劇におけるインディアン像に似て、こうした映像の原因になったのだという。

1995（1）

今度会うのは山形かな。じゃあ、山形で会おうや！

今年に入ってわたしは何回この言葉を耳にしたことだろう。オルレアンで、香港で、ヴェネツィアで、パリで、映画祭やシンポジウムのたびごとに、そこで出会う批評家やジャーナリストと別れの挨拶を交わすとき、ふとYamagataという固有名詞が彼らの口をついて出てくる瞬間に、わたしはいくたびか居合わせたものだった。そうだ、今年は山形ドキュの年だったんだ。一〇月の初めは仕事を整理して、たっぷりと時間を準備しておかなければいけないな。

映画祭と呼ばれるイヴェントには二つの側面がある。ひとつは、まだ定まった評価はなされていないものの、現時点において制作されたばかりのフィルムのなかからもっとも高い水準にあるものを選び出し、観客の前に差し出すことである。カンヌやベルリンといった巨大な映画祭では、こうした作業が派手派手しく行なわれる。これまで無名だったある国のある監督の作品にいきなり強い照明が投じられ、ここに国際的に盛名を馳せる一人の「作家」が誕生する。ブニュエルも、溝口健二も、ショトジット・ライも、こうした形でローカル映画の枠を越えて国外でその存在を認められるようになった。なるほどこの点だけを強調すれば結構な話なのだが、実は取り上げられた監督だけが特権的に顕彰され、彼を産み出した一国の残余の監督たちやローカル映画の文脈が置き去りにされてしまう危険もまた存在している。難しい問題である。

映画祭のもうひとつの側面とは、歴史的観点に立って過去のフィルムを検証し、何が真に継承に足るものであるかを一般観客の前で問い糺す作業である。これは先の側面に比べて地味であり、しかも準備に相当の時間と労力を要することではあるが、実はこの作業があってこそ映画祭は「大きな時間」を体験することが可能となるのである。

山形ドキュが国際映画祭としてきわめてユニークで、しかも重要であるのは、この第二の側面がきっちりと踏まえられているためである。ドキュメンタリー映画は単に現実を拾い集め、その映像をつなぎ合わせればできるというものではない。かならず背後に作者の歴史観なり、歴史をめぐる視座が横たわって、現実の事象をある特定の遠近法のもとに統合して眺めようとする姿勢がなければならない。時間が経つにつれて、今度はそうした個々のフィルムが携えている視座そのものが歴史的に形成された構築物であることが判明してくる。もっと簡単にいえば、映画が単に歴史を表象しているばかりか、それ自体として歴史に属していることが露呈されてくる。山形ドキュが興味深いのは、こうした変換の力学をめぐる思索を上映企画のなかに明確に読み取ることができるためである。

いささか抽象的な話になったが、それでは今回上映されたフィルムのなかで、こうした思索は具体的にどのように実現されているのだろうか。

たとえばわたしは日本が第二次大戦中に行なった従軍慰安婦問題をめぐる二本の作品を続けて観るこ

とができた。一本は韓国の女性監督ピョン・ヨンジュによる新作『ナヌムの家』であり、もう一本は山谷哲夫が一六年前に8ミリで撮った『沖縄のハルモニ』である。前者では現在ソウルで共同生活を送っている元慰安婦の女性たちが絵を描いたり、政治的に陳情したりするさまが、日本対韓国という大きな対立の枠組みのなかで、女性インタヴュアーの視点を通して描かれている。一方後者は、ソウルで元慰安婦を発見しようと奮戦して果たせずに終わった作者が、たまたま足を向けた沖縄ではからずも一人の老婆に出会い、手持ちの8ミリカメラを向けたことから生まれたフィルムである。『沖縄のハルモニ』に登場する元慰安婦は、群集って声高く日本国家に抗議を行なうわけではない。ただ美空ひばりと小林旭が好きだとカメラに向かって語り、やっぱり日本には戦争に勝ってほしかったとポツリと口にするばかりである。

同じ慰安婦問題に素材を求めたにもかかわらず、この二つの作品がもたらす印象の違いはどこに起因しているのだろう。それは単純に韓国の被写体が歴史的に「覚醒」していて、沖縄のそれがしていないといった次元の問題ではないはずだ。ドキュメンタリストの撮影行為をめぐるイデオロギー的姿勢と歴史観の問題がそこには関わっている。どちらの作品も貴重な試みである。この二つを並べて観たとき、今度は思いがけずも第三の視界の遠近法が生じる。そのときわれわれは、単に事実とメッセージの記録としてではなく、それ自体が厚みをもったテクストとしてドキュメンタリーを観ることに気付かされるのである。

1995（2）

一〇月九日。映画祭の会場でなんだかわけのわからないオブジェを拵えているキドラット・タヒミックが、きみの作った映画史のTV番組を見たよ、と話しかけてくる。ぼくのフィルムとフェリーニとを並べてきみは話してたのだけれど、あれはいったいどういう関係があるんだい、という。映画はこの百年の間、ぼくたちをゆっくりと、優しく殺してきたといえないだろうか、とも。彼は二年前に会ったときは、マゼランの世界一周五百年を記念して、行く先々で樹木を植えていくんだと語っていた。いったいあれはどうなったんだいと尋ねると、昨日も小川紳介の住んでいた家の庭に一本植えてきたばかりだと、ニヤニヤしながら答えた。

1997

山形国際ドキュメンタリー映画祭に行って、短編長編あわせて六〇本近くのフィルムを観た。お目当ては「大東亜共栄圏」時代に撮られたフィルムを、日本の宣伝映画から抗日映画まで七〇本近く上映するという試みだったが、その他にも原將人の新しい怪作があったり、八〇年代以降の日本のドキュの回顧上映があったり、いろいろと収穫があった。

ドキュメンタリーを観るとは、端的にいって世界に遍在する悲惨を観るということである。これは劇映画がしばしば観客の願望充足のために制作され、美しくロマンティックな夢物語を語ることと、対照的だといえなくもない。

たとえばわたしは今年の映画祭で、ルワンダで一〇〇万人を虐殺した黒人たちが収容所に入れられ、放心した表情でいるさまを観た(A)。四〇年間獄中にいた韓国人が釈放されて、九三歳の母親と再会するさまを観た(B)。社会主義政権時代のスロヴァキアで、警官隊がデモ隊に向かっていかに呵責ない暴力を振るっていたかを観た(C)。日本軍の統治するインドネシアで、現地人たちが日本語を強要され、一生懸命に桃太郎の本を読まされているようすを観た(D)。台湾の空港で信じられない低賃金で働いているタイ人の清掃業者の生活を観た(E)。エイズという言葉を知ることなく死んでゆくエイズ患者を、六七年の香港での反英闘争を、沖縄の集団自決の跡地を観た(F)。要するに、二〇世紀が体験してきたありとあらゆる汚辱と厄難を、一〇日間にわたって観続けたというわけである。

苦痛というものは、切れ目なしに与えられるとしだいに感覚が鈍くなり、しまいには無感覚に陥ってしまう。同じことが映画の場面にもいえるかどうか。ただ毎日一〇時間ずつ連日にわたってこうした映像に付き合っているうちに、個々のフィルムの印象を離れて、なんともいえない複雑な感情が湧きあがってくることも事実だ。それは、いったい映画を観ている自分とは何だろうか、という問いである。

そう、いかにもわたしは座り心地のいいホールの椅子に座って、アフリカやアジアの悲惨を眺めている。映画はいかに戦慄めいた映像と悲痛な叫びを観客に差し出すことはあっても、幸いなことに臭いがない。したがって観ている者は、まったくの安全地帯からすべてを判断することができる。だが、それ以上のことはできない。世界に山ほどの悲惨が存在していようとも、観客はスクリーンを観ることしかできないのだ。

これでいいのかと叱咤する声がある。行動すべきではないのか、いやわれわれのいう通りに行動しなければならないと呼びかける一連のフィルムがある。ドキュメンタリーではなく、プロパガンダといわれるフィルムがそれだ。だが優れたドキュメンタリストはけっして声高く語ろうとせず、認識の悲しみの前で佇(たたず)み続ける。目の前には信じがたい苦痛と屈辱を耐えている人々がいるというのに、彼はただカメラを廻し続けることでしか彼らと関わることができないという事実に留まり続ける。一瞥することではない。けっして目をそらさず見つめ続けることが重要なのだ。

プロパガンダを拒絶したドキュメンタリストには、さらなる罠が待ち構えている。自分のメッセージが観客に到達する以前に、映像がただちに商品として流通してしまうという危険だ。ダイアナを死にいたらしめたパパラッチは、そのもっとも醜悪な例である。だから『アフリカ、痛みはいかがですか？』の監督レイモン・ドゥパルドンは、こう自分にいいきかせるのだ。劇的な面白さを狙ってカットを割ってはならない。見つめ続けること、撮り続けることでモラルを明確にしていくことだけが許されているのだと。であるならば、観客としてのわたしもいおう。観続けることがモラルとなる時点まで、自分は観続けるのだと。

（A）レイモン・ドゥパルドン『アフリカ、痛みはいかがですか？』
（B）キム・テイル（金兌鎰）『お母さんの紫色のスカーフ』
（C）ドゥシャン・ハナック『ペーパーヘッズ』

（D）『ジャワ・ニュース』（一九四三）
（E）徐小明（シューシャオミン）『望郷』
（F）順に、『アフリカ、痛みはいかがですか？』、許鞍華『私の香港／去日苦多』、クリス・マルケル『レベル5』

1999

わたしは今、山形国際ドキュメンタリー映画祭から帰ってきたばかりだ。五日間で四〇本のフィルムを観た。あー、しんど。

さまざまなフィルムがあった。パレスチナの子供たちが、イスラエル兵のフリを真似て遊んでいるところを描いた作品があった。(A) そこでは人々を壁の前に立たせ、両手を上げさせてから処刑するというゲームが映し出されている。それは子供たちが、日常のようにこうした残虐な光景を見聞きしていることを、意味していた。台北のスラム街に住む元国民党軍の老兵たちが、家族も蓄えもなく、孤独に老いてゆくさまをじっと見つめた作品もあった。(B) 中国が強い国になるためには三億の人間が英語を喋れるようにならなければならないと説きながら、中国全土を演説してまわる狂信的な人物を描いた作品もあった。(C) もっとも彼はアメリカの雑誌のインタヴューに、中国語で応じていた。

この映画祭は二年に一度開かれるが、行くたびに元気が出るような気がする。自分がまったく知らなかった世界のことがわかるというだけではない。そうか、映画というものは、こんなふうに撮るのもありなんだなと思い知らされ、こちらの硬直化した考え方を解きほぐしてくれるからである。

三〇年近くにわたってじっと水俣の公害病を撮り続けてきた土本典昭は、今年になって初めてヴィデオ作品を監督し、出品していた。『回想　川本輝夫』という四二分の作品である。川本は水俣病の患者であり、チッソ訴訟を闘い抜き、つい先ほど生涯を閉じた人物だった。このヴィデオは彼の人生を写真とフィルムで構成し直したものだ。

水俣病は病気ではない。チッソが水俣の住民に加えた傷害事件だ。川本はそう説き続け、市会議員選挙に立候補しては落ちていた。患者であるなしを問わず、水俣市民の間に、病気のことを隠しておきたい、できれば言及しないでほしいという気持ちが強く、彼らが票を投じなかったからである。人は気軽に水を飲めるようになると、最初に苦労して井戸を掘った者のことは忘れてしまうものだ。わたしの一生は仲間たちの裏切りと中傷と不信の一生であったと、彼はいい残して死んでいった。

上映のあとで登場した土本監督は、ドスが利いていた。「犠牲者の冥福を祈るのはいい。しかし祈る前に、記憶しなければいけないのだ。日本では亡くなった人は、どうして記憶されないのだろうか」。土本は生涯を水俣の映像記録に献げた。だが彼の作品はほとんど水俣でだけは観られていない。誰もが「水俣病」と聞いただけで口を閉ざしてしまい、患者たちを差別してきたからだ。その結果、患者たちは病気を隠すようになり、公害闘争は停滞を強いられた。「これが日本ですよ」と、土本はいった。

売れないもの。従来の歴史の見方にラディカルな異議を唱えるもの。そうした主題を扱おうとするドキュメンタリストは、つねに経済的制約に悩み、被写体をめぐる道徳的問題に直面する。豊潤な予算に恵まれたTVマンとは対照的である。土本は今回、16ミリカメラを捨てて、より手軽なヴィデオを選んだ。そのためよりプライヴェイトな作品作りに専心することができたという。

優れたドキュメンタリストはこれまで予算や資料、資材の不足をどのように解決してきたのだろうか。トラヴィス・ウィンカーソンというアメリカの若い監督が撮った、キューバのドキュメンタリストのサンチャゴ・アルバレスの伝記映画『加速する変動』が語ろうとするのが、まさにこの問題である。

アメリカから経済封鎖を受け、取材も資料蒐集も叶わぬままにアメリカの黒人差別について作品を作らなければならなくなったアルバレスは、なんと数枚のスチール写真を巧みに組み合わせるだけで、みごとに説得力をもったフィルムを完成させたのである。これはスゴイと、私は驚嘆した。金や資料がなくとも、人は手持ちの材料と柔軟な発想さえあれば優れた映画を作ることができるのである。

(A) ラシード・マシュラーウィー『テンション』
(B) 楊家雲(ヤンチアユン)『五〇年の沈黙』
(C) 張元(チャンユアン)『クレイジー・イングリッシュ』

2001――韓国の映画研究家への手紙

今年もまた釜山映画祭で会えるかなと思っていたのだけど、都合が悪くて行けないんだ。残念だけど、仕方がない。きみが仕切っているあそこのことだから、今年もさぞかし盛況で、興味深い連続上映があったことと思う。

昨年、二〇〇〇年の映画祭では、さまざまな時期における『春香伝』の映画化を纏めて観ることができた。これはずいぶんと勉強になった。とりわけ五〇年代から六〇年代にかけて、韓国が日本にやや遅れて映画産業の全盛時代を迎えたあたりで制作された、美男美女の主演する超デラックスな何本かのヴァージョンと、現在の国際市場を狙って、韓国の古典的文化財の「世界化（セゲファ）」（グローバリゼーション）という形で制作された最新作とを、細かく比較しながら観ることができたのがよかった。どこの国にも存在している国民映画なるものが、素朴に民族の魂や国民性を表象するものなどではなく、歴史的にその場その場で異なった状況のもとに制作され、異なったナショナリズムの位相を示していることが、如実にわかったからだ。

かつて『春香伝』のフィルムは典型的なメロドラマとして、いわゆる「ハンケチ部隊」といわれた女性観客の紅涙を絞るとともに、儒教道徳の説く規範的な女性像をイデオロギー的に喧伝する役割を担っていた。けれども最新作ではむしろ朝鮮の古典芸能の新たなる文化商品化という形で、現在の韓国全体を覆っている文化的ノスタルジアの典型であることが、明確に理解されたのである。

今年はたしか申相玉（シンサンオク）監督の特集をするんだと、きみはえらく意気込んでいた。うまくいったのかしらん。彼は七〇年代まで事実上、韓国映画界を代表する監督の一人だったわけだが、金大中（キムデジュン）拉致事件を映画化しようとして当時の朴正熙（パクチョンヒ）大統領の逆鱗に触れ、その後、平壌に渡って何本かのフィルムを撮り、ふたたび南に戻って活躍中という、大変な経歴のシネアストだ。世界の映画史でも彼の越境は、フリッツ・ラングやダグラス・サークといったナチス亡命組よりも、はるかに複雑で微妙な陰影に富んでいる。きみはなんとか彼が「北」に滞在していた時期の映画を映画祭で上映できないものかと腐心していたようだけれど、その試みは成功したのだろうか。

昨年もたしか映画祭の準備の段階で、「北」の映画を連続上映できないものかと、きみは最後の最後まで粘っていたはずだ。残念ながらあのときは実現できなかったのだが、今回はなんとかうまく実現できればと思う。まず作家論を立てるにも、一人の映画監督が撮った作品の全体が知られないことには話にならないからね。韓国では「越北」した詩人や小説家の文学作品が、現在では解禁されて、自由研究できるようになった。同じことが映画の世界でもなされるべきだと、わたしは考えている。

申相玉が平壌で撮った『塩』や『脱出記』は傑作だ。あれほど粗末な食べ物をいとおしく描いたフィルムを、わたしは他に知らない。

昨年に、きみと話していて興味深かったのは、日本映画のなかでもっとも関心があるのが大島渚だといわれたことだ。

日本映画が段階的にではあるが韓国でも公開されるようになって、多くの映画ファンが最新の日本映画やアニメに夢中になっている。そのなかできみは大島が六〇年代から現在まで一貫して、韓国と在日韓国人という問題を作品のなかで語り続けてきたことに注目していた。わたしはきみに話したことがあった。大島には若い頃、在日韓国人の傷痍軍人が、日本政府からも韓国大使館からも相手にされず街頭で抗議と募金運動を続けていることを主題として撮った『忘れられた皇軍』というドキュメンタリーがあると。きみは今回の映画祭でなんとかそれを上映できないかと、努力していた。結局、それは実現できたのだろうか。大島さんは、今とても軀の具合が悪い。彼がずっと韓国と韓国人のことを考えてきたという事実を、すでにきみたちの世代の韓国の映画人が知っているということを、なんとか彼に伝えてあげたいのだが、それができないのがわたしには口惜しい。

どうもわれわれは映画の話ばかりになってしまう。まあ仕方がないや。日本では、日本で有名な韓国人だけにソウルで忙しげに会見して、さあ全体の状況が把握できたといわんばかりに大声で「正論」をぶつ人ばかりが目立つけれども、われわれが日韓の比較映画史の研究や映画祭のプログラム作りのなかで出会うのは、忘れ去られた人ばかりだ。これはひどく地道なことの連続で、しかも蝸牛のように緩い作業だからね。ご存じの通り、わたしは高いところに立って全体の状況を語るということを、物書きとしてつねに自分に禁じてきた。高いところは嫌いだし、それは（たとえ反体制を標榜していたとしても）権力者の身振りだからね。

今、わたしが漠然と考えているのは、かつて第二次世界大戦でファシズムの陣営にあったイタリア、ドイツ、日本の三つの国から、パゾリーニ、ファスビンダー、大島という三人の監督が出現したという事実だ。彼らは自国民が目を背けたくなるような社会的矛盾ばかりをあえて主題とし、一作ごとに派手なスキャンダルを巻き起こした。こうした監督は、戦争の終結を日本帝国主義からの解放だと受け取った韓国からも、北朝鮮からも出てこなかった。ポストファシズム社会に特有の、美学的現象だろう。

三人とも、どこかの政治家のように、けっして儀礼的な謝罪などしなかった。過去の巨大な罪障の前に佇み、それを回避しようとする戦後の人たちの偽善だけをどこまでも追及して、残酷でグロテスクなフィルムを撮り続けた。彼らが犠牲者をめぐっていかなる観念を抱いているかを、近いうちに比較してみたいと思う。これはけっして容易な探求ではないけれど、日本の映画史家としては、ぜひ通過しておかねばならない儀礼に似た作業ではないかと考えるようになった。

きみとはたぶん一一月の終わりにはソウルで会えるだろう。わたしは『忠臣蔵』三〇〇周年を記念して、たくさんのチャンバラ映画を高麗(コリョ)大学校の講堂でヴィデオ上映して、話をするつもりだから、そのとき釜山映画祭の結果を教えてもらうことにしよう。

2005（1）

一〇月の山形は果物も茸も蕎麦も美味しく、できれば紅葉に美しい温泉をめぐりながら地酒の杯を傾けたいような季節である。だが映画研究家としてのわたしは、もう一四年にわたってこの時期の山形を訪れながら、そうした優雅な体験をしたことがない。世界的に有名なドキュメンタリー映画祭が一年おきに開催されていて、朝から夜遅くまでずっと真っ暗い映画館のなかに閉じこもっているからである。なんと因果な職業かと嘆きたくなるが、それでも街角を世界中から来た映画監督たちが愉しげに談笑しながら歩いているのを見ると、ああこの映画祭は日本に多々ある映画祭のなかで、もっとも成功したものであるなあと、感慨に耽(ふけ)らざるをえない。

ディアスポラという言葉がある。人間なり民族が生まれ育った場所を追い立てられ、遠い異国で寄る辺なく過ごす状態のことをいい、もともとは放浪するユダヤ民族を指す言葉であったが、現在ではより一般的に用いられている。たとえばイスラエル国家による虐殺と破壊から逃げて、世界中に散らばっているパレスチナ人とか、スターリンの命令によって中央アジアに強制移住させられた旧ソ連国内の朝鮮人などが、その例にあたる。今回の山形国際ドキュメンタリー映画祭は、このディアスポラを主題としたり、ディアスポラのさなかにある監督たちの手になる作品に、優れたものが目立った。

イスラエルのエイアル・シヴァンとパレスチナのミシェル・クレイフィが協力して撮った『ルート181』は、四時間半の大作である。それは半世紀以上にわたって対立を続ける両国の境界に位置しているさまざまな人々の声を通して、イスラエルという人工国家がいかに多くの矛盾と後悔を抱え込んでいるかを、まるで煉瓦(れんが)を積み重ねるようにして語っている。また韓国のイ・マリオの『狂気の瞬間』は、ヴェトナム戦争に参加した韓国兵が犯した残虐行為を正確に見つめようという、勇気のある試みである。スイスのイヴォ・ゼンによる『ピゼット（最後の年かもしれない）』は、多言語国家スイスのなかでまさに消滅しようとしているロマンシュ語を用いる老人たちを描いた、貴重な一篇であった。

だがとりわけ今回の映画祭で圧巻だったのは、在日朝鮮人（韓国人）をめぐる五〇本ほどの作品だった。戦前の日本統治下における朝鮮の独立運動を映し出す貴重な資料から、日本の敗戦を解放と見なす朝鮮人のニュース映像。「祖国」への帰還を悦(よろこ)ぶ在日僑胞(チェイルギョッポ)を描いた朝鮮総連のニュースと、この帰還が地獄への墜落であると説く韓国のアクション映画。さらに現在、ピョンヤンに住む三人の兄を訪問した在日女性のホームムーヴィー。指紋押捺を拒否する少女と、軍人恩給も支給されず放擲された元日本兵の傷痍軍人。現在公式的には約六〇万、実質的には一〇〇万以上の人口をもつ在日朝鮮人が、この一世紀にわたって体験してきた苦痛と屈辱、怒りと悲しみの記憶が、そこには明確に刻み込まれている。

映画祭の最後を締めくくったのは、佐藤真の最新作、『OUT OF PLACE』であった。二年前に物故した世界的思想家エドワード・サイードの足跡を追い、故郷エルサレムから難民として少年時代を過ごしたカイロ、大学教授となったニューヨークなどを淡々と映し出すこのフィルムは、アメリカ人にもパレスチナ人にも、いわんやユダヤ人にもできない境界線上の映画的思考を体現しているように思われた。ディアスポラを生きたサイードの魂は、この作品によって鎮められたことであろう。山形映画祭は財政的に緊縮を強いられているが、その影響力はもはや世界的な規模と化している。老いたる巨匠に敬意を払い、若い世代に希望を与え続けてきたこの映画祭の、さらなる発展を望みたい。

2005（2）

山形から帰ってきた。くたくたである。キーボードを打つ手に力が入らず、ふにゃふにゃと震えている。

無理もない。七日間にわたって、朝の一〇時から夜の一〇時まで、ずっと映画を観てきたのだ。二年に一度、一〇月に行なわれる国際ドキュメンタリー映画祭のことである。メモを見返してみると、きっかり五〇本観ている。一〇月の山形は新蕎麦がうまい季節なのだが、そんなもの、悠長に味わっている時間などなかった。食事はというと、たいていは上映と上映のわずかの休み時間に近くのコンビニに出かけてお握りを買ってくるか、インスタント麺という生活だった。ああ、ちゃんとお皿に乗った食べ物を、テーブルでゆったりと腰をかけて食べたい。

山形映画祭がすごいのは、世界各国のもっとも新しいドキュがここで集中して上映されるからというばかりではない。絶対によそでは観ることができなくなった、超レアなフィルムが、毎回にわたって特集という形で何十本も集められ、一挙に上映され、シンポジウムが開催されるところにある。二年前の特集は沖縄だった。本土復帰をめぐるニュース映画から、ボクシングのチャンピオン具志堅用高の出身高校の映画部が8ミリで制作した伝記映画まで、とにかく沖縄をめぐるありとあらゆるフィルムが集められ、上映の後は毎晩のように大酒盛りとなった。

今年の特集は「在日」である。日本に住んでいながら日本国籍をもたず、外国人としてさまざまな差別と迫害を受けてきた少数派をめぐって、これまでどのような映像が撮られてきたか。また当の本人たちがどのようなフィルムを撮ってきたかを、日本映画の歴史のなかで見直してみるというのが狙いだ。大方は在日朝鮮人（あるいは在日韓国人）に関するものだったが、他にも日本に住むパキスタン人の信仰の日常や、靖国神社に同胞の死者を祀られてしまった台湾の先住民の抗議運動を描いたものもある。

特集全体に、この映画祭を一六年前に提唱したドキュメンタリー作家であり、今は亡き小川紳介の影が窺われる。というのも小川は最晩年に、山形を拠点として、日本人に嫁いだフィリッピーナのドキュを撮ろうとしていたからだ。映画祭の初日の夜に、未完成に終わったそのフィルムの一部が上映された。そこでは雪が深く積もった森の映像に突然キャンディーズの『春一番』が流れてきて、わたしはびっくりしてしまった。小川さん、キャンディーズが好きだったのかなあ？

とはいえ「在日」特集の中心を占めるのは、やはり全国に公式的には約六〇万人、実際は一〇〇万人以上存在している韓国・朝鮮系の住民に関するものである。これが五〇本以上あって、ひとつの上映館では間に合わず、いくつもの場所で同時に上映されたりする。なかには四時間を超す大作も三本ほどある。ともかく実に多彩な作品が上映された。

たとえば戦前に日本人の監督が撮った、貧しいが清楚で、ごく大人しい朝鮮人の少女を描いたフィルムがあるⒶ。一方に、同じ時代に強制連行されたり、ひどい悪条件のなかで「内地」での労働を強いられたりしてきた朝鮮人たちの労働争議を歴史に遺そうとして、大変な苦労をして生存者を探し出し、証言してもらったというフィルムがあるⒷ。三河島や川崎、大阪の猪飼野といった、朝鮮人集落の歴史と現実を扱ったフィルムがあるⒸ。

また北朝鮮系の在日団体である朝鮮総連が一九六〇年代初めに制作した、祖国帰還運動を推進させるための宣伝ニュース映画がある。かと思うと、高い志を抱いて北に行った人々がまったく期待を裏切られ、炭鉱で強制労働とセクハラに遭い、かろうじて脱出を試みるが、一人の子供を残して全員が射殺されるという、韓国側が撮ったアクション映画もあるⒹ。また「帰国」した兄たちと何十年後にピョンヤンで再会した女性が、彼らに気遣いながらなんとか北朝鮮の日常生活を描こうとしたホームムーヴィーもあるⒺ。

指紋押捺を拒否したために法務省の嫌がらせに遭い、アメリカ留学ができなくなった少女が、口惜しさで心をいっぱいにしながら、犯罪者のように市役所で指紋押捺に応じるまでを描いたフィルムがありⒻ、朝鮮人だというだけで物的証拠もないままに殺人事件の犯人とされ、無期懲役を宣告されたトラック運転手の、獄中での際限のない闘いを描いたフィルムがあるⒼ。

とにかく一週間にわたって、わたしはこうしたフィルムを観続けた。わたしだけではない。そのうちに何人か、けっして休まず朝の一〇時から夜遅くまで、ただひたすら「在日」特集を観続けている人がいることに気付いた。

滅多に上映されないフィルムということもあって、それを撮った監督たちが会場周辺をゾロゾロ歩いていたり、旧交を温め合ったりしている。在日朝鮮人もいれば、日本人もいる。その光景はどこかしら、山田風太郎の忍者小説で、伊賀甲賀を問わずベテランの忍者たちが次々と結集し、来るべき織田信長の忍者狩りにどう立ち向かおうかと、静かな表情で挨拶を交わし合っているさまを、わたしに連想させた。

監督たちが並んだシンポジウムは、熱っぽい雰囲気のうちに終了した。呉徳洙（オドクス）が、在日として生きてきたことを映像にして落とし前をつけておかないと、死んでも死にきれないといった。朴壽南（パクスナム）が、貧しい言葉しかもたず、証言を求められても口ごもってしまう弱者の沈黙を描くには、文章では不充分であって、カメラを向けるしかないといった。シンポジウムの席にいたただ一人の日本人監督は、ドキュメンタリーを通して一度、日本という国家をバラバラに解体しなければいけないと発言した。

正直にいうと、わたしは疲労困憊していた。あまりにも観るのが辛い、重い映像を、とにかく休みなく七日間にわたって観てきたのだ。だが現実の在日朝鮮人がこの一〇〇年にわたって体験してきた苦痛と屈辱、怒りに比べれば、そんなものは無に等しいものであったはずである。映画研究家としてただひとつわたしに慰めを与えてくれたのは、そうした苦痛と屈辱とが、さまざまな困難にもかかわらず映像作品として結実し、ここに纏めて上映されるまでになったという事実だった。ひとたび撮影されたものは、けっして消えない。ひとたび制作されたフィルムは、いつまでも残る。この言葉は本当のところ正確ではないのだが、それをなんとか信じたいという気持ちでいっぱいだった。

この特集上映には、ノスタルジアの感情など入り込む隙間がなかった。すべては歴史に、手が触れれば傷口から血が噴出するような歴史に、属していたのである。

（A）千葉泰樹『煉瓦女工』（一九四〇）
（B）前田憲二『百萬人の身世打鈴（シンセタリョン）　朝鮮人強制連行・強制労働の恨（ハン）』（二〇〇〇）
（C）北村皆雄『日暮里・三河島物語　韓国・済州島からの人々』（一九九六）
（D）金洙容（キムスヨン）『望郷』（一九六六）
（E）梁英姫（ヤンヨンヒ）『Dear Pyongyang』
（F）呉徳洙（オドクス）『指紋押捺拒否』（一九八四）
（G）李學仁（イハギン）『赤いテンギ』（一九七九）

2009

土本典昭という、生涯無転向のドキュメンタリー作家の足跡を辿ってみたとき、気がついたことをいくつか記しておきたい。彼の人生に繰り返し登場する、倫理的旋律のことである。

直接に政治的な発言をしないこと

これはマレーシア留学生から水俣まで、ともすれば新左翼系の学生が闘争の契機とする状況のなかに積極的に身を晒していた土本にとって、重大かつ決定的な選択であったように思える。左翼の言説が頽廃に陥ったときにしばしば見せる傾向として、現下のある事件を安易に他の事件と連動させ、状況の個別性を軽視して全体状況とやらを抽象的に語り続けるという困った現象がある。おそらく土本も水俣の宿舎にあって、かかる観念論を振りかざす学生崩れにさんざん煩わされてきたことであろう。彼らとの不毛な議論を遮断するためにも、まず大文字の政治的言説を回避し、撮影行為がその場から引き出すミクロな政治性に限定して関わるという選択をしたことは、ドキュメンタリストとしては体験的に賢明なことであった。土本はカメラを被写体に向ける行為の根源にある暴力性を優れて自覚していた。

つねに単独者として行動すること

土本典昭は小川紳介と違って、けっして自分でプロダクションを組織しようとはしなかった。彼はつねに制作会社とそのたびごとに契約を取り交わし、フリーの立場でドキュメンタリーを監督した。小池征人、大津幸四郎、一之瀬正史といったぐあいに、声をかければ即座に駆けつける同志たちはいたが、土本は集団の長として彼らを統率することにはまったく関心を示さなかった。彼はまた単独者であることを撮影対象にも要求した。チュア・スイリン、滝田修、川本輝夫、そしてあまたの匿名の胎児性患者たちは、それぞれ周囲から孤立し、誤解と偏見のなかで苦しみつつ、誇り高き単独者であり続けている存在である。単独者が単独であることだけを根拠にして築き上げるであろう共同体こそ、土本が理想として思い描いていた党(パルタイ)であった。

いかなる場合にも余所者であり続けること

土本はどれほど長く水俣の患者たちの集落に滞在しようとも、けっしてその地の方言を安易に口にして親しさを演技したりなどしなかった。被写体と馴れ合うことも厳重にみずからに禁じていた。彼はつねに冷静な標準語で患者たちに接し、自分が外部から到来した異人であることを強調しようとした。これは三里塚や古屋敷村に住み着き、ホモソーシャルな共同体を築き上げながら映画を撮り続けた小川紳介の組織論とは、まったく対照的である。ドキュメンタリーとは定住者の眼差しではなく異邦人のそれによってこそ撮られるべきものだという信念は、「ドキュメンタリー映画は、そもそもロードムービーだと思っている」という発言によく表れている。

＊ 土本の発言は石坂健治・土本典昭『ドキュメンタリーの海へ――記録映画作家・土本典昭との対話』(現代書館、二〇〇八)から引用した。

2011

キューバにわずか三一歳で夭折した天才的女性監督がいて、かの地の黒人文化をめぐり素晴らしいドキュメンタリーを監督していた。そんな噂を聞いて矢も楯もたまらずハバナのキューバ映画芸術産業庁に向かい、サラ・ゴメスのフィルムを次々と見せてもらったのは、今ではもう一昔前のことになる。折から黒澤明の訃報を現地で聞き、キューバ人の悲嘆のほどに驚かされたことも、忘れがたい体験であった。

今年の山形国際ドキュメンタリー映画祭（一〇月六日―一三日）はキューバを特集し、長短含めて四一本のフィルムを上映した。これはわたしのようにキューバの映画と音楽をこよなく愛する者にとって、またとない機会であった。簡潔に感想を報告しておきたい。

最初に上映されたのは、『苺とチョコレート』で日本でも馴染みのあるトマス・G・アレアが脚本に関わり、フリオ・ガルシア・エスピノサが監督して、革命の四年前の一九五五年に撮られた『エル・メガノ』である。沼地で木炭を採取する労働者の悲惨な生活と搾取の実態を生々しく描いたこの短編は、当時の政権によってただちに上映禁止処分を受けたが、革命後はキューバ映画の規範となった。多くの社会主義国家の権力者とは違い、カストロは自分は映画のことはわからないと韜晦（とうかい）し、映画を政治の道具にはせず、その独自の発展を見守った。革命の高揚とともにキューバでは次々と映画的才能が結実した。手持ちの映像を巧妙に編集し、信じられない低予算のもとに風刺作品を作り上げたアルバレス。先に名を掲げたサラ・ゴメス。奇矯な文体で体制を批判し、精神病院に収容された後、亡命を選んだランドリアン。

九〇年代にキューバは深刻な経済的停滞に見舞われたが、それを救ったのが欧米諸国との合作であり、デジタル技術の発展による低予算映画の制作であった。今回の特集では、革命の情熱が風化し、すべてが夕陽のノスタルジアに美しく彩られてしまった現状を映し出す『永遠のハバナ』（フェルナンド・ペレス、二〇〇三）と、そのノスタルジアに抗って廃墟のなかに立ち止まり、現実の矛盾を見つめようとする新世代が対照的に紹介された。

では、こうしたキューバの映画史に、日本はどう関わっているのだろうか。

おそらくキューバは世界でもっとも日本映画を愛している国である。一九五九年の革命から二〇年の間に、なんと一四三本もの日本の劇映画が公開されている。とりわけ『座頭市』は人気が高い。日本の側でも一九六八年には黒木和雄が津川雅彦を伴ってハバナを訪れ、きわめて即興的な演出で『キューバの恋人』を撮り上げた。ここに映し出されたキューバ社会の映像は、学生運動高揚期の日本で大きな評判を呼んだ。そこでは津川雅彦演じる日本人船員がサトウキビ農場で働く美少女と恋に落ちる。だが彼女は革命闘争への情熱に燃えていて、津川をあっさりとフッてしまう。

ところが今年になってハバナの若い女性監督マリアン・ガルシア゠アランがこの日本映画に注目し、当時の制作関係者を次々とインタヴュー。四三年前の美少女を探し出したばかりか、日本にいる津川に質問状を送ったりして、『アキラの恋人』というドキュメンタリーを作り上げてしまった。実に快挙ではないだろうか。

南米に次々と反米政権が誕生した現在、キューバがその勇敢なる先駆者としてますます注目されている。だが国際情勢はさておき、世界の映画シーンにおいても、このカリブ海の小国が苦しい一筋の光のような希望であり続けていることは、否定できない事実である。『アキラの恋人』が日本で公開される日を待ちたい。

2013

東日本大震災が起きて、二年半を超える時間が経った。いや、こう過去形で記すことはできない。惨禍はいっこうに終結する見込みがなく、福島では多くの人間が、非日常が日常と化した状況を生きることを強いられている。そのなかで一〇月一一日から一七日まで、山形国際ドキュメンタリー映画祭が、大震災をめぐる映画作品の特集上映を行ない、コーディネーター小川直人を中心として共同討議がなされた。

同映画祭によれば、この九月までに、震災に関連した一八二本のドキュメンタリー映画が制作されている。もっともこれは映画館や公共施設で上映されたものに限っての話で、被災地での自主上映やインターネット上の映像提示のすべてを把握することは不可能である。さらに『東京家族』や『日本の悲劇』といった劇映画で挿話的に言及される場合までを含めれば、すでに膨大な数の日本映画が大震災をめぐって制作されている。だがそこで問題となってくるのは、惨禍を撮影し、作品として完成させるさいに必要とされる、倫理的規準である。

思い出す。二年前の同じ映画祭の会場に、森達也と安岡卓治の一統が『３１１』を持ち込み、激しい毀誉褒貶を巻き起こした日のことを。彼らは大震災が起きて二週間後、何を撮っていいのかも見当がつかないまま、やむにやまれぬ気持ちに駆られて被災地を訪れ、目に入ったものをカメラに収めたのだった。撮影行為が暴力であることは充分に自覚されていた。彼らは肖像権も「死体の尊厳」も無視して行動し、いたるところで被災者の反発を受けた。棒を投げつけられながらも撮影は続けられた。この作業の途上で明らかになったのは、誰しもが他人の不幸を安全地帯から眺めてみたいという欲望に突き動かされているという事実である。それを隠すために、「社会正義」や「人類の記憶」といった美辞麗句が援用されるのだ。そう気付いた森と安岡は、プロレスでいう「悪役（ヒール）」を、確信犯的に演じた。それはTVにおいて整音化されたニュース映像が繰り返し放映され、次々とヒューマンドラマが制作されるという事態に対する、先鋭的な批評行為となった。彼らは実は被災地の状況を表象するのではなく、ドキュメンタリー撮影をめぐる道徳的再検討を行なっていたのである。

いかなる映像も、繰り返されているうちに初発の衝撃力を失う。もはや人々は破壊の直接的映像に慣れてしまい、無感動になろうとしている。今ではドキュメンタリー作家はより長い時間の持続を相手に、カメラを回さなければならない。

先の安岡は、原発事故のため避難命令が出た村に二年間カメラを据え、牛を手放さねばならぬ酪農家の苦悶を主題に、四時間に近い『遺言　原発さえなければ』を制作した。そこには『３１１』における撮る側の混乱をなんとか克服し、他者を丁寧に見つめ、その悲嘆を見つめ続けようという姿勢が感じられる。酒井耕と濱口竜介は『なみのこえ』のなかで、罹災者の家族を二人ずつ、周囲から隔離された場所におき対話を求めた。すでにいくたびも体験談を語ってきた母娘は巧みに語り、初めてカメラを前にして緊張した夫婦は口ごもった。この試みは生残者の体験の記録として貴重であるが、観終わったときに感じるのは、死者の体験を真に表象するためには、いかなる記録も不充分であるという厳粛な逆理である。
山形国際ドキュメンタリー映画祭は今後、震災ドキュメンタリーの収集と保存を構想している。映画は滅んだという風評に抗して、映画が人類の記憶の保持に貢献することを祈りたいと思う。

2015

サラマンカ大学に留学し、日本におけるスペイン内乱史の権威とされている大学教授に、ルイス・ブニュエルという映画監督を知っていますかと尋ねたことがあった。ブニュエルはスペイン人民政府を代表して、全世界に向かってフランコの暴虐に抗議するドキュメンタリー映画を監督した人物である。答えはなかった。知らなかったのである。日本の人文系学者が欧米と違って、いまだに映画を軽く見ていることは予想できたが、メディア時代の現代史研究者にして文献資料こそ重視しても、映像には一顧だにしないという狭量な姿勢に、わたしは残念なものを感じた。

こんなことを書いたのも、今回の山形国際ドキュメンタリー映画祭（一〇月八日―一五日）が一九六〇―七〇年代のラテンアメリカのドキュメンタリーを特集していたからである。わたしは民衆の抵抗の組織化、記憶の保持、歴史意識の継承をめぐってドキュメンタリー映画が大きな役割をはたしていることを、今さらのように思い知らされた。すでにこのジャンルでは古典と見なされている『燃えたぎる時』（ヘティノ／ソラナス、一九六六）は、六〇年代アルゼンチンの目まぐるしい政変のなかで解放闘争がいかに組織されていったかを、四時間半の長尺を用いて語っている。このフィルムは原理的に未完成であり、映画を観終わった後の討議と現実の闘争とがそれを完結させるのだと、監督たちは主張していた。『チリの闘い――武器なき民の闘争』（一九七五―七八）は、七〇年代チリで短命に終わったアジェンデ社会主義政権の崩壊と、それに続く恐怖の軍事独裁の日々が、勇気をもって語られていた。その結果、監督のグスマンは投獄され、処刑の恐怖を体験したが、パリへ亡命して作品の続きを撮り続けた。今回の映画祭では、生き延びて高齢となった彼の最新作『真珠のボタン』（二〇一五）までが上映された。激しい解放闘争の物語が終わった時にこそ、世界の周縁に置き去りにされた人々への鎮魂がなされるべきであるというのが、現在のグスマンの課題である。

優れたドキュメンタリー映画を制作するには、一般の劇映画とは比較にならないほどの長い時間と忍耐、さらに分析的知性が必要とされる。東京の首相官邸前でのデモの盛り上がりにカメラを向ければ、ただちに映画ができると思い込むのは傲慢である。安価なデジカメ撮影を用いて、一人の芸術家をめぐりだらだら長時間のインタヴュー映画を撮るというのも、編集の放棄であり、精神の怠惰である。ラテンアメリカでも中近東でも、作家たちはより苛酷な状況のなかで勇敢にカメラを廻してきた。撮影フィルムを隠し持っているだけで連行されかねない状況が、そこにはあった。彼らは同志の死や裏切り、住み慣れた土地の消滅によって深く傷つけられており、撮影行為を通して喪失感をなんとか乗り越えようと努力していた。今回上映された日本映画でその域に達していたものを、わたしはなかなか見つけられずにいた。わずかに大津幸四郎の『三里塚に生きる』（二〇一四）に心を慰められるばかりであった。大津は昨年、四五年ぶりに三里塚を訪れ、かつての農民活動家たちに会い、その人生の変転ぶりをカメラに収めた。彼はその直後、もはや見るべきほどのことは見つといわんばかりに逝去した。

今回の映画祭でもっとも悲痛な印象を与えた一本は、アッバース・ファーディルの『祖国――イラク零年』(二〇一五)である。ここではアメリカ軍が侵攻する直前の、二〇〇三年のイラクと、その二か月後のイラクが、パリ在住の亡命イラク人の眼を通して描かれている。前半では開戦直前の切迫した雰囲気のなか、子供がアメリカ軍の爆撃ごっこをして遊び、後半では進駐してきたアメリカ兵にチョコレートと米ドルをねだる。だが最後にその子供は占領下のバグダッドで死んでしまう。監督はあまりの悲痛さに、撮りためた多くの映像を作品として公開することを長い間躊躇してきた。彼をふたたび映画制作へと向かわせたのは、祖国をめぐる状況がますます暗澹たるものと化してきたからであった。日本のメディアでは死傷者の数字しか報道されない傾向のある中近東であるが、優れたドキュメンタリストの眼を通して見るならば、爆撃と占領に脅えながら、家族を庇って懸命に生きている庶民の姿を知ることができる。敗戦後の混乱を直接に体験した日本人の眼には、この作品は複雑な印象を残すことだろう。

前回の映画祭では、実在の人物にかつての自分の行動を再現させ、それを批評的に描いてゆくといった手法の作品が目立った。これは突き詰めると、ドキュメンタリーと映画演出の境界を危うくさせる問題を孕んでいた。今回は逆に、かつて訪問した土地を長い歳月ののちに再訪し、変貌の意味を辿るという語りをもった作品が目立った。ノスタルジアとドキュメンタリーという新しい主題が、ここに提示されたのは、素晴らしいことである。

映画祭全体を通して希望を提示してみせたのは、台湾の「太陽花運動」と香港の「雨傘運動」を描いた映画である。(A) 現地直送のこの二本が、虐殺と拷問の映像に疲れきった観客にとって清涼感をもった慰めであり希望であったことを、最後に記しておきたい。

（A）太陽花運動映像記録プロジェクト『太陽花（ひまわり）占拠』、郭達俊（クォックタッチュン）・江瓊珠（コンキンチュー）『革命まで』

2017

二年に一度、山形市で開催される山形国際ドキュメンタリー映画祭が、今年も一〇月五日から八日間にかけて開催され、一五〇本ほどのフィルムが上映された。難民問題が世界的に前景化し、国家による情報操作とメディアの自己規制が深刻な問題となっている現在、この映画祭のもつ意義はかぎりなく大きい。

『航跡（スービック海軍基地）』（二〇一五）は、かつてルソン島にあったアジア最大の米軍基地のその後を描く、五時間近い大作である。基地は一九九一年にフィリピンに返還されたが、残留した化学物質や重金属類、石綿などが住民に深刻な被害をもたらしている。監督のジョン・ジャンヴィトは、ニューヨーク生まれのアメリカ人。住民に深い共感を向けるとともに、アメリカがフィリピンを植民地支配するさいに行なった虐殺行為を、当時の資料にもとづいて再構成し、告発している。ちなみにこの監督は前作を、水俣チッソ事件を生涯撮り続けた土本典昭に献げていた。沖縄に広大な米軍基地をもつ日本にとって、『航跡』は他人事ではない映画である。

興味深いことに、原一男が二三年ぶりの長編ドキュメンタリー『ニッポン国VS泉南石綿村』で問題にしたのも、かつて石綿産業で栄えた大阪泉南地区におけるアスベスト公害である。彼は国家賠償請求訴訟の長い過程を、三時間半の長尺で撮った。いまや世界は、前世紀に汚し放題にしてきた地球の後片付けの時期に入っている。問われているのは、加害者である国家と企業の道徳的頽廃ばかりではない。「事後」の苛酷な生を生きざるをえない住民への、人間的眼差しの回復である。ジャンヴィトと原は、この認識を分かち合っている。

映画祭の今回の特集はアフリカと、パレスチナ／レバノンであった。とりわけ後者では、イスラエル空軍の爆撃により消滅・散逸したはずの映像が、たまたま国際映画祭に出品していたおかげで残存が確認され再編集されたという、複雑な経緯をもった作品が目立った。『オフ・フレーム／勝利まで』は、パレスチナ人が外国のメディアに依拠せず、初めて自分たちの姿をカメラで捉えた貴重な映像から語り起こされている。映し出されているのは、一九六七年にパレスチナ／ヨルダン国境に架けられたアレンビー橋を、命からがら渡ってゆく難民の姿だ。だがこのフィルムの監督であるムハンナド・ヤークービは今回、ヨルダン経由で山形に向かおうとして、同じ橋を渡ろうとしたところ、検問所でイスラエル側の妨害に遭い、映画祭会場に駆け付けることができなかった。事態はますます悪化の一途を辿っている。

レバノンのジョスリーン・サアブの作品が、劇映画も含め五本上映されたことは、特筆すべきことである。ベイルートの実家が空襲で燃え崩れた翌日、危険を顧みず焼け跡をカメラに収めた彼女は、作品上映後にスカイプで観客との質疑応答に応じ、『二十四時間の情事』（原題は『ヒロシマ、わが愛』）に言及した。「惨劇を体験した人間にとってもっとも重要なことは、忘却に対し戦いを宣告し、自分の記憶を守り抜くことである」。戦火で破壊されたベイルートを描き続ける監督であってこそ口にできる、決意に満ちた言葉であった。

来年は一九六八年から五〇年目にあたる。ジョアン・モレイラ・サレスの『激情の時』は、パリと北京、プラハといった世界中の都市で同時に生じた反体制運動を、ブラジル人の視点から描いてみせた。日本でも来年にかけて、似たような試みがなされればよいのだが、はたしてどうだろうか。

2019

第一六回目の山形国際ドキュメンタリー映画祭が、一〇月一〇日から一七日まで山形市で開催された。隔年開催で、今年で三〇周年である。これまで上映されたフィルムは二六六〇本。今回も世界各国で最前線に立っている監督たちが新作を競い合い、そのかたわらで戦時期の日本のドキュメンタリーを再考する回顧上映と討議が行なわれ、イランとインド北東部の作品特集も行なわれた。

ハサン・ファジリの『ミッドナイト・トラベラー』は、タリバンに死刑を宣告されたアフガニスタンの映画監督が、家族を連れて国外へ逃亡する日記映画である。驚くべきことにそれは三台のスマホによって撮影された。王兵（ワンビン）の『死霊魂』（映画祭大賞受賞）は、五〇年代後半の中国でなされた反右派闘争の犠牲者の証言映画であり、八時間を超す長編である。ガッサーン・ハルワーニの『消された存在、——立ち上る不在』は、一五年にわたるベイルートの内戦で行方不明となった市民の行方を、一枚の写真の哲学的分析を通して探究する試みである。

だがこうした新作とは別にわたしが強く印象付けられたのは、一九六〇年代に始まるイラン映画の回顧上映であった。短編中編合わせて一五本のなかには、パフラヴィ王制時代に制作中止に追い込まれたものもあれば、逆にホメイニ革命後は国内で上映禁止となったものもある。

たとえばロッセリーニのもとで助監督を務め、イランにネオレアリズモをもたらそうとしたカムラン・シーデル。王制下の弾圧でわずか四本の短編しか手掛けることができず、しかもそのうち二本は中絶を余儀なくされたというこの悲運の監督は、女性刑務所の囚人と売春婦にカメラを向け、貧困ゆえに悲惨な境遇に陥った女性たちの声を生々しく伝えた[A]。夭折した女性詩人フォルーグ・ファッロフザードは、ハンセン病患者の療養施設を訪問し、患者たちが一心に『コーラン』の聖句を唱え祈るさまを捉え、受苦を前にした信仰のあり方を描いた[B]。ソフラブ・シャヒド・サレスは、文字も読めないままに三〇年にわたって田舎駅の踏切番を務めた老人の突然の馘首を、どこかつげ義春に似た雰囲気のもとに語った[C]。珠玉のごとき一本一本を観ていくと、今日のイラン映画の国際的盛名の基盤が、すでに革命前に準備されていたことが判明する。

旧作ばかりではない。新しいイラン映画にも注目すべきものがあった。バフマン・キアロスタミは『エクソダス』のなかで、故国への帰還を望むアフガニスタン難民たちが、出国審査官に対しさまざまな手練手管を弄して目的を遂げるさまを、大きなヒューマニズムの眼差しのもとに描いている。アラシュ・エスハギの『気高く、我が道を』は、革命後に禁止された女性の舞踏に代わり、結婚式の祝宴で女装して踊り続けた男性舞踏家の老後を、ノスタルジアをこめて語っている。日本でいうならば、さしずめ大野一雄であろうか。

日本全土に映画祭は多々あるが、山形映画祭は単なる町興しの映画祭ではない。アジア最初のドキュメンタリー専門の映画祭として、すでに多くの映画人を育て上げ、日本のドキュメンタリー映画の水準を向上させた功績はかぎりなく大きい。なぜこの映画祭に通い続けてきたかと問われたなら、わたしは端的に答えるだろう。それは強い人間、いや、より正確にいうならば、理不尽にも弱い場所に立たされながらも、強靱な意志と情熱をもって生きている人間を描いたフィルムを観ることができるからだ、と。

（A）『女性刑務所』（一九六五）
（B）『あの家は黒い』（一九六二）
（C）『ありふれた出来事』（一九七三）

2021

一〇月七日から一四日まで山形で、山形国際ドキュメンタリー映画祭が開催された。小川紳介の遺志を受けて二年に一度開催され、一七回目である。ドキュメンタリー監督の登竜門としては世界的定評のある映画祭であるが、不幸なことに今回だけは事情が違った。観客どうしの物理的接近が忌避され、外国からの訪問もままならない。都道府県を越える移動も抑止されている。こうした困難ゆえに主催者側は全作品上映をオンラインに切り替えざるをえなかった。わたしは山形に足を向けることなく、新蕎麦を賞味することもできないまま、自宅でパソコンの画面に向かい合いながら一週間を過ごした。

上映、いや配信作品の数はいつもの三割にも満たず、コンペ部門の審査員は、ほとんどが国際映画祭での審査経験をもたない素人。ある主題の作品を歴史的に回顧するといった特集もない。コンペの配信作品にメガトン級の大作はなく、過去に出品した監督の再参加が目立った。つまり、あらゆる意味で規模縮小を強いられた映画祭であった。

にもかかわらず、そこにドキュメンタリーの世界的必要性を再確認しようという強い意志が窺われたことも事実である。日本の「公共放送」がオリンピックの聖火リレー中継時に音と映像を操作し、かぎりなく政府プロパガンダの域へと近づけていった事件が起きた直後である。映像を権力の側から個人の側へ奪還する行為こそが急務なのだ。コロナ禍が鎮静化し、映画祭が本来の形で回復できる日の到来を祈りつつ、ここに報告をしたためておきたいと思う。

ひとたび断ち切られてしまったものを復元すること。現実の惨禍を見つめながら、かつて存在したものを想像力のなかで回復し、その表象を試みること。今回の映画祭でとりわけ気になったのは、こうした主題に基づく作品が目立ったことである。

映画アーカイヴが機能しないモロッコで、なんとか七〇年代の映画人の業績を復元させようとする『光の消える前に』（エッサフィ）。石川啄木が標準日本語で詠んだ短歌の絶唱を、盛岡の三人の「おんば」がその本来の母語に引き戻す試みを描いた『東北おんばのうた』（鈴木余位）。氷河期以降姿を消したヨーロッパの原牛を再現せんと情熱を燃やすオランダの科学者と芸術家を描く『彼女の名前はエウローペーだった』(ドルニーデン／モンロイ)。これは一歩間違えるとグロテスクな生物学主義に終わる作品だが、題名にある「エウローペー」が混迷の最中にある現在のヨーロッパの隠喩であることは間違いない。

だがこうした回復・復元の可能性とその困難を告げる作品のなかで、ひときわ悪魔的シニシズムをもって歴史を解釈してみせたのが、『最初の五四年間――軍事占領の簡易マニュアル』(モグラビ)であった。モグラビは、一九六七年から現在にいたるイスラエル・パレスチナの紛争を、元イスラエル兵士の証言だけに依拠して分析していく。彼らは破壊工作について自慢も後悔もなく、ただ事実だけを平然と語っていく。もはや事態の復元は絶対に不可能であり、両者はいずれも勝者になることなどできない。そして語り手はなりゆきに任せ、あたかも悪魔が焚きつけるかのような口調で語っていく。スウィフトの『奴婢訓』に似た、黒い諧謔に満ちた作品である。

今回の映画祭で香港のインデペンデント映画『理大囲城』が大賞に輝いたことは、後世の世界映画祭史のなかで記憶されることだろう。香港では一国二制度の原則が急速に踏みにじられ、津々浦々で激しい民主化闘争が展開された。もっとも熾烈を極めた戦いは、二〇一九年、香港理工大学に籠城した若者たちの攻防戦である。『理大囲城』は警官隊の暴力を生々しく描き、一歩も引こうとしない。だが難を恐れてか、誰が撮影し誰が監督したかは一切不明とされている。顔の認証が確定されると、反国家行為を行なったとして逮捕連行されるからだ。今回の授賞式でもスタッフの顔は伏せられ、かわりに無表情な岩石が画面に登場しただけ。異例の事態であった。

いつか中国も『最初の五四年間』の手法を用いて、香港支配のノウハウをプロパガンダではなく、ドキュメンタリーとして差し出すことができるだろうか。

2023

一〇月五日から一二日にかけて、山形国際ドキュメンタリー映画祭が開催された。世界的に著名な映画祭であるが、パンデミックの煽りを受け、劇場上映による開催は四年ぶりである。そのため主催者側に、プレス対応も含め若干の混乱があったようだ。

オープニング上映は、*Ryuichi Sakamoto | Opus* である。今年の三月に亡くなった坂本龍一の最晩年のピアノ演奏を映像に記録したもので、制作を妻の空里香が、監督を息子の空音央が担当している。癌が進行し痩せ衰えた坂本が、息も絶え絶えに鍵盤に向かい、「戦場のメリークリスマス」など自作曲を弾くさまが映し出され、最後にラテン語で「芸術は永く、人生は短い」という著名な格言が引かれている。傷ましさに満ちた悲痛な音と映像である。いや、キッチュと呼ぶべきか。これははたして映画祭のオープニング作品としてふさわしいだろうか、という疑問をわたしは抱いた。

山形映画祭はこれまで既成の社会通念や神話を覆して歴史の真相を開示したり、長く隠蔽されてきた少数派の人々の姿を映し出すことに力を注いできた。開会式では個人映画作家メカスの富士山道中記映画を上映したり、フィリピンの特異な映像作家タヒミックの半裸パフォーマンスを舞台に乗せたり、他の映画祭では見られない試みを行なってきた。坂本は偉大な音楽家であったかもしれないが、その姿は日本の消費社会においてすでに充分に神話化されている。ありていにいってこのフィルムは神話破壊のドキュメンタリーではなく、家族の手によって神話の不朽化を意図したホームムーヴィーにすぎない。苦難にめげず格闘する音楽家という、ベートーヴェン以来のロマン主義的芸術家イメージが、またしても反復されているだけなのである。

財政的逼迫から、なんとか客足の伸びる話題作を上映したいという意図は理解できなくもない。だがそれでは、今年で一八回を迎え、国際的にも認知されてきた映画祭の初発の理念との間に、齟齬を来してしまうのではないか。

今回の映画祭の問題は、この作品を頭に据えたことだけではなかった。大量の観客の到来を見込んで、上映当日の朝に整理券を配布したことにある。整理券はただちになくなり、遠方から新幹線で駆け付けた観客のなかには、映画鑑賞どころか開会式に参加することさえ許されない者が続出した。しかも上映が始まると、広い観客席の前列に大きく空席が目立った。

こうした混乱は四年の空隙によって、主催者側の映画祭への理念が揺らぎ、観客対応と広報の担当者のレベルが大幅に低下したことを示している。ノウハウの継承がなされていないのだ。かかる事態が二年後にも繰り返されるならば、開幕を心待ちに県外から駆け付ける観客の激減は否めないだろう。

グランプリにあたるフラハティ賞を受けた『何も知らない夜』（パヤル・カパーリヤー）は、ムンバイを拠点にする女性監督による、青春に対する「喪の作業」としての作品である。

映画学校の寄宿舎の片隅で偶然に手紙と日記が発見されたというのが、このフィルムの始まりである。語られているのは、二〇一六年、デリーの映画学校で起きた政府とヒンドゥー至上主義に対する抗議運動のさなかに出会った二人の学生の恋物語。女子大生は出自カーストの低さゆえに悩み、男子大生は自分がヒンドゥー教徒ではなく、ムスリムであることに悩む。折しもキャンパスではダリト（不可触賤民の現在の呼称）の学生に対する差別が問題となり、抗議のための自殺が相次ぐ。女子大生はパゾリーニの詩を引用し、解放されるべきプロレタリアートは実は警官のなかにこそいるのではないかと疑念を抱く。だがその思いは恋の相手には通じず、恋は破綻。こうした甘美にして悲痛な物語が、姿なき二筋の声によって語られていく。すべては消え去ってゆく。にもかかわらず、すべては追憶として残存している。ほとんどがモノクロ映像のこの作品は、『小さな兵隊』や『はなればなれに』といったゴダールの初期作品を想起させる美しさに満ちている。

だがドキュメンタリーは追憶の甘美に酔っているわけにはいかない。もっとも重要なのは、声を圧殺された者のアクチュアリティを表象することである。映画祭のもうひとつの重要な賞、小川紳介賞を受けたミャンマーのフィルム『負け戦でも』は、先のインドのフィルムとは対照的な作品である。手錠をかけられ、次々と連行されていく同志たち。暗い檻のような部屋のなかで、窓から差し込む光を見つめる青年。クーデター以後のヤンゴンに住む青年たちの絶望を描いたこのフィルムは匿名作品であり、授賞式にも監督は姿を見せなかった。

回顧上映は野田真吉。若き日に中原中也の薫陶を受け、戦後は共産党に入党して『松川事件』や『原爆許すまじ』を監督。やがて脱党して、日本中の村祭りを記録し数多くの作品を遺した。野田の全体像が今回明るみに出たことの意義は大きい。

印象に残る作品はまだまだあるが、紙数の都合で存分に紹介できないのが残念である。財政的困難を乗り越え、この映画祭が二年後にも無事に開催されることを望みたい。

付記

山形の映画祭についてのレヴューをこうして纏めていたところで、矢野和之氏の訃報に接した（二〇二四年八月一一日）。

矢野さんは一九八二年に国際交流基金の「南アジアの名作をもとめて」（通称「南アジア映画祭」）を、八四年には「アフリカ映画祭」を企画し実現させ、わたしや石坂健治（本書の巻末対談参照）、清水展（ひろむ）（元日本文化人類学会会長）といった面々を、一気にアジア映画の海の世界に引き摺り込んだ人物である。氏はその後、映画制作配給会社シネマトリックスを立ち上げると、キドラット・タヒミックのフィルムを積極的に日本に紹介。またその制作に携わった。一九八九年からは山形国際ドキュメンタリー映画祭の東京事務局長として、二〇〇七年まで映画祭の中心を担い、その後も象徴的存在として映画祭を見守ってこられた。

二〇二三年の山形では、年少のスタッフに支えられ、ホテルから車椅子で会場へと向かう姿を、同じホテルに宿泊していたわたしは毎朝目にしていた。

あれは九〇年代の中頃だっただろうか。矢野さんはタヒミックの『フィリピンふんどし日本の夏』というドキュメンタリー短編を制作した。どうしたらこの作品を宣伝できるだろうかと相談されたわたしは、新宿二丁目にある「ふんどしバー」（ゲイバーにあらず）の「紺屋」を紹介したことがあった。おぼろげな記憶であるが、たしか二人でバーに赴き、ポスターを貼らせてもらったのだったか、チラシを置かせてもらったのだったか、協力してもらったことがあった。

今にして思うと、南アジア映画祭から山形映画祭まで、わたしのアジア映画体験は、すっぽりと矢野さんのお仕事のなかで醸成され、発展していったような気がしている。ここに感謝の気持ちと敬意から、その名を記しておきたい。

アジア映画馬鹿一代──石坂健治との対話

四方田　ミシガン大学にいらっしゃるというのに、この本のためにわざわざ巻末対談に加わっていただいてありがとうございます。

石坂さんとはもう四〇年ほどの付き合いになりますが、これまで自分が執筆してきたアジア映画について の論考を纏めるにあたって、ぜひお力添えをいただきたいと思ってまいりました。というのも、わたしはもっぱら日本でなかなか知られることの少なかったアジア映画について、直接にその国に観に行ったり、監督に会ったり、日本に戻ってきて文章を書いたりしてきましたが、石坂さんは国際交流基金や東京国際映画祭アジア部門といったさまざまな組織を通し、そのアジア映画を日本にもってきて映画祭で上映したり、国際シンポジウムを開催したりといったお仕事を、長い間続けてこられたからです。

一九九〇年代に国際交流基金アセアン文化センターが主催したタイやインドネシア、マレーシア、フィリピンといった東南アジアの映画祭。九〇年代半ばにアジアセンターに改組・改称されてからのインドや南アジア、西アジア・中東の映画祭、韓国の『春香伝』をめぐる国際シンポジウム、また韓国の活動弁士の実演パフォーマンス、戦前戦中のフィリピンやミャンマーの映画と日本との関係をめぐる共同討議……数え上げてみればキリがありませんが、石坂さんは実に多様な方向から最新のアジア映画の上映に腐心されるとともに、その映画史的な側面に照明を投じられてきました。もしこうした連続上映と共同討議の場が存在していなかったとしたら、わたしが書き続けてきたアジア映画論は読者を見出せなかったことでしょう。なんだい、あいつはあちこちに出かけて、自分だけしか見られない面白い映画を見たって、得意げにお喋りをしているだけじゃないかという感想を、読者はきっと抱いていたことでしょう。わたしもまた、自分の書いたもののフィードバックがなされないということに、欲求不満を抱え込んでいたに違いありません。

わたしの映画論は、石坂さんの手になる映画祭やシンポジウムの企画があってこそ意味があるものだったのです。わたしたちはある時期、毎年のように復活祭の香港国際映画祭で出会い、山形で出会い、さらにパリのアラブ世界研究所でのアラブ映画祭の会場で出会っては、観たばかりのフィルムについて感想を交換し合ったものでした。

今日はそうした石坂さんのこれまでのお仕事への回顧を含め、わたしの今度の本について自由にお話をしていただきたく思います。

石坂　この本を読ませていただいてつくづく思ったのは、本当にわれわれが一緒にやった企画や上映が多いなあということでした。わたしが映画を掘り起こして集めてきて上映をすると、四方田さんがそれを批評するとか、逆に四方田さんが言及した映画を求めて現地で探偵のようにフィルム原版を捜し歩いたり、いろいろ思い出が蘇ってきますが、最初にわたしがアセアン文化センターで企画したタイ映画祭（一九九〇）のとき、四方田さんが『リングの獅子カムシン』（バンチョン・コーサラワット、一九八六）というムエタイ映画のことを、「週刊SPA!」で褒めてくださったんですよ。

四方田　シンチャイ・ホンタイちゃんの主演した『深海の宝石』（チュート・ソンスィー、一九八七）とかね。

石坂　そうそう。新米の上映主催者側としては、あれで力づけられましたね。翌九一年のフィリピン映画祭でも、四方田さんはみんなが論じるA級名作の『マニラ・光る爪』（一九七五）よりも、同じリノ・ブロッカでも現地で人気のアイドル歌謡エンタメの『少女ルーペ』（一九八七）のほうを批評してくださって、わが意を得たりでありがたかったです。スラムの少女が美声を武器にスターダムにのし上がっていく話です。その後、『春香伝』とか『あの旗を撃て』（一九四四）をめぐるシンポジウムもあったし、アラブ映画にシフトしてからはパリのアラブ映画祭でばったり会ったり、最近の五年間でも「南アジア映画祭」四〇周年記念シンポジウム、一九六〇年代台湾語映画の修復復活映画祭などなど。ついこの間もヴェトナムの『黄色い繭の殻の中』（ファム・ティエン・アン、二〇二三）についてご一緒にトークをしたり……。

わたしは四方田さんより七歳年少なので、アジア映画体験は若干ズレますが、中高生時代の一九七〇年代でいうと、ブルース・リーの『燃えよドラゴン』（ロバート・クローズ、一九七三）がエンタメの代表で、ショトジット・ライの『大地のうた』（一九五五）が芸術映画の代表という感じで、点と線の喩えでいいますと、この二本などの点と点がポツリポツリとあるという段階でした。中学生のとき『燃えよドラゴン』が封切られて、空手部の入部志願者が急に増え、わたしは選抜に落ちて入れず、野球部に入っちゃったということがありました。『大地のうた』は、どこだったか上品な文化センターで観て、ああ、インドには教科書で習ったバラモン階級でも貧しい人たちがいるのだなあという程度の感想でした。

それが大学時代の八〇年代に入って、ドーンといろいろなアジア映画が入ってきた。一九八二年の「南アジア映画祭」も衝撃でしたが、それともうひとつ、大学にアジア諸国からの留学生が急速に増えだしたという現象がありました。冷戦構造が崩れはじめて、緩くなった枠組みのなかで、韓国、台湾、中国、香港、他にもアジアのいろいろなところから留学生が来るようになり、友だちがどんどんできるようになりました。ちょうどその頃、そうした国々ではニューウェイヴが花開こうとしていて、彼らが「そろそろ俺たちの国の映画が面白くなってきているようだ」というので、連れられて池袋サンシャイン60ビルの中にあった韓国文化院や三田の台湾資料センターといった、政府の出先の文化機関のようなところに行くと、「ぴあ」には上映情報が出てないけど、ちゃんと在日の人向けの16ミリ上映会をやっていたり、図書館にVHSがあって観ることができたりする。むろん字幕なんか付いてないけれど、まったく気にせず貪り観てました。

ちょうどその頃、四方田さんが韓国での映画体験の本（『リュミエールの閾』朝日出版社、一九八〇）を出したり、池袋西武のスタジオ２００で韓国映画連続上映を始めたりしていて。それから東光徳間が毎年、中国映画祭を行なって、当時は今のようにアジア映画がお洒落にブランド化されるはるか以前の段階で、まだ玉石混交でしたが、当たるも八卦当たらぬも八卦という感じで、端から食いしん坊のように観て廻りました。東京国際映画祭とか山形国際ドキュメンタリー映画祭といった映画祭が開かれるようになり、いってみれば景気のいい時代でした。八〇年代というのは、アジア映画の大波が来る予感とともにあったカオスの時代でしたね。

四方田　わたしは七〇年代終わりに韓国にいて、帰国して八〇年代を迎えるわけですが、その頃日本人は、韓国のカルチャーは、映画どころか、漫画もロックも、何も知らなかったわけです。韓国のほうでも日本文化はご法度だったりして。そこでスタジオ２００を借りて韓国映画連続上映というのを始めたのですが、映画評論家、試写会族の人たちはけっして来なかった。東京外国語大学朝鮮語学科の学生が語学の勉強のために来るとか、在日韓国人の高齢の方がお孫さんを連れてくるとか、観客は最初、そんな感じで、いわゆる映画ファンは足を運んでくれなかった。

ただ一人、菅原文太さんだけが例外でしたね。行列して待っている。もう誰が観ても文太なわけで、上映後に挨拶して、これからは招待券を送りますからというと、「いいから、いいから」というわけです。つぶれてしまいましたが、日韓合作映画に出演という話が出かかっていた頃のことで、彼としては隣国の映画を少しでも知っておきたいという気持ちがあったのだと思います。

わたしは八〇年代の中頃にニューヨークの大学に留学し、マンハッタンのチャイナタウンに入り浸って、三館ある小屋で当時勃興してきた東アジアの新浪潮（ニューウェイヴ）を、それこそ毎日のように観ていました。ダリル・チンなどが中心のアジアン・アメリカン映画祭にも参加していました。このとき、華人ネットワークの速さに驚いた体験があります。当時まだ日本では『望郷』しか知られていなかった許鞍華（アン・ホイ）のフィルムを四本纏めて観る機会があったので、その感想を『映画芸術』の小川徹さんに送ったところ、二か月後にチャイナタウンで立ち読みしていた香港の映画雑誌に、なんと自分の原稿が中国語に翻訳されて掲載されていたのです。この速度には感動しました。自分の知らないところで、東アジアとアメリカの間で、電光石火のごとくに情報が飛び交っているということが実感として感じられました。日本だけが置き去りにされていたような感じでした。

石坂　九〇年代に入って国際交流基金は地域センターに力を入れだし、東南アジアの映画を、まずは国別に、タイ、マレーシア、フィリピン、インドネシアといった感じで、映画祭を行なうようになります。ただ東アジアとは違い、こうした国々ではその当時、映画産業はどん底の状態でした。ここで生じてくるのが、現地でのリサーチの良し悪し、つまり効率という問題です。四方田さんが以前、アラブ諸国に行ってもアラブ映画はなかなか観られない。一番効率よく観ることができるのはパリだといっていましたが、実にその通りで、マレーシアに行ったときにそれを痛感しました。

わたしは古い世代の人間なので、映画というものは基本的に足で歩いて行かないかぎり観ることはできない、家を出て帰ってくるまでを含めて映画なのだと信じている人間です。大使館の方は、いかにも優等生的なマレーシア映画を準備してくれているのですが、それではモノ足りない。ところがチャイナタウンに行ってもマレーシア映画など上映しているわけではない。俺たちはブルースとジャッキーがいればそれで充分だといった人たちばかりです。そこでインド人街に行くと、ボリウッドの巨匠ラージ・カプールの巨大なポスターが壁に貼られている。その国のマジョリティだけ見ていても何もわからないものだと、実感しました。映画を国籍だけで分類していく、そんな単純なことでいいのだろうかという疑問をもつことが、映画祭の仕事始めだった気がしています。

四方田　確かにマレーシアは多民族国家、多宗教国家で、映画史的にいっても、キャセイ・オーガニゼーションのような華人の制作会社がかつて怪奇映画を撮っていたり、南インド系の映画人がいたり、いろいろと錯綜している印象がありますね。

石坂　タイはタイで、制作会社や現像所はほぼ華人が占めていて、がっちりと経済的基盤を形成しているのに、映画的表象はタイ人の物語です。フィリピンは、またこれが特殊で、マルコス時代に「世界化」を実践しなければいけないということで、イメルダ夫人が映画界のインフラ整備を手掛けた。短期間しか続かなかったとはいえ、ヌードも解禁されたという過去があります。八〇年代前半には彼女が君臨してマニラ国際映画祭というのを二回やって、大島渚監督や佐藤忠男さんも招かれたようですが、現地の人にいわせると、あれはショーン・コネリーの大ファンだったイメルダが彼を呼びたかったのが最大のモチベーションだったとか。ホント?と思いますが。

四方田　ジョルジュ・サドゥールの『世界映画史』の図式では、映画はまずフランスで発明され、それからハリウッドが発展して……といったぐあいで、西欧中心主義で進行し、アジア映画は各国代表一人ずつといった感じで、最後のほうに横並びで紹介されている。けれども現実のアジア諸国では、それぞれの国が固有の事情と歴史を抱えていて、サドゥールの図式とはまったく違っていますね。

石坂　映画は海、いや、アピチャッポン風にいうならば、森だという感じで、それに巻き込まれてしまったという感じです。四方田さんはアジア映画全体に共通するジャンル論という考え方を提唱し、あの手この手を使って、それを解明しようとしているわけですが。

四方田　現在のアジア映画は国どうしの相互乗り入れが活発になされており、ハリウッドとの合作も盛んなわけで、とうてい一国ごとにキレイに腑分けなどできません。さながら熱帯の密林のごとしで、さまざまな樹木に幾重にも蔦が絡まったり、その下で草が繁っていたり、まさに迷路の呈をなしています。

石坂　一週間前に東京国際映画祭が無事に終わり、今年〔二〇二四〕は作品選定までを終えてここミシガンに移ってきたわけですが、まさにポスト・コロナといった状況で、活気ある作品がどんどん出てきました。同じチャイニーズといってもいろいろな乗り入れがあって、一言で要約できない作品がグローバルに登場してくる。

四方田　もはやアジア映画の全体像を把握することは不可能になっています。これが九〇年代の前半であれば、わたしが『電影風雲』（白水社、一九九三）で試みたように二六人の監督を選び出し、そのフィルムを論じることを通して、その国の映画の全体像を推測するということがかろうじて可能だったわけですが、今では二六〇人の監督について書いても追いつかないでしょうね。

石坂さんが選定に関わった今年の東京国際映画祭のラインナップを見ると、イラン映画はすごい。相変わらずすごい。しかしメインコンペ一五本のうち、なんと中国映画が三本も入っている。しかもどれもが、昔には考えられなかったほどに洗練されたスタイルをもっている。そしてわれわれはついこないだ、フィリピン映画が世界中の国際映画祭でグランプリを総なめにしたことを記憶しているわけですが、ヴェトナムの台頭も侮れない。アジア映画の情勢は、もう恐ろしい速度で変化していっている。

石坂　各国を廻っていると、どうしても戦争時代の歴史を避けて通るわけにはいかない。日本がかならず絡まってくる。それぞれの国の映画史を見渡しながらどうやって今の映画を紹介していくかという問題になるわけです。その国で映画の父といわれている人物を調べてみると、戦時中に日本の映画会社や出先機関に所属してキャリアを積んだという人が少なからず存在していることがわかります。

『あの旗を撃て』（一九四四）という、日本フィリピン合作の映画があります。戦時中に日本の阿部豊がマニラでヘラルド・デ・レオンという、これもすごい腕前をもった監督といっしょに撮った作品ですが、ここに少年が出てくる。

四方田　ジョン・フォードの『わが谷は緑なりき』（一九四一）の挿話を借用したところですね。少年が米軍の車に撥ねられて足を折って歩けないのを、日本の軍人が勇気づけて歩けるまでに励ますという。

石坂　あの少年を演じたリカルド・パシオンさんに、最晩年にインタヴューをしました。日帝に協力したというので、戦後はずいぶん苦しい人生を送られたみたいでした。サウジアラビアに出稼ぎに行ったり。こちらは若気の至りで失礼なことを尋ねたりしたわけですが、「兄ちゃん、ちょっと散歩に行こうか」といって連れていかれた先が、ゴミ集積地で有名なスモーキーマウンテンなのです。何もいわない人でしたが、あれは何かを伝えようとしていたのだと、今になって思います。そうこうしているうちにレイモンド・レッドが彼にフィリピン革命の際に先頭に立った指揮官を演じさせ、きちんとスクリーンの上で名誉回復を行なった。『バヤニ（英雄）』（一九九二）という作品で、九〇年代に東京国際映画祭でも上映されました。いやあ、苦労した先人に対するリスペクトの表現としてすごいなあと思いました。

ミャンマーの『にっぽんむすめ』（一九三五、『日本の娘』と表記する場合もあり）の場合は、料理研究家でカレー大魔王の森枝卓士さんの『虫瞰図で見たアジア』（徳間書店、一九八八）を読んでいて教えてもらったのです。あの方も足で歩く人で、ミャンマーではこの映画が戦前に国民映画になっていることを発見した。P.C.L.映画製作所で学んだニープ監督の家族に会われていて、なんと孫娘の方は九〇年当時の東京に留学中ということまでわかった。これは紹介しなければ、と思いました。映画とはスクリーンの四角の中だけではないなあ、と。こうして映画史における日本の姿に思いを致すようになったのが、九〇年代でした。

四方田　わたしがご当地のB級映画、ローカル映画をジャンル論として展開しなければいけないと思うようになったのは、そうした石坂さんがオーガナイズした一連の上映に触発されてのことでした。『あの旗を撃て』に関していうと、ハリウッドとアジアの関係を深く考えさせられました。阿部豊はハリウッドで学んだ人です。デ・レオンの時代のフィリピンはアメリカ領で、アメリカはマニラをアジアのハリウッドにしようという考えから、若い映画人を積極的にハリウッドに行かせていました。結果として完成した映画を観ると、デ・レオンの担当したところが阿部よりもはるかに上手に、面白く撮れている。

この上映がきっかけとなって、アジア映画史におけるハリウッドの存在を強く意識するようになりました。アジアの近代が西洋による植民地化とそこからの解放の歴史であるとするならば、映画こそがその近代化の最たるものです。ニューウェイヴの作家論に携わっていたころには、まだそうした認識はなかったですね。しかしアジアの映画史を考えるときに、どうしてもアメリカと近代化の問題は避けて通ることができない。

石坂　『あの旗を撃て』はマーク・ノーネスがアメリカの議会図書館で発掘して、第二回の山形映画祭の「日米映画戦」特集で上映されたものでした〔本書三〇九頁参照〕。プリントはフィリピンにも日本にもありませんでした。敗戦時に日本では捕虜をエキストラとして強制労働させた証拠を隠滅するために燃やしたという話まであります。それがアメリカ経由で、山形で上映されたわけです。今はそうしたことができるライヴ体験が、残念ながら減っているという感じですね。

同じことはインドネシア映画にもいえて、対オランダ独立戦争を描いた『血と祈り』（一九五〇）などの監督でインドネシア映画の父とも称されているウスマル・イスマイルは、ジャカルタに支社を構えた日本映画社で働いていた。ちなみに三つの名前で三つの国で映画を撮った許泳、内海愛子・村井吉敬共著の『シネアスト許泳の「昭和」』（凱風社、一九八七）で知られる朝鮮人ホ・ヨン（日本名：日夏英太郎、インドネシア名：ドクトル・フユン）もイスマイルの同僚で、戦後インドネシア映画の父のひとりと称されています。九〇年代にはインドネシア時代の『天と地の間に』（一九五一）が釜山と山形で上映され、最終的に東京でシンポジウムを開いて纏めたことがありました。もちろん満洲映画のように、中国の公式見解としては残存していないということで、見られない例もありますが。

四方田さんが李香蘭の評伝を書いたり、台湾の『サヨンの鐘』（清水宏、一九四三）について論じたりしていて、上映企画者としてはそういう面で大いに触発されたところがありますね。

四方田　山形の「日米映画戦」のときでしたが、上映と上映の間の休み時間に思わぬ出会いがありました。鶴見俊輔さんがいて、見るからにお腹を減らしているようなんですね。それでサンドイッチにかぶりついているわたしのほうを見ている。なにしろ観る側は食事の暇もないほどにずっと映画を観続けているのですから、無理もない。そこでサンドイッチを半分分けてあげたのです。もちろん鶴見さんはわたしのことなど知らない。けれどそれが切っ掛けとなって話をするようになり、山形から帰った後でしばらくして、『思想の科学』に台湾と韓国での野球ヒーロー、王貞治と張本勲が、それぞれの国でどのように伝記映画の主人公として描かれているかという論考を執筆することになりました。黒川創さんが編集長になったころです。

わたしが始めた韓国映画連続上映のとき、休み時間にロビーで森枝卓士と出会ったのもそんな感じでした。わたしは彼をアメリカ人かなあと思っていたし、わたしが誰かと英語で話しているのを見て、彼はてっきりわたしを韓国人だと思っていたらしいです。それが日本語も話しているのでお互い日本人だったとわかり……という不思議な出会いでした。九〇年代というのはそんな風に、観客と観客の間でもいろいろな出会いがあった時代だという印象があります。

石坂　上映という観点でいうと、戦後五〇年と映画誕生一〇〇年に前後するあの頃が、アジア映画発掘のライヴ・イヴェントのピークだったなという感じです。今は映画を発掘して上映するという機会は減り、何もかもがデジタルで簡単に観られるという時代になってしまった。その代わり優秀な研究者が、とりわけ女性の優れた人が輩出するようになりました。現地語はもちろんのこと、複数の言語に通じていて、各国の史料を複眼的に読むことができ、デジタル素材を参照用として自由に用い、知られざるアジア映画について著作を発表していく。素晴らしいことです。四方田さんの今回の本にも、そうした人たちへの書評が収録されています。他方、映画祭の現場としては、ボロボロのフィルムを運んでくる「重さ」や「不便」の感覚を含めて、イヴェントの場で生じる思いがけない不意の出会い、アジア映画を観ることの身体性といったものが失われたようなところがあり、デジタル時代の便利さの恩恵を受けながら矛盾しているかもしれませんが、いくぶん欲求不満といえなくもありません。

四方田　わたしは今でいう「コスパ」などまったく考えることなく、リサーチをしてきましたね。ジャカルタでもパレスチナでも、あちらこちらの現地に行って何か月も滞在して、映画を観てきました。映画テクストをデータとして見てその構造を分析し、よしとするということではなく、インドネシアならインドネシアの固有の歴史的文脈から街角のざわめきまでを含めて映画を観なければいけないと考えてきました。観る側の身体性を欠落させたテクストの構造分析を読まされると、いつも食い足りないという気がします。

九〇年代にはもう一人、わたしに深い影響を与えた人に会っています。鶴見良行さんです。この人は『ナマコの眼』（筑摩書房、一九九〇）という大著を書いたとき、日本人でも干しナマコを戻して調理している人がいるというので、わたしのエッセイを大著の初めのほうに引用された方で、お会いしていろいろなことを学びました。たとえば彼はインドネシアでもマカッサルのような海辺の町からどんどん辺境に足を向けるのですが、会って話したいのは現地の女の人たちなのです。ところが、外国人がわざわざ来たというので、挨拶に出てくるのは町長とか、英語の話せる男たちばかりで、なかなか女の人と話をする機会がない。そこで一案を講じて、自分は有名な日本料理の料理人であり、この町には日本料理大会を開くために来たのだと宣言する。すると男たちは、「なんだ料理大会か」というのでみんな帰ってしまい、夕方には女性たちばかりが集まってくる。そこでおもむろに、どんな食器を使っていますかとか、調理器具はどのようなものですかと、いろいろ質問を始める。

この話を聞いたとき、ああ、自分は鶴見さんの映画版をこれからやるんだと、心から思いました。ジャカルタ芸術大学とか、チュラーロンコーン大学とかに客員教授という肩書で赴くわけですが、教授たちは現地の映画事情のことなど知らない。最新の状況、たとえば海賊版のDVDやらVCDはどこで売っているかといったことは、大学生が一番よく知っている。彼らは英語ができるし、なかには「インドネシアの怪奇映画の分析にはジュリア・クリステヴァの理論が役に立つと思います」とか、「アジアの怪奇映画の原型は『源氏物語』に登場して葵上を苦しめる六条御息所の生霊です」といったことを平然と口にして、思わずこちらがメモを取ってしまうといったレベルの大学院生もいました。

鶴見さんからは、彼の理論というよりも、むしろ『フィールドノート』（鶴見良行著作集第一一巻、二〇〇一／第一二巻、二〇〇四、みすず書房）に記されているモノの見方、視座の取り方により影響されたと思います。わたしはいうなれば、二人のツルミズに学んだといえるかもしれません。

石坂　森枝さんや四方田さんの、やはりフィールドワークというのでしょうか、その場で見せる思考の身体性ということを考えます。キドラット・タヒミックの『悪夢の香り』（一九七七）にショックを受けて、バギオまで出かけてタヒミック一族や先住民たちと一緒に暮らすようになった文化人類学者の清水展（ひろむ）さんもいますね。二〇一〇年代後半でしたが、ジャカルタにスザンナ・カフェというのができました。インドネシア怪奇映画の女王といわれたスザンナのポスターやら写真が壁一面に展示されていて……。

四方田　いよいよインドネシアでも過去のB級映画が自分たちの文化遺産であるという自覚が生まれたということでしょうかね。わたしが滞在していたころは、インテリたちは怪奇映画を馬鹿にしていましたけど。

石坂　フィリピンでは、『あの旗を撃て』のデ・レオンが、戦後はホセ・リサールの小説を映画化した三時間の大作『ノリ・メ・タンヘレ』（一九六一）を撮ります。これも日本で上映しましたが、高温多湿の本国よりも日本できちんと保管してほしいといわれ、いまでは福岡市総合図書館に収まっています。文字通り国民映画で、長い物語のなかの個々の挿話も後でまた映画化されています。フィリピンには最近のラヴ・ディアスの『痛ましき謎への子守唄』（二〇一六）に至るまで、リサールやデ・レオンを意識した作品が数多く存在しています。こちらにはいつも『あの旗を撃て』が意識の隅にあるので、いろいろと繋がって展開していくのだなあと感じます。

四方田　日本映画における『忠臣蔵』のあり方に似ているかもしれません。どのアジアの国家も、国家が独立するときの物語を大叙事詩として映画にしています。中国でも韓国でも北朝鮮でもそうです。こうしたフィルムを一所に纏め、形態学、類型学を樹立してみたい気持ちはありますね。

石坂　わたしが九〇年代に出会った韓国の監督たちには、まだ日本語世代の人たちがいました。兪賢穆（ユヒョンモク）、金洙容（キムスヨン）、それに金綺泳（キムギヨン）といった監督たちです。金綺泳さんの場合は最晩年に間に合った、というより、出くわしてしまった。この世代の人たちにどう話しかけてよいのか、これは日本人として歴史の修業みたいなところがありました。

四方田　石坂さんもわたし同様、ソウルの大学で教えてられましたね。

石坂　日本映画が公式に解禁される直前の一九九八年に国立の韓国芸術総合学校に行きました。北漢山（プカンサン）への登山口があるソウル北部の城北区里門洞（イムンドン）にあって、かつてはＫＣＩＡ（中央情報部）の本拠地だった建物です（九八年当時は国家安全企画部）。今でもタクシーに乗って、「芸大」といっても通じませんが、「安企部」といったらすぐにわかってくれます。でも、ＫＣＩＡの建物を芸大に改築して文化の拠点にするという発想のダイナミズムは、韓国ならではです。

四方田　里門洞にはいろいろと思い出があって、七〇年代の朴正熙軍事政権時代にいきなり車に乗せられ、ＫＣＩＡに連れていかれたことがありましたね。いっこうに理由を説明してくれないので、とにかく怖くて怖くて。後で新人スタッフのための日本語会話の面接試験の試験官として雇われたということが判明し、安堵したわけですが。そのずっと後、民主化された韓国にもう一度教えに行って、芸大で講演したとき、学生さんたちが「先生、ここが昔、何だったか知っていますか」というので、「ああ、知ってるよ。芝生があって、ローズガーデンに白いバラが咲いていていて」というと、みんな驚いてました。

それはそうと、〇〇年代には石坂さんが、韓国映画について二つの対照的なことをされていたと思っています。ひとつは『春香伝』シンポジウムのように、国民的なメロドラマについて共同討議をすること。もうひとつは典型的な作家主義として、韓国でも異彩を放っていた金綺泳監督の作品を紹介上映することでした。金綺泳はとにかく韓国でも孤高にして別格の映画人でしたが、彼を世界映画の大文脈のなかに導き入れ照明を当てたというのは、石坂さんの大業績であったと思います。

石坂　恐縮です。韓国では金綺泳は九七年の釜山国際映画祭で「発見」されたというのが定説になっていて、その前年の赤坂・国際交流基金フォーラムでの回顧展で火が点いたことは言及されないのです。四方田さんや、明治学院大学の四方田ゼミ出身の崔盛旭（チェソンウク）さんが評価してくださるので嬉しいです。金綺泳の『下女』（一九六〇）を日本で上映するには、まあいろいろと困難がありましたが、第一回目の上映が終わったとき、観客席から四方田さんがビュウーッとすっ飛んできて握手してくれたことは、はっきり憶えています。

四方田　あのときは勅使河原宏監督が観に来てくださった。草月会館と国際交流基金が同じ赤坂で近いこともありますが、もうひとつ理由があって。わたしが金綺泳監督のことを、フォン・シュトロハイム、ブニュエル、ポランスキー、勅使河原と並ぶ、「自然主義者」の系譜にあると書いたことが一因だったかもしれません。人間を人間としてではなく、まるで昆虫や小動物であるかのように残酷に描く作風という意味で、自然主義という言葉を使ったわけです。

もっとも、金綺泳のほうも勅使河原さんのことを意識していた。八〇年代の終りごろでしたが、韓国映画学会が日本映画を特集するというので、わたしが何本かのフィルムを選び、韓国のいくつかの都市を巡回して上映と共同討議をするという企画が実現しました。当時はまだ日本の歌舞音曲について公式的には抵抗があった時代でしたが、学会の会長である兪賢穆さんが、これは商業的な上映ではなく、どこまでもアカデミックな学会の企画だといって押し通したわけです。そのときわたしは『ツィゴイネルワイゼン』や伊藤高志の個人映画といっしょに、そっとテッシーの『砂の女』を入れておいたのです。ソウルの新聞社ホールでの上映のさいに金綺泳さんを観客席に見つけたので、上映後に声をかけました。監督は安部公房の原作が日本で刊行されたと同時に読んでいて、いつかこいつを監督してやろうと考えていたそうです。勅使河原さんの手になる映画化はいかがでしたかと尋ねると、悪くない映画だといいました。「もっともわたしが撮るとまったく違うものになったでしょうがね。わっはっは！」といって、お帰りになりましたね。

石坂　貴重なエピソードですね。韓国の主（おも）だった監督は『春香伝』を撮っていますが、金綺泳だけは撮りませんでした。その代わり彼は『水女』（一九七九）を撮った。ヴェトナム戦争で片足を失った傷痍軍人が故郷の農村に戻って、吃音の女性と結婚してやはり吃音の子どもが生まれるという話です。四方田さんも本書のなかで、韓国兵のヴェトナム戦争派遣について書いていましたが、軍事政権下でこのような主題を取り上げてしまう金綺泳はすごいですね。

四方田　『水女』はソウルの劇場で観て、ただちに監督に会いに行きました。非常に美しい、感動的なフィルムだったと記憶しています。

石坂　息子の吃音が、最後に朴政権下の児童憲章を読み上げると奇跡のようにスラスラと朗唱できて、治ってしまう。ありえない話ですが、ヴェトナム戦争の傷跡という危険な主題を扱いながらこの場面だけでみごとに検閲を逃れてみせる。すごい手腕だと思いました。

四方田 韓国ではヴェトナム戦争のことは、安聖基(アンソンギ)が『ホワイト・バッジ』(一九九二)に主演するまでずっとタブーだったわけですから、『水女』はまさに先鞭をつけたといえます。金綺泳は軍事独裁政権だろうが何だろうが、とにかく一歩も後ろに退かなかった人でしたね。

石坂 長らく冷戦体制といわれてきたのですが、日本から一歩外へ出てみると、事はそれほど単純ではないとわかりますね。インドネシアの大女優クリスティン・ハキムと話していたら、「非同盟諸国映画祭」(平壌国際映画祭の旧称)でピョンヤンはもう三回も行ったことがあるという。つまりティトーのユーゴスラビアやカストロのキューバ、スカルノのインドネシアのように、どこの国とも同盟を結ばない国々が集まって、映画祭を開いたり、映画人どうしが交流したりしている。

四方田 一九五五年のバンドン宣言からですね。

石坂 政治体制が映画を変えるということはよくありますが、昔のシャー時代のイランでは、高倉健主演の合作映画『ゴルゴ13』(佐藤純弥、一九七三)が撮影されたりしています。ホメイニ革命後では考えられないことです。

四方田 千葉真一主演の『ゴルゴ13 九竜の首』(野田幸男、一九七七)が香港の九龍城塞で撮影されたことは知ってましたけど、イランとは知りませんでした。

石坂 九〇年代は日本の新しい配給会社がアジア映画を配給するようになり、映画ファンにも馴染みの監督が増え、漢字の監督名を覚えるようになった。ただわたしは個人的にはまだまだ坩堝(るつぼ)のなかで、あちこちに行って廻っていたといった感じでした。

四方田　わたしの場合には七〇年代末に韓国にいて、八〇年代初めには日本で韓国映画を知ってもらおうと、いろいろ文章を書いていました。そのうち配給会社が韓国映画を買うようになると、今度は台湾に、香港にと移って、さらに誰も手を付けたことのないタイやインドネシアに足を向ける。イスラエルの大学の先生になって、パレスチナ映画に向かう。要するに転戦に次ぐ転戦です。試写会に通う人たちがその国の映画について書くようになると、もう自分はその国についてはやらなくていいやという気になって、別の、誰も足を踏み入れたことのない場所へと移っていく。

今回の本では二〇一〇年以降の映画評も若干入れたわけですが、もう韓国や台湾については誰もが書いているから、わざわざそんな映画評を収録しなくてもいいだろうと思い、むしろレバノンやパレスチナ、それに目下目覚ましい発展期に入ろうとしているヴェトナムの映画についての文章を残しました。

石坂　九〇年代は現地で入手した一次資料を持ち帰ってアジアセンターの図書室に並べ、試写会族や評論家の人がそれを見に来るという、いわば基礎研究の時代でした。〇〇年代に入るとまず「9・11」があり、それもあってアラブ映画の上映へと、中東へとシフトしました。もうひとつはデジタル化のことで、アジア映画の世界でもそれまでお金がなくて映画が撮れなかった人たち、マイノリティや先住民、貧しい人たちが簡単に映画を撮れるようになった。

四方田　フィリピンでも恐ろしく長尺で長回しの映画が、デジタルだから可能になって、しかもそれが国際映画祭で次々と受賞している。軽いハンディカムが普及することで女性監督の数がどっと増えたことも事実です。

石坂　声なき声、小さな声が大きな声になるという現象が始まりましたね。

四方田　今でもユーロスペースでイスラーム映画祭が開かれると、毎回ほぼ満員になりますね。

石坂　イスラーム映画祭は藤本高之さんという方が手弁当で作り上げている映画祭です。日本人にも、監督でありながら手弁当で香港映画祭を企画運営している林家威（リムカーワイ）みたいな上映仕掛け人がいるというわけで、頭が下がります。

四方田　〇〇年代で個人的にはひとつ残念なことがあって、それは『怪奇映画天国アジア』（白水社、二〇〇九）を執筆した側の意図が、充分に理解されなかったという気持ちが、いまだにわたしのなかにあるということです。

アジアの妖怪や幽霊たちはなぜ女性なのか。男性中心の共同体のなかでレイプされたり殺害されたりした女性が、ひとたび冥界に赴き、超能力を授かって、復讐のために現世に回帰する。共同体の支配的権力である男性に懲罰を与える。これがアジアの怪奇映画のパターンです。古くは歌舞伎の『四谷怪談』。タイでは妖怪メー・ナーク・プラカノン。インドネシアでは大女優スザンナ。偉大なる怪奇物語の主人公はすべて女性です。

アメリカのハリウッドでは逆で、妖怪や怪物はつねに男性形であり、外部からアメリカ合衆国を襲撃する。キングコングのように、アメリカの女性を拉致しようとする。それに対し、学者と軍人、つまり男性の支配層が先導して、怪物を殺害するか、アメリカから排除する。アジアとハリウッドでは構図が逆になっているわけです。

わたしはあの本をジェンダー研究として執筆したのですが、多くの読者は怪奇映画の細部にしか関心をもたない、いわゆるオタクの人たちで、もとよりジェンダー問題になど関心がない。ジェンダー研究をしている人たちは、怪奇映画だというとハナから馬鹿にして、まったく見ようとしない。この両方の板挟みになり、わたしの本はついに理想的な読者を見つけられなかったような気がしています。

『ブルース・リー』（晶文社、二〇〇五）を書いたときもそうでした。あの本の主題は移民労働者であり、言語間のヘゲモニー闘争であり、メロドラマにおける子供の表象の政治性ということだったのですが、多くの読者はブルース・リーのレアな情報にしか興味のないオタクであり、書物の細部に拘泥することはあっても、全体の主旨を理解することができなかったという印象をもっています。

石坂　メー・ナークについてはわたしも二〇〇三年の二回目のタイ映画祭でシンポジウムを開催し、ノンスィー・ニミブットのメジャーな『ナン・ナーク』（一九九九）のかたわらに、同じ物語をジェンダー論の観点から撮った、女性監督ピムパカー・トーウィラの実験映画『メー・ナーク』（一九九七）を並べてみせたりしました。ピムパカーはその後、長編映画を撮るようになり、アピチャッポンの同志としても活躍していますね。

アジア映画は、コロナの停滞期もありましたが、今では共同制作が多くなり、国籍別の分類ではとうてい追いつかない。これはどう論じるのかな？という作品が増えてきました。その一方で中国のような強権国家では、二〇一〇年代にインディーズ潰しのようなことがどんどん行なわれた。北京の郊外にある芸術村ではインディーズ映画祭がずっと開催され、土本典昭監督の一周忌の二〇〇九年には『水俣患者さんとその世界』（一九七一）をはじめとする特集が組まれたりしていたのですが、それが潰されていく。映画祭の当日に官憲が突入してくるようすが撮影され、『映画のない映画祭』（二〇一五）という作品になって山形で上映されたことがあります。でも今では監督の王我（ワンウォ）もその周りの人々もみんな国外へ出てしまいましたね。わたしはボルチモアにいる彼とこちらで会いましたけど、世界的にはグローバリゼーションといわれていますが、二〇一〇年代は国によってはこうして「潰された一〇年」といえるかもしれません。

四方田　イランでも、亡くなったキアロスタミを含め、マクマルバフなども亡命してしまい、パナヒは長期にわたって映画制作禁止の判決を受けてしまいました。それに北朝鮮は現在、もうほとんどといってよいほど、映画制作を行なっていませんね。ミャンマーも混乱しているし、このところアジアはどこも政治的に大きく後退しています。ただ台湾という国家が民主的に存在していることだけが、われわれをホッとさせてはくれますが。

石坂　台湾は本当に素晴らしい。コロナ対策、自然災害対策、同性婚、少数民族への配慮はもとより、映画の助成システムもひょっとすると韓国よりも充実しているかもしれない。九州の西岸が舞台の『沈黙 サイレンス』（マーティン・スコセッシ、二〇一六）でさえ、撮影隊が優遇されるので台湾ロケ撮影です。日本には来ない。ひと昔前だと、台湾の映画人は中国大陸の巨大マーケットに乗ることを考えたのが、ここにきて人の流れが逆流し、映画作りの自由をめざして大陸や香港、東南アジアの監督が台湾に来て撮るような事例が増えています。マレーシア出身の蔡明亮（ツァイミンリャン）、ミャンマー出身の趙徳胤（ミディ・ジー）に続く世代の新たな動きですね。民主主義のお手本に外圧で有事が起きないことを祈ります。頑張れ台湾。

香港映画についていえば、この一〇年で本当に変わっちゃいましたね。街のネオンが規制されて消えたのにも似て、かつてはユルいままに過激な、「これってだいじょうぶかな」と心配になったような映画が今ではなくなり、俳優たちは誰もが演技派になって、なんとかこの時代を生き延びようとしている。頑張れ香港。

四方田　われわれは九〇年代から〇〇年代を通じて、一〇年くらいですか、毎年、香港映画祭で会うと、遅くまで開いている上海料理店でその日の成果を語り合ったものでしたね。

最後にわたしは、これからの映画研究家に対する期待と希望をお話ししたいのですが、それにコメントをしていただけないでしょうか。

映画研究の専門家はテクスト表象を細かく分析したり、世界映画史の文脈のなかで位置づけたりすることはできます。しかしアジア映画の場合、国際映画祭を巡回しているようなA級作品に触れることはあっても、その土地土地で、そこの共同体の人たちのために制作されているB級、C級のフィルムに接する機会がほとんどない。たとえ機会があったとしても、現地の言語を理解できず、文化と宗教、現代史の知識がないために、映画を深さにおいて理解することができない。もっとも危険なのは、理解できないままに賞讃することなのですが、現在の「エスニック映画ライター」の文章を見ていると、それが顕著に表れています。一方、文化人類学者や地域研究家はある場所については詳しい知識をもち、言語もできるのですが、隣接する地域についても同じことができる人はきわめて限られている。映画史の体系的知識をもっているわけでも、画面の専門的なリテラシーの訓練を受けたわけでもないとしたら、フィルムに登場する参照物について語る以上のことが難しい。彼らは他にもするべきことがあまりに多く、誠実な研究者ほど、映画に特化して探究をするゆとりがありません。わたしは、これからのアジア映画研究は、いずれの立場にある人でも限界があると考えています。試写会室で配られる、配給会社の作った資料を読んだだけでアジア映画について書くというライターであるならともかく、本気になってアジア映画に向かい合うためには、映画研究家と人類学者、地域研究家がタッグを組んで、共同で研究しないと、もう先には進めないという印象をもっています。

現在、アジア映画の最先端の監督や制作者たちは、恐ろしい速度のネットワークのなかで、非常に高い知性をもって映画産業に携わっている。にもかかわらず、それを受け取る側は、いつまでも狭小な知的領野に踏み止まっている。映画制作の側では相互乗り入れがどんどん盛んになっているのに、「自分はタイが専門です」とか、「インドネシアだけです」といって、小さな専門領域に固執していて、それを逸脱したところに目を向けようとしない研究者の言葉を聞くと、わたしはいつも落胆するのです。実は映画こそがそうした逸脱をつねに挑発してきた表象システムであったし、これからもあるだろうと考えると、残念でなりません。

石坂　二点ほど応答させていただきます。まず、アジア映画をめぐる映画研究者と地域研究者のコラボや共同討議の重要性を、わたしもすごく感じています。ある作品にタテとヨコ、X軸とY軸の両方から迫っていくようなダイナミズムが必要ではないか。でもヒントになる先例もあって、発表の時期が三〇年も隔たっているのに共振し合っている、四方田さんのタヒミック論（『映像の招喚』青土社、一九八三）と清水展さんのタヒミック論（『草の根グローバリゼーション』京都大学学術出版会、二〇一三）を併せて読むとまさに先駆的な事例だと思います。四方田さんは世界映画のなかにゴダールの同時代者としてタヒミックを置く、清水さんは先住民とともにあって棚田を耕しカメラを廻すタヒミックに未来の希望を見ている。及ばずながらわたしもいま京都大学の東南アジア地域研究研究所の人たちと、月例のオンライン研究会を重ねています。毎回一人の監督を決めて、映画研究者である石坂と、東南アジアの地域研究者が、それぞれ一万字ほどの論考を寄せ合って、他の地域研究者の方々も加わって合評するという作業をコツコツと続けています。これまで俎上に載せたのは、アピチャッポン、ディアス、蔡明亮、エドウィン（インドネシア）、ヤスミン・アハマド（マレーシア）などで、まとまったら本を出そうと計画しています。同じ映画を観ていても、見ているところがまるで違うので刺激的です。

もう一点は、ここ数年でいろんな監督から戦争中の話を撮りたい、計画している、という話を聞きました。ディアスやブリランテ・メンドーサ（フィリピン）といった巨匠たちです。低予算で映画が撮れるデジタル時代になって、フィルム時代には難しかった大作に挑む。いよいよ自国の近現代史の読み直しを映画で目論む流れが加速してきたなと感じます。そうなるとかならず日本が絡む。そのとき個々の作品にきちんと向き合えるかどうか、こちら側の知力や世界観が問われる局面が出てくるでしょう。アジアの場合は政治情勢と映画が密に関係するケースもあり、バイアスがかかったものも出てくるだろうし、東南アジアからどんなものが出てくるかにも関心があります。実際にディアスからは「戦場で狂気に陥る若い日本兵が出てくるので、役者を紹介してくれ」と頼まれ、元の教え子で中国語と英語が堪能な若い俳優を紹介したら、とんとん拍子に話が進み、彼の出番のジャングルでの撮影は無事に終わったそうです。しかし戦時中のフィリピンの密林の話となると、塚本晋也の『野火　Fires on the Plain』のような地獄絵図が展開されるのか、襟を正して完成を待っているところです。

四方田　それはワクワクする話です。今日の対話がこうした未来形の期待で幕を閉じることは、すばらしいことだという気がします。今、こうして話を終えようとしてふと思い出したのは、佐藤忠男さんのことでした。あの方がアジア映画紹介にあたって先鞭をつけ、福岡の「アジアフォーカス・福岡国際映画祭」のために尽力されたことを、われわれは敬意をもって振り返らなければならないと思います。わたしは彼の映画観には批判的であったし、それを文章に書いたこともあります。にもかかわらず、彼はわたしの本についてなんと三回も書評を書き、絶讃の辞を寄せてくれました。わたしが最後に彼と話をしたのは、石坂さん、憶えていますか。わたしたちが国際交流基金の一部屋を貸していただき、内輪で開催していた小さなアジア映画研究会に、佐藤さんがひょっこり顔を見せられたときでした。これはあなたが案内してこられたのでしょう。

その日の発表はわたしの番で、タイの青春映画のベテラン、バンディット・リッタコンが二〇〇一年に監督した『ムーンハンター』について話すことになっていました。一九七〇年代にタイ・ラオス国境の森のなかでタイ軍と武力抗争をしていた学生たちの中心人物、セクサン・プラストークンとチラナン・ピットプリーチを描いたフィルムです。わたしはその頃、チラナンの詩集の翻訳に携わっていて、彼女の来日のために準備をしていたのです。

発表を聞いてくださったことのお礼を申し上げると、佐藤さんは、新しいタイ映画のことを知りたかったからだと、率直にいわれました。そのとき彼はすでに九〇歳近い年齢でしたね。わたしは正直にいって感動しました。自分をいくたびも批判してきた年少者の発表に、ただタイ映画のことが知りたいからといって出かけていく佐藤さんの、アジア映画によせる愛着と情熱に深い気持ちを感じたのです。いったいこんな人がいたでしょうか。佐藤さんと同時代の映画評論家で、こんな風に謙虚に振る舞うことのできる人がいたでしょうか。

今日、石坂さんとずっと話をしてきて、われわれもまた同じ愛着と情熱を抱いていることを確認できたことは、うれしいかぎりです。今日はどうもありがとうございました。ミシガン大学からご帰国されたときに、アジア映画について、また続きの話ができるといいと思います。

（二〇二四年一一月一五日、オンラインにて実施）

後記

本書はわたしがこれまで半世紀以上にわたり執筆してきたアジア映画論から精選した論考集である。執筆年代も主題も多岐にわたっているので、久しぶりに読み直してみると自分の思索の跡を如実に辿ることができて、面白い体験となった。ずいぶん長い付き合いになっちゃたよなあ。

序文に続く冒頭の四篇は、アジア映画に接近するために著した方法論的エッセイであり、公的に刊行された作家論集やアンソロジーに発表された。一九九〇年代から二〇一〇年代まで、執筆した時期によって微妙に力点が異なり、作家論からジャンル論へ、Ａ級映画論からＢＣ級映画論へと、関心と主題の転移が見られる。二〇〇〇年代に滞在した四つの都市、テルアヴィヴ、ベオグラード、ジャカルタ、バンコクにおいて、街角の映画館に通ったり、路上で粗悪な質のＤＶＤやＶＣＤを漁ったりしたときの体験が、ここには強烈に反映されている。

個々の映画と映画研究書への批評は、二〇一〇年以降に日本公開・刊行されたものに範囲を留めた。台湾・韓国映画への言及が他のアジア諸国のそれと比べて少ないのは、それを蔑ろにしているわけではなく、すでに『台湾の歓び』（岩波書店、二〇一五）、『われらが〈無意識〉なる韓国』（作品社、二〇二〇）

のなかに論考をひと纏めにして収録しておいたからである。ご関心のある方々は、そちらの書物を手に取っていただきたく思う。

「映画日誌」の名の下に収録されたエッセイは、新聞雑誌に掲載された若干のものを除けば、本来的にプライヴェイトな書きものであり、個人的な備忘としての性格が強い。アジアの諸都市にかぎらず、アフリカやラテンアメリカの首都を訪れ、現地の映画を観、作り手たちと気さくに語り合ったことが、こうしたフィールド・ノートの文章の根底にあった。

巻末に石坂健治氏との回顧的対談を収録した。氏は東京国際映画祭アジア部門のディレクターにして日本映画大学教授であり、長年にわたって国際交流基金アジアセンターの映画部門の長として、日本におけるアジア映画の紹介とシンポジウムに情熱を傾けてこられた人物である。いや、こうしたものものしい表現は、身軽に世界中を廻り、面白いフィルムを見つけるや、ただちに日本に引っ張って帰るといった氏の精悍な身振りからほど遠いだろう。アジア映画研究家としてのわたしにとって、貴重な戦友である。招聘教授として教鞭をとられているミシガン大学から、氏は講義と研究の貴重な時間を割いて今回の巻末対談に参加してくださった。感謝の気持ちを捧げたいと思う。

本書は三〇年以上の長い期間にわたって執筆された原稿を纏めたものであるため、表記において不統一が散見していた。それを整然と整理編集してくださった、みすず書房の松原理佳氏にも、辛苦了（おつかれさま）と一言、お礼の言葉を添えたいと思う。

最後に、表紙に掲げた映像は、リティー・パン（一九六四―）の『飼育』（二〇一一）から採った。わたしは長らくリティー・パニュと呼んでいたが、パンのほうがより正確な発音らしい。このフィルムは、それまでドキュメンタリーを撮ってきたパンにとって最初の劇映画である。新生カンボジア映画の始まりを告げるかのように制作され、第二四回東京国際映画祭で大きな脚光を浴びた。少し語っておきたい。

原作は大江健三郎が一九五八年に発表した同名の短編である。戦時下の日本の山村に不時着したアメリカの黒人飛行兵と、驚異と畏怖を抱きながら彼を「飼育」する村人たち、とりわけ子供たちの、不幸な交流を描いた物語である。一九六一年には大島渚の手で映画化され、話題を呼んだ。パンのフィルムは舞台を一九七二年のカンボジアに移し、ロン・ノル政府軍とポル・ポト軍による内戦中の、小さな農村を舞台として制作されている。詳しくは本書に収録された論考を読んでいただきたいが、パンは一一歳のときにポル・ポト派の少年たちの矯正施設に収容され、苛酷な体験をした監督である。その後、パリに向かい、映画の監督術を学んだ。このフィルムには彼の、多分に自伝的な体験が反映されている。

カンボジアは植民地主義への抵抗に始まり、内戦と分断、空爆と虐殺まで、さまざまな〈歴史の悪夢〉（ジョイス）を体験してきた。パンはそのすべてをわが事として引き受けたうえで、怜悧な眼差しのもとにそれを解釈し、悲惨を乗り越えんとしてこのフィルムを手掛けた。わたしはそこに、来(きた)るべきアジア映画の、あるモデルを発見したように感じた。本書の表紙に映像を掲げた所以である。

二〇二五年二月二〇日

著者識

iii　初出一覧

1995（1）『山形新聞』1995 年 10 月 24 日／1995（2）『ガロ』1995 年 12 月号／1997 『週刊 SPA！』1997 年 10 月 29 日号／1999 『週刊 SPA！』1999 年 11 月 17 日号／2001 『世界』2001 年 12 月号／2003 欠／2005（1）『山形新聞』2005 年 10 月 25 日／2005（2） ウェブマガジン「Publiday」2005 年 10 月 25 日／2007 欠／2009 「山形国際ドキュメンタリー映画祭自主講座〈山猫争議！〉土本典昭の海へ」チラシ、2009 年 10 月／2011 『東京新聞』2011 年 10 月 24 日夕刊／2013 『東京新聞』2013 年 10 月 23 日夕刊／2015 『東京新聞』2015 年 10 月 20 日夕刊／2017 『東京新聞』2017 年 10 月 24 日夕刊／2019 『東京新聞』2019 年 11 月 5 日夕刊／2021 『毎日新聞』2021 年 11 月 2 日夕刊／2023 『毎日新聞』2023 年 11 月 1 日夕刊

アジア映画馬鹿一代――石坂健治との対話　2024 年 11 月 15 日、オンラインにて実施

リム・カーワイ『COME & GO カム・アンド・ゴー』 上映パンフレット、リアリーライクフィルムズ・cinema drifters、2021 年 12 月
インドネシアに怪奇映画の花が咲き誇る　東京国際映画祭提携企画 CROSSCUT ASIA #03 における講演「インドネシア怪奇映画の女王、スザンナ」（2016 年 11 月 11 日、於：アテネ・フランセ文化センター）に加筆
『怪奇映画天国アジア』から 10 年 『国際交流基金アジアセンター presents CROSSCUT ASIA #06 ファンタスティック！東南アジア 2019』国際交流基金アジアセンター、2019 年
台湾映画と言語のヘゲモニー 『ユリイカ』2021 年 8 月号
『記憶の戦争』の余白に　上映パンフレット、スモモ、2021 年 11 月
金大偉『大地よ』 上映パンフレット、藤原書店、2022 年〔独力で人生を切り開いてきた宇梶静江〕
李長鎬『馬鹿宣言』『キネマ旬報』2024 年 7 月号〔イ・チャンホは闘士だった〕
ファム・ティエン・アン『黄色い繭の殻の中』 書き下ろし、2024 年

アジア映画をめぐる書物

韓燕麗『ナショナル・シネマの彼方にて』『週刊読書人』2014 年 5 月 30 日号
三澤真美恵編『植民地期台湾の映画』『週刊読書人』2017 年 12 月 1 日号
笹川慶子『近代アジアの映画産業』『週刊読書人』2018 年 10 月 5 日号
晏妮『戦時日中映画交渉史』『中国 21』第 34 号、2011 年
李瑛恩『朝鮮国民女優・文藝峰の誕生』『週刊読書人』2023 年 6 月 9 日号

映画日誌

ソウル 1979　書き下ろし
ピョンヤン 1992　書き下ろし
テルアヴィヴ／パレスチナ西岸 2004　書き下ろし
ハバナ 2014　書き下ろし
アンタナナリヴォ 2015　書き下ろし
ワガドゥグー 2017 『世界』2017 年 6 月号
山形 1989-2023　1989　書き下ろし／1991（1）『ガロ』1991 年 12 月号／1991（2）『すばる』1991 年 12 月号／1993 『ガロ』1993 年 12 月号／

初出一覧

本書と初出でタイトルが異なる場合は、初出時のタイトルを〔　〕に入れて記した。

アジア映画とわたし　書き下ろし、2024年

方法論的文章

アジア映画論序説　『電影風雲』白水社、1993年

「アジア映画」の「アジア」とは何か　四方田犬彦編『アジア映画』作品社、2003年〔アジア映画とは何か〕

アジア映画を観るということ　石坂健治ほか監修、夏目深雪・佐野亨編『アジア映画の森――新世紀の映画地図』作品社、2012年

アジア映画に接近する、いろいろな方法　夏目深雪・石坂健治・野崎歓編『アジア映画で〈世界〉を見る――越境する映画、グローバルな文化』作品社、2013年

2010年以降の映画評

リティー・パン『飼育』『新潮』2012年1月号〔カンボジアの森に囚われ――リティー・パニュ『飼育』を観る〕

婁燁『二重生活』『キネマ旬報』2015年1月下旬号〔歓喜も、幸福もなく〕

ハニ・アブ・アサド『オマールの壁』上映パンフレット、アップリンク、2016年4月〔狼が壁を越える〕

タルザン＆アラブ・ナサール『ガザの美容室』上映パンフレット、アップリンク、2018年6月〔もう避難所などどこにもない。〕

モーリー・スリヤ『マルリナの明日』『群像』2020年2月号、アンケート特集「シネマ2019」

キム・ギドクを追悼する　『キネマ旬報』2021年2月上旬号〔どうしても嚥下できない絶望――キム・ギドク、人と作品〕

チャン・タン・フイ『走れロム』『キネマ旬報』2021年7月上下旬号〔真摯にして悲痛な行為としての疾走〕

著者略歴

（よもた・いぬひこ）

1953年，大阪府箕面に生まれる．東京大学文学部で宗教学を，同人文系大学院で比較文学を学ぶ．長らく明治学院大学教授として映画学を講じ，コロンビア大学，ボローニャ大学，清華大学（台湾），中央大学校（ソウル）などで客員教授・客員研究員を歴任．現在は映画，文学，漫画，演劇，料理と，幅広い文化現象をめぐり著述に専念．アジア映画論の著作に『電影風雲』『怪奇映画天国アジア』（白水社），『ブルース・リー』（ちくま文庫），『アジア映画の大衆的想像力』（青土社），『アジアのなかの日本映画』（岩波書店），『日中映画論』（倪震と共著，作品社），『ポスト満洲　映画論』（編著，人文書院）がある．映画論には『パゾリーニ』『ルイス・ブニュエル　増補改訂版』（作品社），『ゴダール、ジャン＝リュック』（白水社），『無明　内田吐夢』（河出書房新社），『大島渚と日本』（筑摩書房）などがある．翻訳にパゾリーニ『パゾリーニ詩集　増補新版』（みすず書房），ダルウィーシュ『パレスチナ詩集』（ちくま文庫），サイード『パレスチナへ帰る』（作品社）．共編著に『ゴダール・映像・歴史』（産業図書）．『月島物語』で斎藤緑雨文学賞を，『映画史への招待』でサントリー学芸賞を，『モロッコ流謫』で伊藤整文学賞を，『ルイス・ブニュエル』で芸術選奨文部科学大臣賞を，『詩の約束』で鮎川信夫賞を，『戒厳』で加賀乙彦顕彰特別文学賞を受けた．

四方田犬彦
アジア映画とは何か

2025年4月16日　第1刷発行

発行所 株式会社 みすず書房
〒113-0033 東京都文京区本郷2丁目20-7
電話 03-3814-0131(営業) 03-3815-9181(編集)
www.msz.co.jp

本文組版 キャップス
本文印刷所 理想社
扉・表紙・カバー印刷所 リヒトプランニング
製本所 松岳社
装丁 安藤剛史

Printed in Japan
ISBN 978-4-622-09764-8
[アジアえいがとはなにか]